U0153980

思想的‧睿智的‧獨見的

經典名著文庫

學術評議

丘為君　吳惠林　宋鎮照　林玉体　邱燮友
洪漢鼎　孫效智　秦夢群　高明士　高宣揚
張光宇　張炳陽　陳秀蓉　陳思賢　陳清秀
陳鼓應　曾永義　黃光國　黃光雄　黃昆輝
黃政傑　楊維哲　葉海煙　葉國良　廖達琪
劉滄龍　黎建球　盧美貴　薛化元　謝宗林
簡成熙　顏厥安（以姓氏筆畫排序）

策劃　楊榮川

五南圖書出版公司 印行

經典名著文庫

學術評議者簡介（依姓氏筆畫排序）

- 丘為君　美國俄亥俄州立大學歷史研究所博士
- 吳惠林　美國芝加哥大學經濟系訪問研究、臺灣大學經濟系博士
- 宋鎮照　美國佛羅里達大學社會學博士
- 林玉体　美國愛荷華大學哲學博士
- 邱燮友　國立臺灣師範大學國文研究所文學碩士
- 洪漢鼎　德國杜塞爾多夫大學榮譽博士
- 孫效智　德國慕尼黑哲學院哲學博士
- 秦夢群　美國麥迪遜威斯康辛大學博士
- 高明士　日本東京大學歷史學博士
- 高宣揚　巴黎第一大學哲學系博士
- 張光宇　美國加州大學柏克萊校區語言學博士
- 張炳陽　國立臺灣大學哲學研究所博士
- 陳秀蓉　國立臺灣大學理學院心理學研究所臨床心理學組博士
- 陳思賢　美國約翰霍普金斯大學政治學博士
- 陳清秀　美國喬治城大學訪問研究、臺灣大學法學博士
- 陳鼓應　國立臺灣大學哲學研究所
- 曾永義　國家文學博士、中央研究院院士
- 黃光國　美國夏威夷大學社會心理學博士
- 黃光雄　國家教育學博士
- 黃昆輝　美國北科羅拉多州立大學博士
- 黃政傑　美國麥迪遜威斯康辛大學博士
- 楊維哲　美國普林斯頓大學數學博士
- 葉海煙　私立輔仁大學哲學研究所博士
- 葉國良　國立臺灣大學中文所博士
- 廖達琪　美國密西根大學政治學博士
- 劉滄龍　德國柏林洪堡大學哲學博士
- 黎建球　私立輔仁大學哲學研究所博士
- 盧美貴　國立臺灣師範大學教育學博士
- 薛化元　國立臺灣大學歷史學系博士
- 謝宗林　美國聖路易華盛頓大學經濟研究所博士候選人
- 簡成熙　國立高雄師範大學教育研究所博士
- 顏厥安　德國慕尼黑大學法學博士

經典名著文庫013

查拉圖斯特拉如是說

尼采 著
（Friedrich Wilhelm Nietzsche）
徐楓 譯

經典永恆・名著常在

五十週年的獻禮・「經典名著文庫」出版緣起

總策劃 楊榮川

閱讀好書就像與過去幾世紀的諸多傑出人物交談一樣——笛卡兒

五南，五十年了。半個世紀，人生旅程的一大半，我們走過來了。不敢說有多大成就，至少沒有凋零。

五南忝爲學術出版的一員，在大專教材、學術專著、知識讀本出版已逾壹萬參仟種之後，面對著當今圖書界媚俗的追逐、淺碟化的內容以及碎片化的資訊圖景當中，我們思索著：邁向百年的未來歷程裡，我們能爲知識界、文化學術界做些什麼？在速食文化的生態下，有什麼值得讓人雋永品味的？

歷代經典．當今名著，經過時間的洗禮，千錘百鍊，流傳至今，光芒耀人；不僅使我們能領悟前人的智慧，同時也增深加廣我們思考的深度與視野。十九世紀唯意志論開創者叔本華，在其〈論閱讀和書籍〉文中指出：「對任何時代所謂的暢銷書要持謹慎的態度。」他覺得讀書應該精挑細選，把時間用來閱讀那些「古今中外的偉大人物的著作」，閱讀那些「站在人類之巔的著作及享受不朽聲譽的人們的作品」。閱讀就要「讀原著」，是他的體悟。他甚至認爲，閱讀經典原著，勝過於親炙教誨。他說：

> 「一個人的著作是這個人的思想菁華。所以，儘管一個人具有偉大的思想能力，但閱讀這個人的著作總會比與這個人的交往獲得更多的內容。就最重要的方面而言，閱讀這些著作的確可以取代，甚至遠遠超過與這個人的近身交往。」

爲什麼？原因正在於這些著作正是他思想的完整呈現，是他所有的思考、研究和學習的結果；而與這個人的交往卻是片斷的、支離的、隨機的。何況，想與之交談，如今時空，只能徒呼負負，空留神往而已。

三十歲就當芝加哥大學校長、四十六歲榮任名譽校長的赫欽斯（Robert M. Hutchins, 1899-1977），是力倡人文教育的大師。「教育要教眞理」，是其名言，強調「經典就是人文教育最佳的方式」。他認爲：

「西方學術思想傳遞下來的永恆學識，即那些不因時代變遷而有所減損其價值的古代經典及現代名著，乃是眞正的文化菁華所在。」

這些經典在一定程度上代表西方文明發展的軌跡，故而他爲大學擬訂了從柏拉圖的《理想國》，以至愛因斯坦的《相對論》，構成著名的「大學百本經典名著課程」。成爲大學通識教育課程的典範。

歷代經典・當今名著，超越了時空，價值永恆。五南跟業界一樣，過去已偶有引進，但都未系統化的完整舖陳。我們決心投入巨資，有計劃的系統梳選，成立「經典名著文庫」，希望收入古今中外思想性的、充滿睿智與獨見的經典、名著，包括：

- 歷經千百年的時間洗禮，依然耀明的著作。遠溯二千三百年前，亞里斯多德的《尼各馬科倫理學》、柏拉圖的《理想國》，還有奧古斯丁的《懺悔錄》。
- 聲震寰宇、澤流遐裔的著作。西方哲學不用說，東方哲學中，我國的孔孟、老莊哲學，古印度毗耶娑（Vyāsa）的《薄伽梵歌》、日本鈴木大拙的《禪與心理分析》，都不缺漏。
- 成就一家之言，獨領風騷之名著。諸如伽森狄（Pierre Gassendi）與笛卡兒論戰的《對笛卡兒沉思錄的詰難》、達爾文（Darwin）的《物種起源》、米塞斯（Mises）的《人的行爲》，以至當今印度獲得諾貝爾經濟學獎阿馬蒂亞・森（Amartya Sen）的《貧困與饑荒》，及法國當代的哲學家及漢學家朱利安（François Jullien）的《功效論》。

梳選的書目已超過七百種，初期計劃首爲三百種。先從思想性的經典開始，漸次及於專業性的論著。「江山代有才人出，各領風騷數百年」，這是一項理想性的、永續性的巨大出版工程。不在意讀者的眾寡，只考慮它的學術價值，力求完整展現先哲思想的軌跡。雖然不符合商業經營模式的考量，但只要能爲知識界開啓一片智慧之窗，營造一座百花綻放的世界文明公園，任君遨遊、取菁吸蜜、嘉惠學子，於願足矣！

最後，要感謝學界的支持與熱心參與。擔任「學術評議」的專家，義務的提供建言；各書「導讀」的撰寫者，不計代價地導引讀者進入堂奧；而著譯者日以繼夜，伏案疾書，更是辛苦，感謝你們。也期待熱心文化傳承的智者參與耕耘，共同經營這座「世界文明公園」。如能得到廣大讀者的共鳴與滋潤，那麼經典永恆，名著常在。就不是夢想了！

二〇一七年八月一日 於

五南圖書出版公司

目次

第四部 361

「超人」的代言者——尼采之《查拉圖斯特拉如是說》導讀

孫雲平

尼采（Friedrich Nietzsche，一八四四至一九〇〇）出生於普魯士萊比錫附近的小鎮，父親（Carl Ludwig Nietzsche，一八一三至一八四九）爲基督教牧師但早逝；一八六四年入學波昂大學，一八六五年認識叔本華；一八六九年任職巴塞爾（Basel）大學的古典語文學系；但由於其思想的特立獨行，不受到語文學及哲學學術界的歡迎與接納。一八七九年因爲健康緣故，自巴塞爾大學退休；一八八九年精神崩潰，直到身故（一九〇〇），分別由其母親（Franziska Nietzsche，一八二六至一八九七）與妹妹（Elisabeth Förster-Nietzsche，一八六四至一九三五）照顧。

尼采是一個具有特立精神的思想家，其思想及文字十分激進且具有煽動性，甚至曾被德國納粹黨人標舉爲其理論基礎。尼采的思想並非以系統的方式呈現，因此不容易理解；或者應該說是很容易遭到誤解或誤用。尼采的思想重視個人的具體生存，其影響及於：存在主義、現象學、後現代主義哲學流派。其最主要的著作有：《悲劇的誕生》（*Die Geburt der Tragödie*，一八七二）、《不合時宜的觀察》（*Unzeitgemäße Betrachtungen*，一八七六）、《人性的，太人性的》（*Menschliches, Allzu-menschliches*，一八七八）、《歡愉的科學》（*Die fröhliche Wissenschaft*，一八八二；一八八七）、《查拉圖斯特拉如是說》（*Also sprach Zarathustra*，一八八三至一八八五）、《善惡的彼岸》（*Jenseits von Gut und Böse*，一八八六）、《道德系譜學》（*Zur Genealogie der Moral*，一八八七）、《偶像的黃昏》（*Götzen-Dämmerung*，一八八八）、《反基督》（*Der Antichrist*，一八八八）、《瞧這個人》（*Ecce homo*，一八八八）……等。

從尼采的第一本著作《悲劇的誕生》開始，其哲學出發點是反對自蘇格拉底（Socrates，西元前四七〇至西元前三九九年）、柏拉圖（Plato，西元前四二八至西元前三四七年）、康德（I. Kant，一七二四至一八〇四）至黑格爾（G. W. F. Hegel，一七七〇至一八三一）以來的理性主義（Rationalismus），他認爲傳統的理性主義正是壓抑人類生命與自由的主要元兇。在這點上，他與叔本華（A. Schopenhauer，一七八八至一八〇五）一樣，都是強調人的意志與非理性之層面。從反對理性主義的基調，衍生出兩個的主張：第一是對「強力意志/權力意志」（Wille zur Macht）的推崇，其次則是對「身體/肉身」（Leib）的重視。尼采的這些主張對隨後的西方哲學發展產生了方向性改變的影響：特別在二十世紀的法國哲學家身上，我們可以明顯地看到這些因素的再現。尼采認爲理性主義及傳統宗教對人類個體的生命是一種壓制與摧殘，而這一切都可回溯於柏拉圖主義與基督教思想。傳統道德與宗教所要求的，諸如：溫柔、節制、同情、誠實、謙虛……，對尼采而言是所謂的「奴隸的德性」（Moral von Knechten），那僅僅是爲了社會共同生活而虛構的騙局。而這一切規範或價值，都可以歸結爲傳統形上學的內涵。在不經反省的情況下順從之，不僅是盲目，更且是一種「墮落」（décadence）。尼采所標榜自許其哲學的任務即在於：作爲一個啓蒙者，揭露傳統形上學所構築的謊言。

尼采哲學主要的核心概念包括了：「虛無主義」（Nihilismus）、「權力意志」、「一切價値的重估」（Umwertung aller Werte）、「同一的永恆回歸」（die ewige Wiederkehr des Gleichen）以及「超人」（der Übermensch）思想。其中可以「虛無主義」作爲尼采對於傳統哲學及宗教所提供之世界觀、價值觀之批判的總綱，尼采如何理解「虛無主義」呢？他明白地指出「虛無主義即是沒有目的；對於『爲何之問』的答案付之闕如。」[1]無論是消極的或是積極的虛無主義、不管虛無主義是弱者或是強者的標誌，它顯示了傳統價值的崩解的過程，而尼采認爲其哲學即是此種歷程或運動的信使及完成者：它宣告了「虛無主義」，並將加速此一過程的實現。尼采以「虛無主義」來作爲包含基督教及其伴隨之道德規範在內之傳統形上學的總結，亦即他認定傳統形上學扮演對人類生活之價值引導及意義賦予的角色已經徹底喪失。

《查拉圖斯特拉如是說》是尼采成熟時期的主要著作之一，尼采曾以書信對其朋友表明在此之前的作品都是爲此書做準備。其撰寫介於一八八一跟一八八三年之間，原書出版時僅具有前三部；第四部爲私人印刷，後來才集結成完整的版本。本書擺脫尼采於其多數著作格言式（Aphorismus）的寫作風格，也放棄哲學嚴謹的論證；相反地，它是以寓言、詩歌、敘事、比喻、神話，甚至是採取類似基督教新約聖經之福音使者與先知預言的方式所構成的奇特書卷。其充滿神祕與謎樣的色彩，使得對本書的理解與詮釋形成極大的挑戰與困難。然而由於其豐富多面的內涵，使它不斷吸引各種不同領域讀者的興趣與好奇。「查拉圖斯特拉」是誰？他到底說了什麼？引發了西方哲學、文學、藝術、宗教、政治……各式各樣的討論與爭議。甚至理查．史特勞斯（Richard G. Strauss，一八六四至一九四九）於一八九六年創作的同名交響詩第三十號，其靈感即來自於本書。儘管就寫作而言，查拉圖斯特拉是尼采虛擬創造的人物；因此許多學者認爲他是尼采的面具（Maske），尼采通過查拉圖斯特拉說出他想要說的話。然而，在《瞧這個人》一書有關該書寫作的回顧中，尼采表示查拉圖斯特拉是「降臨」於他的（KSA. Bd.6, Also sprach Zarathrustra, Nr.1, S.337）。

尼采描述如下：「啓示的概念，在某種意義——突然地、以不可說的確定與細緻，某種可見的、可聽聞的東西，某種將一個人在最深處震撼且顚覆——直接描述事實狀態。我們聽見，但卻找不到；我們感覺到，但卻未問：是誰在此給予的；猶如閃電照亮了思想，以必然性、以無所猶豫的形式——我毫無選擇。某種出神（Entzückung），其巨大的張力時而引發淚流，其步調有時急衝、有時緩慢；以一種無數之細微的顫慄流淌直至腳趾之最清晰的意識，完全的出離自身（Ausser-sich-sein）；某種幸福的深邃，在其中最痛苦的與最幽暗的彼此不再相互對立，而是作爲有條件的、作爲被挑戰的、作爲在這種大光之內必然的顏色；某種具有韻律關係的本能，撐開形式之寬闊空間的本能——長度，一種對緊繃之韻律的需要幾乎是對靈感之力量的標準、一種對其壓力與張力的平衡……。一切發生於最高程

❶ Friedrich Nietzsche, Nachgelassene Fragmente, KSA. Bd.12, S.350. "Nihilism: es fehlt das Ziel; es fehlt die Antwort auf das 'Warum'?"

度的非自願，但卻如在一種自由感受、絕對、強力、神聖……的旋風中。圖像與比喻之非自願性是最令人驚異的；不再有概念，而圖像、比喻所是者，一切呈現其自身作爲最直接的、最正確的、最簡單的表達。似乎正是如此，以便回憶查拉圖斯特拉的話語，猶如事物本身到來、且將自身呈現爲比喻（[…]）。這即是對於靈感我的經驗；」（KSA. Bd.6, Also sprach Zarathrustra, Nr.3, 339-340）。尼采在此描繪的正是典型的宗教經驗；儘管傳統宗教恰巧是尼采所欲推翻的思維與主張之一。換言之，到底是尼采藉著查拉圖斯特拉說話，抑或是查拉圖斯特拉藉著尼采說話，本身即是一個值得玩味的問題。

在《查拉圖斯特拉如是說》一書中，「超人」、「強力意志」、「永恆回歸」（die ewige Wiederkunft）這些概念都是首次出現。查拉圖斯特拉多次強調：「我要教導你們『超人』」、「我要教導你們『強力意志』」、「我要教導你們『永恆回歸』」。爲什麼查拉圖斯特拉在深山隱遁多年之後要下山教導人們這些特殊的想法？這當然跟「虛無主義」相關聯，亦即尼采在《歡愉的科學》中（KSA. Bd.3, Nr.125, S.481）藉著他所塑造之狂人角色所宣稱的「上帝已死」（Gott ist tot）。尼采觀察到過去相信基督教之上帝的人們早已不再相信「上帝存在」作爲他們意義與價值的根源（KSA. Bd.3, Nr.343, S.573-574），那麼繼續接受「上帝存在」這個謊言所要求的道德規範及價值顯然是荒謬的。如果「上帝眞的死了」，人類將面臨何種處境呢？「上帝」作爲一切價值的源頭及參照系統，如果不再存在，那麼人類即將陷於意義喪失、價值虛無情況。正因爲「上帝作爲價值的基點」不再成立，所以人類必須將所有的傳統規範及價值重新評估檢視。

尼采對「價值重估」跟「虛無主義」兩者關係的說法如下：「何謂虛無主義？——所有最高價值的失效。」❷作爲一種對「上帝」的想像（Vorstellung Gottes）及其伴隨迄今的其他價值：宗教、道德、文化都將隨之喪失意義。如果在此既有價值體系崩解的過程，而沒有新的價值及秩序建立的話，人類個體及社會將呈現價值中空的現象。因此所有過去的價值順序將重新接受評估及排列（Umwertung aller Werte）；但其檢驗與重建的標準，不再是虛無飄渺的天上世界，而是眞實的土地。亦即：從遙遠抽象的「彼岸」（Jenseits），回到現實具體的「此生」（Diesseits）。對尼采而言，設定道德與價值的根據，不應該再是宗教權威、其他的社會規範、或是任何「自我」以外的來源。唯一能夠作爲價值設定標準的，應該只有「自我」。這個「我」，絕非笛卡兒或康德所謂的「我思」（Ich denke），而是眞實具體的「我」、是具有肉身性的「我」（das leibliche Ich）。❸

尼采主張「思維性的我」僅具有「較小理性」，而「眞實具體的我」才擁有「較大理性」。因爲理性主義所主張的「我思」，對尼采而言，只是強化人們對於形上學的傾向、

❷ Friedrich Nietzsche, Nachgelassene Fragmente, KSA. Bd.12, S.250. “Was bedeutet Nihilism? — dass die obersten Werthe sich entwerten.”

❸ Friedrich Nietzsche, *Also Sprach Zarathustra*, In: KSA. Bd.4, Von den Verächtern des Leibes. S.39-41.

使人忽略眞實生命的身體、需要、欲望以及意志的部分，以致更加脫離實際的生活。尼采主張唯一能作爲設定價值準繩的，並非是個蒼白、孱弱及空洞的人，而是其所謂的「超人」。「超人」是一個對自身需要及欲望敏感覺察、能夠據此爲自己設定價值標準、意志堅強的人。尼采認爲人類是一種「未完成的動物」（das unfertige Tier），「是連接介於超人及動物之間的繩索」、❹「人類是橋梁而非目的」（der Mensch eine Brücke sei und kein Zweck）。❺尼采在整本書最關鍵的主張、反覆出現多次的宣稱：「人類是必須被超越的東西」（Der Mensch ist Etwas, das überwunden werden muss.）。尼采認爲自「虛無主義」狀態覺醒的人類個體即是開始朝著「超人」方向轉變的人。而「超人」最主要的特徵，即是充滿對生命肯定與超越的意志，也就是所謂的「權力意志」。儘管尼采受到叔本華對於人類非理性及「意志」之強調的影響，但叔本華主張的是「生存意志」，而尼采則是主張「權力意志」。尼采認爲叔本華的「生存意志」只是一種次要而低等的存活意志；「權力意志」才是更根本而超越的意志。「權力意志」雖然遍在每個個體的生命中，然而並非每個人都能將之展現出來。特別是受到上述理性或傳統道德所束縛的群眾，尼采追求的「超人」不是一個僵化的思想體系或抽象而毫無血肉的人，而是一個自由自主、獨立完整，且追求創新價值的個體。

因此，在卷三「論舊的與新的法版」（Von alten und neuen Tafeln），尼采強調打破傳統的道德與規範、創造新的價值。至於推翻一切既有價值，查拉圖斯特拉的「超人」指向何方？在《瞧這個人》書中，尼采描繪如下：「〔……〕將向我們顯現，猶如我們——作爲獎賞，——擁有一個從未被發現的土地在我們面前、其邊界從未有人看見過，某個在一切既有土地與理想之角落的彼岸，一個於美、陌異、值得探問、可畏與神聖之如此豐饒的世界，以至於我們的好奇心與占有欲失去了自制，——啊，以至於我們自此之後無法藉著任何其他事物得以滿足！」尼采預告或應許的「美麗新世界」，是否眞如其所言？每個人只能經由自身的反省、獨立思考、與身體力行來檢驗。

❹ Friedrich Nietzsche, *Also Sprach Zarathustra*, In: KSA. Bd.4, Zarathustra's Vorrede, 4, S.16-18.

❺ Friedrich Nietzsche, *Also Sprach Zarathustra*, In: KSA. Bd.4, Von alten und neuen Tafeln, 4, S.286.

第一部

查拉圖斯特拉的序言

1

當查拉圖斯特拉三十歲的時候，他離開了自己的家鄉，離開了家鄉的湖泊，跑進山裡。他在這裡享受著他的精神和孤寂，在十年的時間裡，他從未感到厭煩。但是最終，他改變了心意——有一天清晨，他在破曉時分起床，來到太陽的面前，然後對太陽說：

「你啊！偉大的星球！倘若沒有被你照亮的事物，那麼你還擁有什麼快樂啊！

在這十年間，你總是來拜訪我的山洞。倘若沒有我、我的老鷹還有我的蛇，你肯定會對你的光芒以及這段旅程感到厭倦。

不過，我們每天清晨都會在這兒等你，從你那裡取走多餘的東西，並且對你表示深深的祝福。

看呀！我對我的智慧感到厭煩，就好比蜜蜂採集了過多的花蜜，我迫切需要人們伸出手去領受。

我想要把它傳遞出去、送出去，直到人群當中的聰明人再一次因他們的愚蠢感到無比愉悅，直到窮人對他們的財富感到幸福快樂。

因此我必須降到深處；如同你在黃昏時分所做的事情一樣，你來到了海平面以下，把耀眼的光芒帶到了地面以下的世界。啊！你這無比富饒的星球啊！

就如同你一樣，我也必須堅定地往下走——就好像我要下去見的那些人在召喚我去這麼做一樣。所以，我懇請你祝福我，有你這一雙靜謐的眼睛，能夠在無忌妒心理的情況下，觀看這個世界，甚至連碰到一個極度快樂的人也是一樣！

祝福那個即將要溢出水來的杯子，從它溢出金光閃閃的水，而且還能在全世界承起你們快樂的反應！

看呀！倘若這個杯子將再一次變成空的，那麼查拉圖斯特拉也將再一次變成人。」

查拉圖斯特拉的下山從此開始。

2

查拉圖斯特拉隻身一人下山，沒有遇見任何人。不過，正當他走進森林的時候，從茅草屋裡出現一位尋找樹根的老者，突然站立在他的面前。這位老者對查拉圖斯特拉說了一番話：

「這個四處遊蕩的流浪者對我來說並不陌生，很多年前，他曾經路過這裡。那個時候他被人們稱爲查拉圖斯特拉，但是現在的他變了。

當時，你攜帶著灰燼進入山裡。現在，你會把火焰帶到山谷裡面去嗎？難道你就不害怕被人們看作是煽動者而遭受懲罰嗎？

是的，我能辨別出查拉圖斯特拉。他擁有一雙無比清澈的眼睛，嘴裡也沒有掩藏著任何的厭惡。而且，走起路來的樣子是不是特別像一個舞者？

查拉圖斯特拉的改變可眞是巨大啊！查拉圖斯特拉已經儼然變成了——一位小孩子、一位有覺悟的人。現在，你還想對那些正在沉睡的人做些什麼呢？

你就如同生活在海洋裡一樣，過著非常孤獨的日子，大海讓你感覺百無聊賴。唉，你現在是不是想要上岸啊？唉，你是不是想要再一次拖著自己的身體向前行呢？」

查拉圖斯特拉回答道：「我熱愛人類。」

這位聖人說道：「爲什麼我想要走進森林和荒漠呢？難道這不是因爲我過度喜愛人類嗎？現在的我喜歡神，我不喜歡人類了。從我的角度來講，人類是一件擁有很多瑕疵的東西。熱愛人類會給我帶來致命的影響。」

查拉圖斯特拉回答道：「我應該怎麼說呢？我願意把禮物帶給人類。」

「不要給他們任何東西。與其這樣，不如直接從他們身上拿走一部分東西，以及把沉重的負擔強加在他們身上——那樣做會讓他們感到無比愉快，就如同只有那樣做才能讓你感到愉悅一樣！

假如眞的想給他們一些東西的話，那麼僅給他們一些救濟物資即可，並且讓他們來懇求！」

「不，」查拉圖斯特拉回答道，「我不會只給予他們救濟物資，我還沒有窮到那個地步。」

這位聖人對著查拉圖斯特拉哈哈大笑了起來，他接著說道：「那麼，你去瞧一瞧，他們究竟會不會接受你的寶物。他們對隱士抱持著懷疑態度，他們不會相信我們會帶著禮物來到這裡。」

我們的腳步聲在街道上顯得異常空洞。到了晚上，他們如果在床上聽到有人在天還沒有亮的情況下，便匆忙地經過此地，他們或許會問自己：這個小偷到底去什麼地方呢？

「不要找尋人類，留在森林裡！不如去找動物吧！你怎麼就不像我呢——成爲熊中的王者、鳥中的霸主呢？」

「那麼，聖人在森林裡，都做些什麼呢？」查拉圖斯特拉問道。

聖人回答道：「我作曲，並且吟唱著。當我進行樂曲創作的時候，我會大笑、哭泣，甚至喃喃自語，我就是用這樣的方式來歌頌和讚美神。

我用唱歌、哭泣、歡笑以及喃喃自語的方式來讚美我心目中的神。可是，你呢？帶了什麼禮物給我們？」

當查拉圖斯特拉聽完這番話以後，他立刻向聖人敬了禮，接著他說：「我哪能夠爲你帶來什麼禮物啊？你不如早點兒放我走吧！或許我還能從你的身上拿走一些東西呢！」那位老人和查拉圖斯特拉就像兩個天眞無邪的孩子一般露出了笑容，他們就是通過這樣的方式分別的。

然而，當查拉圖斯特拉獨自一人的時候，他對自己的心說道：「這是可能的。這位身處森林之中的聖人還沒有聽說，神已經死了！」

3

當查拉圖斯特拉來到了森林外邊最近的小鎭上時，他發現市集的廣場上擠滿了人，這是因爲聽說有一個在鋼絲上行走的人會出現在這裡。查拉圖斯特拉對這些人說了以下這番話：

「我教你們關於超人的事情。人類是某種必定會被超越的東西。那麼，我們究竟要怎麼做才能超越人類呢？」

直到今天，任何生物都創造出了某些高於自身的事物：那麼，你是想要成爲這股偉大海浪中的退潮，並且重返動物，而不是超越人類嗎？

對於人類來說，類人猿到底是什麼呢？他究竟是遭眾人唾棄的笑柄，還是痛苦的恥辱呢？對於超人，人類也屬於同樣的情況：一個受到眾人唾棄的笑柄，或是痛苦的恥辱。

你已經通過某種方式從蠕蟲進化成了人類，但是，體內大部分的物質仍舊是蠕蟲的形態。你們是曾經類人猿，但現在可能目前的人類都要比類人猿更像猿猴。

甚至是在你們當中最有智慧的人，也只不過是一種不和諧之植物和幽靈的混合物而已。但是，我眞的會命令你們變成鬼魂或植物嗎？

哪！我教給你們關於超人的事情！

超人就是這片土地的意義所在。讓我們大家共同說：「超人將是這片土地的意義所在！」

我懇求你們，我的兄弟，要對這片土地保持眞實的自我，並且拒絕相信那些跟你談論偉大希望的人！他們就是放毒藥的人，無論他們自身是不是知曉。

他們就是蔑視生活的人，對令人感到厭倦的土地下毒，讓其腐朽：所以我們要遠離他們！

曾經褻瀆神明就是最大限度的褻瀆，可是如今神已經死了，所以這些瀆神者也都跟著死去了。在當下最令人感到畏懼的罪惡就是褻瀆大地以及用更加崇高的尊重去對待那些不可知的事件，而不去尊重大地的意義。

曾經，靈魂在肉體上用極其輕蔑的眼光注視著一切，因此，輕蔑是至高無上的東西——

靈魂希望肉體變得貧乏、蒼白以及饑餓，它以為通過這樣的方式，就能夠逃脫肉體和塵世。

噢！靈魂本身才是那個貧乏、蒼白以及饑餓的東西；而殘忍則是靈魂的快樂所在。

但是，我的兄弟還告訴我：「你的身體都對你的靈魂說了些什麼？難道你們的靈魂不貧窮嗎？沒有汙染以及悲慘的沾沾自喜嗎？」

的確，人本身就是一條髒汙的溪水。他必須成為海洋，才能接受一條髒汙的溪水，而不會讓自身變得骯髒。

看呀！我教你們有關於超人的事情：他就是那樣的海洋。在他的海洋裡，能夠淹沒你們那些偉大的輕蔑。

你們所親身經歷過最偉大的事情是什麼？就是偉大的輕蔑的時刻。在那樣的時刻裡，你的快樂也會成為令你感到憎惡的事物，同樣還有你的理智和道德。

當你說道：「我的幸福快樂有什麼好的！它就是貧窮、汙染以及一種悲哀的自滿。」

當你說道：「我的理性有什麼好的！它會像獅子渴求食物一樣對知識如饑似渴嗎？它就是貧窮、汙染以及一種悲哀的自滿。」

當你說道：「我的道德有什麼好的！它並沒有讓我充滿熱情。我對我的眞善美和醜惡是如此厭倦！它們全都是貧窮、骯髒以及一種悲哀的自滿！」

當你說道：「我的正義感有什麼好的！我並沒有發現，我本人就是個充滿熱情、極度活躍的人。然而，正義感卻是充滿熱情，並且極度活躍的！」

當你說道：「我的憐憫之心有什麼好的！難道那不是對十字架的憐憫嗎？那個熱愛人類的人卻被釘在了十字架上。但是，我的憐憫之心並不一定要把人釘在十字架上。」

你有沒有說過這樣的話？你有沒有這樣的哭喊過？是的！我已經聽到了你的哭泣聲！

但那並不是你的罪惡在哭泣——而是你的自我滿足感，是你罪惡中的吝嗇在對藍天哭泣！

那一道用舌頭親吻你臉龐的閃電到底在哪裡？那個清除你瘋狂的它又在什麼地方呢？

看呀！我教給你關於超人的事情：他就是那道閃電，他就是那種瘋狂！

當查拉圖斯特拉說完這番話的時候，人群當中的一個人說道：「現在，我們已經聽夠了那個走鋼索的人的講話了，是時候讓我們見見他了！」

於是，人們開始嘲笑查拉圖斯特拉。然而，那個走鋼絲的傢伙以爲這番話是要讓他出場，所以他登上了舞臺，開始了他的表演。

4

然而，查拉圖斯特拉看著這群人，之後就沉默了。因此，他說道：

人類就是一條被捆綁在動物和超人之間的繩索——它是一條橫跨深淵的繩索。

這是一種非常危險的跨越、一種非常危險的徒步旅行、一種非常危險的回眸、一種非常危險的戰慄和停頓。

人類的偉大之處就在於，他是一座橋梁，而不是一個目標；人類的可愛之處是跨越，而非向下走。

我特別喜歡那些：除非他們的生活變成了必須向下走的模式，否則不知道該如何去生活的人們，因為他們就是那些要進行跨越的人。

我熱愛偉大的輕蔑別人的人，因為他們都是偉大的崇拜者，同時也是渴望登陸其他岸邊的箭。

我熱愛那些不會去星球以外的地方尋找往前走和做出犧牲的理由，但是他們卻是為了大地可以犧牲自己的人，那片土地或許某一天會成為超人的領土。

我熱愛那些為了求知欲而活的人，要想知道某一天即將出現的超人究竟會是怎樣的人。他會因為如此而自願按照自己的方式向走下去。

我熱愛那些喜歡發明創造的人，他們會為超人建造房子，並且會為他準備土地、動物以及植物：因爲他會自願按照自己的方式走。

我熱愛那些喜歡高尚美德的人：因爲美德是繼續往下走的意念力，它是渴求的箭。

我熱愛那些不在內心保留任何道德精神，但是又想完全成爲他道德精神的人：因此，他就像一種精神一樣走過了那座橋梁。

我熱愛那些將自己的道德變成個人喜好和使命的人：因此，看在他的道德上，他會選擇繼續生活，或是不再生活下去。

我熱愛那些並不渴望擁有過多美德的人。一個美德往往要比兩個美德更具有道德意義，因爲它更是一個能夠讓一個人的命運依附其上的結。

我熱愛那些擁有肆意揮霍的靈魂的人，他不會尋求別人的感謝，也不會反過來感謝別人。因爲他總是選擇把這些贈送給別人，他不希望將這些據爲己有。

我熱愛那些當骰子按照他的喜好掉落下來的時候會感到羞恥的人，然後問道：「我是不是一個不誠實的人？」因爲他選擇被毀滅。

我熱愛那些證實了未來的人類，並且挽回了過去人類的人：因爲他想要現代的人類毀滅掉自己。

我熱愛那些懲罰他的神的人，因爲他熱愛他的神：他必須要被他信仰的神的怒火所毀滅。

我熱愛那些即使是靈魂受到了嚴重傷害，仍能保持極其深沉的人，哪怕是一件非常微小的事件也極有可能將他毀滅：因爲只有這樣他才會心甘情願地走過這座橋梁。

我熱愛那些靈魂過滿的人，他忘記了自己以及關於他的所有事情：因此，所有的事情都成了他向下走的誘因。

我熱愛那些擁有自由的精神以及自由心靈的人：他的腦袋裡只裝著他的心靈；但是他的心靈卻造成了讓他向下走的結果。

我熱愛所有的那些人，他們就如同從人們頭頂上的烏雲中掉落下來的沉重雨點：他們準確預言了閃電的到來，他們也像預言家一樣被毀滅。

看呀！我就是預言了閃電到來的預言家，我就是那滴從烏雲中掉落下來的沉重雨點：但是，那道閃電卻被人們稱作是超人。

5

當查拉圖斯特拉說完上述這番話之後，他再一次看向那群人，之後便保持沉默了。「他們都站在這裡，」他對自己的內心說道，「他們在這裡嘲笑我，他們無法理解我。我並不是爲那些耳朵講話的嘴巴。」

難道人必須要先打爛他們的耳朵，才能學會用眼睛去聆聽嗎？一個人難道必須要像大鼓和處在齋戒期的說教者一樣，發出叮噹作響的聲音嗎？或是難道他們只相信那些說話結巴的人嗎？

他們都有一些能夠令自己感到無比自豪的東西。究竟如何稱呼那些讓自己感到驕傲的東西呢？到底是什麼東西能夠讓他們感到無比自豪呢？它們被稱呼爲文化，這是能夠將他們同牧羊人區別開來的東西。

因此，他們不喜歡聽到別人用「輕蔑」之類的話題來談論他們。所以，我應該對他們的驕傲講話。

所以我應該跟他們談論最令人輕視的人，那就是終極之人。

因此，查拉圖斯特拉對人們說道：

人們是時候調整自己的目標了。人們已經到了撒下最高希望的種子的時刻了。

現在，他們的土壤仍舊足夠肥沃。但是總有一天，這些土壤會變得貧瘠，消耗殆盡，參天的大樹也沒有能力在這裡生長。

唉！這個時刻即將到來，人們再也無法發射出渴求超越人類的箭，而他的弓弦也將會忘記該如何放箭！

讓我來告訴你們：一個人身上必須擁有混亂的狀態，才能讓一顆翩翩起舞的行星孕育而生。讓我來告訴你們：你們的身體裡仍舊擁有著混亂的狀態。

唉！人們將喪失擁有孕育行星能力的時刻即將到來。

唉！最應該被鄙視的人的時刻即將到來，那人再也不會輕蔑他自己。

看呀！我要向你們展示終極之人。

「什麼是愛？什麼是創造？什麼是渴求？什麼是一顆行星？」終極之人眨著眼睛問道。

地球已經變小了，終極之人躍到了它的上面，讓所有的事物都變小了。類似他這樣的種族同跳蚤非常相似，無法被根除，終極之人是活著的時間最長久的物種。

「我們已經找到了快樂的所在。」終極之人眨著眼睛說道。

因爲他們需要溫暖，而離開了非常難以生存的地區。

因爲他需要溫暖，因此他仍舊會愛著他的鄰居，並且讓自己的身體不停在鄰居的身上摩擦。

他們將令人厭惡、不被信任且被看作是有罪的：他們應該小心翼翼地走路。他仍舊是那個會被石頭或是人類絆倒的蠢貨！

他們不時地投放一點毒藥：爲了創造出美妙的夢境。最終，他們會利用更多的毒藥來獲得令人歡喜的死亡。

某個人仍舊在工作，因爲工作對他來說，就是一種消遣。但是他必須時刻小心，否則這種消遣會傷害他。

人們不會再成爲窮人或者富有的人：因爲這兩者都是沉重的累贅。有誰想被統治？有誰想去服從？這兩者都是沉重的累贅。

沒有牧羊犬，沒有羊群！任何人想要的東西都是相同的；所有的人都是平等的；那些擁有其他情感的人會自願走進瘋人院。

「從前，所有的世界都是瘋狂的。」在他們當中最敏感的人眨著眼睛說道。

他們非常聰明，並且十分清楚將要發生的事情：對於他們來說，逗趣玩笑是不會結束的。人們仍舊會爭吵下去，但是很快，他們就會達成和解——否則，會毀壞他們的消化系統。

在白天，他們有著屬於自己的小樂趣，到了晚上，他們同樣有著屬於自己的遊樂方法，但是，他們都把身體健康看得非常重要。

「我們已經找到了快樂所在。」於是，終極之人眨著眼睛說道。

查拉圖斯特拉的第一次演說到了這裡，就告一段落了，我們又把它稱作是「查拉圖斯特拉的序言」。就在這一刻，人群的尖叫聲和歡聲笑語打斷了他。「快把這個終極之人給我們帶來，查拉圖斯特拉，」他們大叫道，「快讓我們都變成終極之人！然後，我們就把超人的禮物給你！」這時，所有的人都欣喜若狂地叫了起來。但是，查拉圖斯特拉轉過身來，臉上露出了悲傷的神情，他用發自肺腑的情感說道：

「他們根本就不了解我，我並不是爲這些耳朵講話的嘴巴。

或許，我在山裡住了太久的時間；我聽慣了小河的流水聲以及樹木之間的呼嘯聲：現在，我要像跟牧羊人聊天一樣，跟他們進行交談。

我的靈魂非常平靜、非常清澈，就像早晨的山巒。但是他們認爲我是一個冷淡的、只會模仿拙劣笑話的人。

現在，他們看著我，嘲笑我。就在他們嘲笑我的同時，還憎恨我。在他們的笑聲裡摻雜著冰塊。」

6

然而，就在這個時候，某些事情的發生卻讓所有人都啞口無言、瞠目結舌。當然，與此同時，那個會在繩索上行走的人開始了他的表演：他從一扇非常小的門裡走了出來，並且開始在一個將兩個塔連接在一起的繩子上面行走，通過這樣的做法，他能夠懸在市場的上方以及人群的頭頂。當他剛剛走過繩索的中間部分時，那扇小門再一次被打開了，一個穿著俗氣、猶如一頭水牛的傢伙突然從裡面冒了出來，並且開始迅速追趕表演繩索雜技的人。

「快點走，你這個瘸子，」他用令人膽怯的聲音大聲叫道，「快點走，你這個懶骨頭、躡手躡腳的人、面色枯黃的傢伙！——不要讓我的後腳跟給你撓癢！你都在這條繩索上做了什麼？你應該被囚禁在這座塔裡面，因爲你阻攔了一位本領比你高超的人前行！」就在他說這些話的同時，他離這位表演繩索雜技的傢伙越來越近。然而，就在他距離表演雜技的傢伙僅僅一步之遙的時候，發生了一件令所有人啞口無言、瞠目結舌的事情——他就像一個惡魔般大聲喊叫，一個跳躍步越過了那個阻攔他道路的傢伙。但是，當這位雜耍者看到對手取得勝利的同時，他的大腦和腳步都在繩索上失去了平衡，平衡杆從他的手上滑落下去，他就像一個由快速旋轉的胳膊和腿組成的旋渦一樣飛快地向地面墜落，整個市場和廣大群眾就像風暴來襲的大海一樣，立刻亂了手腳，呈現出非常混亂的狀態，尤其是表演繩索雜技者的身體即將要墜落的地方，情況更是如此。

但是，查拉圖斯特拉仍舊站在原地，那個表演繩索的人就從他的身邊掉下來，受了非常嚴重的傷，身體被極度扭曲，但是，他並沒有死。過了一會兒，那個身體被摔碎了的傢伙恢復了意識，然後他看到了查拉圖斯特拉跪在他的身邊。「你在這裡做什麼？」最後他說道，「我在很久以前就知道，惡魔一定會陷害我。現在，他把我拖進了地獄，你能阻止他這樣做嗎？」

「我的朋友，我以我的榮譽起誓，」查拉圖斯特拉答道，「你所說的一切完全不存在，在我們的世界裡，既沒有惡魔也沒有地獄。你靈魂的毀滅速度甚至會比你的軀體還要快，因此，你不要再感到恐懼了！」

那個人用充滿懷疑的神情注視著他，說道：「如果你所說的都是事實，那麼當我失去自己生命的時候，我將會一無所有。我不過是一隻野獸而已，在人們的棍棒交加以及少量食物的對待方式下，我學會了在繩索上行走。」

「並不完全是這樣的，」查拉圖斯特拉說道，「你讓危險成爲你的專長，以爲那樣就不會被其他人鄙視了。現在，你親手毀滅了自己的專長。因此，我會用自己的雙手親自埋葬你。」

當查拉圖斯特拉說完這些話的時候，這位快要死掉的人並沒有做進一步的回答。但是，他動了動自己的手，就好像他在尋找查拉圖斯特拉的手，以此表達自己的感激之情。

7

與此同時，夜幕即將要降臨了，市場被憂鬱的氣氛所籠罩。接著，聚集在一起的人們開始散去，甚至連人們的好奇心和恐懼的心理也變得厭倦了。但是，查拉圖斯特拉仍舊坐在那個死去的表演者身邊，並且陷入了深深的沉思當中：因爲他已經忘記了時間。但是，最終天黑了下來，一股寒冷的風吹襲著這裡的孤獨者。然後，查拉圖斯特拉站了起來，用發自肺腑的情感說道：

「說眞的，今天，查拉圖斯特拉的捕魚結果甚好！他從來都沒有抓到過活人，但抓到了一具屍體。

人生充滿了磨難，而且，通常這些磨難都是毫無意義的：一個出演滑稽角色的小丑或許會爲它帶來毀滅性的打擊。

我想用存在的感覺教給人：那就是超人，從黑暗的人類烏雲中迸發出來的閃電。

但是，我離他們非常遙遠，而且我的內心並不能訴說他們的內心。在他們的眼中，我的形象就介於一個瘋子和一具死屍之間。

夜晚是非常黑暗的，同樣黑暗的還有查拉圖斯特拉要走的道路。快到這裡來，猶如寒冰一樣僵硬的同伴！讓我背著你去那個我即將用雙手親自埋葬你的地方。」

8

當查拉圖斯特拉用發自肺腑的情感說完這些話的時候，他將屍體扛在了自己的肩膀上，隨即上路了。然而，當他還沒有走出一百步的時候，一個人趁機溜到了他的身邊，並且在他的耳邊說起了悄悄話——瞧呀！說話的那個人居然是塔裡面的那個小丑。「啊！查拉圖斯特拉，你快點兒離開這個城鎮吧，」他說道，「這裡有太多痛恨你的人了。善意者和公正者痛恨你，他們把你看作是他們的敵人以及被輕視的對象；那些尊崇正統觀念的信仰者痛恨你，並且稱呼你爲人們的危險分子。人們嘲笑你，那是你的幸運。你說話的樣子眞的特別像一個小丑。你把自己和這條死狗聯繫在一起是你的幸運：通過自取其辱，你今天撿回了一條命。但是，不管怎麼樣，請你離開這個村子吧！要不然，到了明天，我這個活生生的人就要跨過這個死人了。」當他說完這些話的時候，那個小丑消失了，然而，查拉圖斯特拉依舊在黑暗的街道上行走。

在小鎮的大門邊上，他遇到了一群挖掘墳墓的人。他們用手中的火炬照亮了他的臉，然後，他們認出了那個人就是查拉圖斯特拉，他們開始瘋狂地嘲笑他。「查拉圖斯特拉正在搬運一條死狗，眞了不起，查拉圖斯特拉要化身爲掘墳者了！我們的雙手太乾淨了，沒法埋葬這條死狗。查拉圖斯特拉會有偷走惡魔食物的想法嗎？去吧，希望你在就餐的時候，能有好運氣，只要惡魔不是一個比查拉圖斯特拉更加優秀的小偷就行！——他或許會把兩個一起偷走，吃掉！」他們並著頭，哈哈大笑起來。

然後，查拉圖斯特拉並沒有做出任何反應，而是繼續朝著他的路前行。當他走了兩個小時以後，他穿過了森林以及沼澤，他多次聽見饑餓的野狼在號叫，自己也變得饑餓難耐。所以，他在一處孤伶伶的、裡面有亮光的房子前面停了下來。

「饑餓正在襲擊我，」查拉圖斯特拉說道，「它就像個強盜。在森林和沼澤之中，在幽靜的夜晚之中，饑餓正在襲擊我。」

「在我的饑餓中擁有一些稀奇古怪的幽默。在通常的情況之下，我只有在就餐完畢之後，才會有這樣的特徵，然而一整天過去了，這樣的特徵卻一直都沒有出現：那麼，它們都到哪裡去了呢？」

因此，查拉圖斯特拉叩響了這所房子的門。一個老人出現在查拉圖斯特拉的面前，他手裡拿著一盞燈，問道：「到底是誰過來拜訪我，進入我的噩夢之中呢？」

「一個活人還有一個死人，」查拉圖斯特拉說道，「給我一些吃的東西和水，白天我忘記要帶這些東西。智慧說，餵飽饑餓的人，也同樣會安慰自己的靈魂。」

那位老人回屋了，但是他很快就從裡面出來了，並且給查拉圖斯特拉一些麵包和酒水。「這個地方可不會對饑餓者友善，」他說道，「這就是爲什麼我會住在這裡。無論是動物還是人類都會過來找我這個隱士。但是，你讓你的同伴也吃點兒東西，喝點水兒吧。他看上去似乎要比你還疲倦。」查拉圖斯特拉回答道：「我的同伴死了。我實在沒有辦法說服他吃東西。」「這跟我一點兒關係都沒有，」那位老人用陰沉的語氣說道，「他只要敲了我的門，就必須吃掉我提供的東西。吃吧！祝你們一路順風！」隨後，查拉圖斯特拉借著星光又走了兩個小時，他是一位不折不扣的夜間行走愛好者，經驗豐富。他喜歡觀察一切處於沉睡狀態的面孔。然而，當太陽升起的時候，查拉圖斯特拉發現他正處在一片茂密的森林之中，在他的面前再也沒有任何一條可見的道路了。於是，他把那具屍體放在了和他的腦袋等高的一個中空的樹幹裡——因爲他想要保護那個死人免受餓狼的襲擊——之後，他便躺在地上的苔蘚裡。很快，他就睡著了，他已經精疲力竭了，但是他的靈魂卻如此寧靜。

9

查拉圖斯特拉睡了很久，不光是黎明，就連早晨也爬過他的腦袋。然而，最終他睜開了雙眼，他驚訝地注視著無比寧靜的森林，也驚訝地注視著他自己。

然後，他飛快地站了起來，就好像是一個歷盡千辛萬苦才找到大陸的海員一樣：他快樂地叫了起來，因爲他看見了一個嶄新的事實。因此，他用發自肺腑的情感說道：

一束光照耀在我的身上，我需要同伴——活生生的同伴，而不是任由心靈決定何去何從死去的同伴和屍體。

一束光照耀在了我的身上。查拉圖斯特拉不應該跟群眾說話，而是應該跟同伴們說話！查拉圖斯特拉不應該成爲牧羊人和獵犬！從羊群裡誘騙更多的小羊——我是爲了這個原因才來到這裡的。那些群眾和牧羊人肯定對我的想法感到頗爲惱火。查拉圖斯特拉心甘情願讓牧羊人稱自己爲強盜。

我說的那些牧羊人，他們自稱爲有善意和正義感的人。我說的那些牧羊人，他們稱呼自己爲尊崇正統信仰的使徒。瞧這些有善意和正義感的人！他們最痛恨的人到底是誰？他們最痛恨的是那些損毀了他們價值之石板的人、破壞者以及違法的人，但是，他是創造者。

創造者尋找的是同伴而不是屍體，也不是牧羊人，或是信仰者。創造者所尋找的是共同創造者——那些將全新的價值寫在上面的人們。

創造者尋找的是同伴以及共同收穫者，他認爲任何事物都已經成熟了，正在等待著收割。但是，他缺乏上百把鐮刀，所以他用無比憤怒的情緒扯著玉米穗。

創造者尋找的是同伴以及懂得如何把鐮刀磨快的人。他們將這些人稱呼爲毀滅者以及輕視善意和邪惡的人。然而，那些從事收穫和慶祝豐收的正是這群人。

查拉圖斯特拉尋找的是共同創造者，查拉圖斯特拉尋找的是共同收穫者以及共同慶祝豐收的人。羊群、牧羊人以及屍體，跟他又有什麼關係！

那麼，我的第一位同伴，願你在平和之中安息吧！我會把你安葬在這棵中空的樹幹裡，我要將你藏起來，以此免受惡狼的襲擊。

但是，我不得不離開你，離別的時間已經到了。在兩個黎明之間，我找到了一個全新的眞理的昭示。

我不會成爲一名牧羊人，我不會成爲一名挖掘墳墓的人。我將不會再和人們講話。這一次也將是最後一次，我對一個死人講話。

我會和創造者結交，和那些收穫者以及慶祝豐收的人結交；我會向他們展示彩虹以及超人的階梯。

我會爲那些獨自修行的人以及兩個人在一起修行的人獻上我的歌聲，若誰的耳朵未曾聽過，我會讓他的內心充滿我的快樂。

我會爲了我的目標而努力，我會嚴格遵照我的路途前進，我會越過躊躇者和懶散的人。因此，我的積極前進將成爲他們的衰落。

10

當查拉圖斯特拉用發自肺腑的情感說完這些話的時候，已經是正午了。然後，他用充滿好奇的神情看向高處，因爲他聽到他的頭頂有刺耳的鳥叫聲。快看！一隻老鷹在空中畫了一個大圈子，在那上面懸掛著一條蛇，它看起來不像是獵物，像是一位朋友：因爲老鷹把蛇纏繞在了自己的脖子上。

「它們都是我的動物，」查拉圖斯特拉說道，他的內心非常歡快。「在太陽底下最值得驕傲的動物以及最聰明的動物——它們都跑出來一探究竟。

它們想知道查拉圖斯特拉是否想繼續活著。說眞的，我還有必要繼續活著嗎？

我發現人類要比動物們更加具有危險性。查拉圖斯特拉在危險的道路上行走。讓我的動物們來指引吧！」

當查拉圖斯特拉說完這些話的時候，他想起了森林中的聖人所說過的話。然後他歎了口氣，用眞摯的情感說道：

「我希望讓自己變得更加智慧一些！我眞切地希望自己可以變得更加聰明一些。就像我的蛇一樣！

但是，我所希望的是不可能實現的願望。因此，我請求我的驕傲陪伴著我的智慧！

就好像，我的智慧在某一天會拋棄我——唉！它非常渴望遠走高飛！——那麼，我願我的驕傲陪伴著我的愚蠢一起遠走高飛！」

因此，查拉圖斯特拉開始下山。

查拉圖斯特拉的演講

1 三種變形

現在，我來告訴你三種精神變形的方式：精神是如何變成一隻駱駝，又從駱駝變成一頭獅子，最後再從獅子變成一個小孩。

精神附加許多沉重的負擔，強壯且能夠承載負擔精神所擔負：精神所要求的沉重的和最爲沉重的負擔。

什麼是沉重的？你可以去問問能夠承載負擔的精神，然後，像一頭駱駝般跪拜在它的面前，渴望獲得沉重的重負。

那麼英雄們，什麼又是最沉重的呢？去問一問能夠承載負擔的精神吧，我會載著它，在我的力量之下盡情慶祝。

事實是不是這樣的：爲了損害某人的傲慢而當眾羞辱他？爲了模仿某人的智慧，而展現出他的愚蠢？

或許是這樣的情況：當我們慶祝勝利的時候，我們拋棄了這一主張？爲了尋找更加具有吸引力的事物，而攀爬高山？

又或者是這樣的情況：用知識的果實和青草餵養自己，爲了顧及眞相而忍受靈魂的饑餓？

又或是這樣的情況：在身體虛弱的時候，拒絕接受安慰者的撫慰，並且結交一些永遠聽不到你要求的聾人朋友？

又或是這樣的情況：只要那是眞相之水，不管它有多麼渾濁，它都會一躍而入，而不厭惡那些冰冷的青蛙和熾熱的蛤蟆？

又或是這樣的情況：去熱愛那些輕視我們的人，當幽靈開始嚇唬我們的時候，助它一臂之力？

所有沉重的負擔，都能夠承載負擔的精神扛起了重負：它就像那只駱駝一樣，急匆匆地向荒野前進。

但是，在最孤寂的荒野上，它遇到了第二種變形：這裡的精神變成了一頭獅子；它一心想要抓住自由，並且成爲這片荒野的統治者。

它在這裡尋找它最後的主人：它要成爲這裡的主人以及最後上帝的仇人；爲了取得勝利，它需要同偉大的巨龍展開激烈的搏鬥。

那個精神不再傾向於召喚統治者和上帝的偉大巨龍究竟是誰。「你應該」是這只偉大的巨龍的名字。但是獅子的精神卻說：「我想要。」

「你應該」就躺在路上，渾身散發著金燦燦的光芒，它是一條全身布滿鱗片的怪物，它身上的每一處鱗片都閃耀著金燦燦的光。

上千年的價值在這些鱗片上閃耀著光芒，因此，在所有的巨龍當中最強大的那條龍說道：「事物的所有價值全都在我的身上散發著光芒。所有已經被創造出來的價值，所有被創造出來的價值——那就是我。說眞的，這裡再也不會有什麼『我願意』。」偉大的巨龍如是說。

我的兄弟們，你們所需要的精神之獅究竟有什麼意義啊？那個忍讓、崇敬並且可以承擔重負的駱駝難道還不夠嗎？爲了創造新的價值——甚至連獅子也不能完成這樣的任務——但是爲了新的創造而爭取到的自由，恰恰就是獅子所渴望擁有的力量。

爲自身創造自由，並且爲對抗義務找出一個神聖的否定理由：我的兄弟們，這就是獅子的工作。

得到新價值的權力——這對於一個能夠承擔重負、虔誠的精神來說，是最令人感到敬畏的假設。的確，施加在這樣的精神之上的是掠奪以及兇殘的野獸行爲。

從前，它曾深愛著那個被稱爲「你應該」的最爲神聖的物種，但是，現在它迫不得已要去最崇高的事物中尋找假象，甚至是專橫霸道。讓它能夠以犧牲愛情的代價來掠奪自由：獅子需要這樣的掠奪。

但是，我的兄弟們，請告訴我，如果是連獅子都無法辦到的事情，你還能指望小孩子做什麼？爲什麼即使是這樣，捕食獵物的獅子仍舊想要變成一個孩子？

孩子是天眞無邪的、容易忘事的，一個全新的開始、一個遊戲、一個自己滾動的輪子、一個原始的動作，和一個神聖的肯定。

的確，我的兄弟們，在創造的遊戲當中，生活對神聖肯定的需要是必不可少的：現在，精神成了它的意願；世界的遺棄者又獲得了屬於它自己的世界。

我在這裡向你們說明了精神的三種變形：精神是如何變成一頭駱駝，如何從一頭駱駝變成一頭獅子，最後又是如何從一頭獅子變成一個小孩子的。

查拉圖斯特拉如是說。就在那個時候，他停留在那個被稱爲「花牛」的小城鎮裡。

2 德行的講壇

人們都向查拉圖斯特拉稱讚一位聰明的人，尤其善於談論睡眠和道德：他被賦予偉大的榮譽以及豐厚的獎賞，許多年輕人來到他這裡聆聽講演。查拉圖斯特拉也來到了這位智者的面前，他同其他的年輕人一樣坐在智者的椅子前面。於是，這位智者開始說道：

「讓我們用尊重和謙遜的方式對待睡眠吧！這是第一件重要的事情！遠離那些睡眠不好以及在夜晚時刻保持清醒狀態的人們！

就連小偷在睡眠面前也是謙遜的：他經常在夜晚悄無聲息地偷東西。但是，夜晚的看守者確實不謙虛，並且毫不謙遜地拿起他的號角。

睡眠絕非是一種毫不起眼的藝術：爲了達到在夜晚做好夢的意圖，在一整天的時間裡都保持清醒的狀態是必不可少的。

每一天，你必須克制自己十次：這樣會讓你產生極端的厭倦，這是靈魂的麻醉劑。

每一天，你必須讓自己心情順暢十次，因爲克制是痛苦的，心情不舒暢的人就不會睡得好。

每一天，你必須要找到十個事實眞相；要不然，你就要在夜晚尋找眞相了，那麼你的靈魂就會變得饑餓。

每一天，你必須要哈哈大笑十次，保持愉悅的心情；否則，到了晚上，你的胃，這個苦惱之父就會把你吸收掉。

很少有人知道，但是一個人要想睡得好，就必須擁有所有的美德。我是不是會犯下僞造假目擊證人的罪證？我是不是應該承認自己犯下了通姦罪？

我是不是應該垂涎一下鄰居的女傭？所有的這一切都無法同良好的睡眠保持協調。

而且，即使一個人擁有了所有的美德，他還需要知道一件非常重要的事情：那就是在恰當的時間讓這些美德入眠。

他們或許不會跟其他的事物發生爭吵，那些受人憐愛的小東西啊！不和你發生爭執，因你是個不幸的傢伙！

同上帝和你的鄰居和平相處：這就是擁有良好睡眠的條件。同時還要跟你的鄰居惡魔和睦相處！否則，到了晚上，它就會縈繞在你的頭頂。

尊敬政府，並且信服他們，即便是跛足的統治者，也是如此！這就是擁有良好睡眠的條件。如果力量要想用瘸腿走路，那麼我還能怎麼辦呢？

他將自己的羊群引導到了最翠綠的牧場，他對於我來說，永遠是最出色的牧羊人：只有這樣才能和良好的睡眠之間保持協調。

我並不想要過多的榮譽以及偉大的財富：它們只會激發我的壞脾氣。但是，人如果沒有響噹噹的名字以及一點兒小小的財富的話，是不能安穩入睡的。

對於我來說，一個比較狹窄的朋友圈要比一個品性糟糕的朋友圈更能吸引我：但是它們必須在恰當的時間裡出現並且離開。只有這樣才能同良好的睡眠保持協調。

還有，那些精神白痴能夠讓我愉悅起來：他們有助於促進睡眠。尤其是當人們承認他們有理由的時候，他們是無比幸福的。

就這樣，有道德的白天過去了。當夜晚降臨的時候，我並不會提醒自己去召喚睡眠。或許睡眠這一道德的統治者，並不喜歡被人們召喚！

但是，我會回想我在這一整天所做的事情以及自己的想法。我會開始反覆地思考，就像一頭乳牛一樣有耐心，我會問自己：你那十次的自我克制都是什麼？

那十次心情舒暢、十次事實的眞相以及十次讓我發自內心的捧腹大笑，究竟是些什麼呢？

我開始陷入沉思，在這四十種思想的搖籃裡來回晃盪，幾乎是在一瞬間，那個未被召喚的、道德統治者的睡眠將我抓住。

睡眠輕輕地拍打著我的雙眼，之後，我的眼睛就變得沉重了起來。睡眠觸碰著我的嘴唇，之後，我的嘴唇就張開了。

的確，它用非常輕柔的腳步，悄悄地接近了我，它是最可愛的小偷，它從我這裡偷走了我的思想：然後，我就像個傻子一樣站在這裡，就好比這個書桌一樣。

但是，我還沒有站立多久：我就已經躺下來了。」

當查拉圖斯特拉聽完智者說的這些話時，他打從心眼裡笑了起來：一束光芒照耀在他的身上。他用發自肺腑的情感說道：

「這位智者所提出的四十個思想看上去非常愚蠢：但是我相信他知道應該如何安眠。

住在這位智者附近的人會感到無比幸運！類似這樣的睡眠是具有傳染性的——即使是隔著一堵非常厚的牆壁，它仍然是具有傳染性的。

他的學術講座擁有一種魔力。那些在道德的傳教士面前聆聽的年輕人並非沒有收穫。

他的智慧就是爲了能夠睡個好覺，必須要保持清醒的狀態。眞的，如果生活本就沒有意義，我只能被迫選擇謬論的時候，那麼這或許就是我最想要選擇的謬論了。

現在我知道了，當先人們在追尋道德的良師的時候，他們究竟在尋找些什麼。他們是在爲自己尋找良好的睡眠以及麻醉性的道德！

所有受到稱讚的學術講座的智者之智慧，只不過是沒有任何夢境的睡眠：他們對於生活重要性的理解並不比我們高明。

我非常確定，即使是在現在，這個世界上還會存在一些類似這樣的道德傳教士，他們並不總是受到別人的尊敬：但是，屬於他們的時代已經過去了。並且，他們未站立多少時間，就已經倒下去了。

那些昏昏欲睡的人會受到人們的祝福：因爲，他們用不了多久就會睡著。」

3 彼世論者

在很久以前，查拉圖斯特拉也跟所有的遁世者一樣，將自己的奇思妙想拋到人類的範疇以外去。在那時，我認爲整個世界就是一個歷經磨難的上帝所創造出來的產物。

那個時候，我認爲整個世界就是一個上帝的夢想以及幻想，它是一個毫不滿足的神放在眼前五彩斑斕的煙霧。

善意以及邪惡，快樂和悲痛，我和你——在具有創造性的雙眼看來，都是五彩斑斕的煙霧而已。那位創造者不想看到自己——因此，他創造了這個世界。

歷經磨難的人能夠不看自己所遭受的痛苦，而忘卻自己，這實在是一種令人如痴如醉的享受。曾經，這個世界對於我來說就是一個能讓我忘形的享受世界。

這個世界永遠都不會是完美的，它擁有永恆的矛盾形象以及不完美的形象——這對於並非完美的創造者來說是一種令人如痴如醉的享受——曾經，我認爲這個世界就是這個樣子的。

所以，我也曾經和遁世者一樣將我的奇思妙想拋到人類的範疇之外，可是，它眞的被拋到人類的範疇之外了嗎？

唉！我的兄弟們，我所創造出來的上帝，就如同其他所有的上帝一樣，是人類的傑作，是人類的瘋狂！

他是一個人，只是一個人和自我意識的可憐的一部分而已。那個鬼魂從灰燼和熾熱的火焰中跑了出來，將閃耀的光芒照射在我的身上。眞的，他不是天外來客！

我的兄弟們，到底發生了什麼事情？我超越了自己，那個飽受磨難的傢伙；我帶著自己的灰燼進入山裡；我爲自己創造了更爲明亮的火焰。瞧呀！那個鬼魂從我的體內脫離出來！

在我看來，充分信任類似這樣的鬼魂，對於大病初愈的人來說，是極其痛苦的；對於我來說，是磨難和羞辱。因此，我對遁世者說：

是痛苦和無能——創造了所有背後的世界；快樂的短暫瘋狂，只有那些擁有最爲悲痛的經歷者才能感受到。

厭倦若要想用「一跳」，即死亡跳躍來達到最後的終結。這種可憐的、無知的厭倦，它甚至都不再想要擁有意志：就是那個創造了所有諸神和世界的意志。

我的兄弟們，請你們相信我！這是肉體對肉體感到了絕望——它用令人著迷精神的手指在終極的牆壁上摸索著。

我的兄弟們，請相信我！這是肉體對這片土地感到絕望——它聽到了存在的內臟在跟它說話。

然後，它想用自己的頭穿過這面堅實的終極牆壁——不僅僅是頭，它想讓自己的整個軀體都進入到「其他的世界」裡去。

但是，那個「其他的世界」絕妙地隱藏在人們的視線之外，那個喪失人性、極其殘忍的世界，只不過是天際的空虛；存在的內臟無法和人們進行溝通，除非它變成人類的形態。

說眞的，用證據去證實它的存在，或是讓它開口說話，都是極爲困難的。我的兄弟們，請你們告訴我，你們不認爲最稀奇古怪的就是被證明爲最好的事情嗎？

是的，這個我，這個有創造性、有意志和衡量事物價值的我，「它」的矛盾性以及紛繁複雜的狀態，用最正直的方式肯定了它的存在。

這種最爲正直的存在，這個「我」即便是在思考問題時、狂躁時、拍著破碎的羽翼飛翔的時候，也會談及肉體和需要肉體。

這個「我」隨時隨地都在學習誠實地講話。而且它學得越多，就越會找到讚美肉體和大地的詩句。

一種全新的驕傲教給了我這個「我」，而我又將這個「我」教給了人類。不要將人的腦袋塞進天際的沙子裡面，而是要自由自在地帶著這個陸地上的腦袋，這個給予了創造大地意義的腦袋！

我教給人類一個全新的意志：選擇一條人類會盲目跟從的道路，確信這條路是正確的——而不要像生病的人以及即將逝去的人一樣，悄無聲息地離開它！

那些生病的人以及即將逝去的人——他們蔑視肉體和這片大地，他們發明了神聖的世界和用來贖罪的血滴；但是，這些甜蜜的、令人感到悲傷的毒藥，卻是他們從肉體和大地那裡借過來的！

他們想從悲痛中逃離出來，奈何行星離他們太過遙遠了。然後，他們歎著氣說道：「眞是可悲啊！爲什麼沒有一條天路，能夠讓我們偷偷地溜到另一個世界和另一種幸福裡呢？」於是，他們給自己創造了旁門左道和血腥的飲品。

他們自以爲已經擺脫了肉體和這片大地，他們這些忘恩負義的傢伙。到底是誰在他們逃脫的時候，給予他們驚厥和欣喜若狂的反應呢？正是他們的肉體和這片大地。

查拉圖斯特拉對待患病的人是非常仁慈的。眞的，他並不會對他們自我安慰的方式或是忘恩負義的態度感到極其憤慨。他們或許會成為逐漸從疾病中痊癒的人、克服重重困難的人，並且為自己創造更高級的軀體！

查拉圖斯特拉對於剛剛痊癒的人也是非常寬厚的，他並不會對那些盯著幻想牢牢不放，半夜起來去墳墓裡偷竊的人感到惱羞成怒。但是他為這些痊癒者留下的眼淚，包含著一種身體疾病的狀態或是一種病態。

在那些無聲禱告、為神而心力交瘁的人群中間，往往夾雜著大量身體有疾病的人。他們極端痛恨有極強辨別能力的人，憎恨那些最近得道、坦誠的人。

他們經常回顧過去非常黑暗的歷史時期：很顯然，那時候的假像和信仰都是有所不同的。理智的混亂與上帝極為相像，對它表示懷疑就是一種罪惡。

我對這些酷似上帝的人頗為了解：他們堅持相信這些觀點，並且認為凡是懷疑這些觀點的想法都是一種罪惡。與此同時，我心裡也非常清楚他們最相信的到底是什麼。

說真的，那些不是什麼另一個世界，也不是什麼用來贖罪的血滴：他們最相信的依舊是他們的肉體；他們把自身的肉體看作是絕無僅有的產物。但是，肉體對於他們來說仍舊是一種非常病態的事物，如果能從自己的肉體之中擺脫出來，他們將會欣喜若狂。因此，他們會聆聽死去的傳教士，而他們自身又在講演著另一個世界。

我的兄弟們，讓我們聆聽健康軀體的聲音吧。這是更加正直、更加純粹的聲音。健康、體態勻稱的軀體，說話會顯得更加誠實、更加純粹。那是一種能夠闡述大地存在意義的聲音。

查拉圖斯特拉如是說。

4 肉體的蔑視者

我有一些話，想要說給那些肉體的輕蔑者聽。我並不希望他們重新學習，我只是要求他們能夠告別自己的肉體——並且因此成爲啞巴。

「我就是肉體和靈魂。」孩子會這麼說。爲什麼我們不能像小孩子一樣說話呢？

但是，覺醒的人以及有覺悟的人說道：「我的全身都是肉體，沒有別的東西。靈魂只是我們肉體中某一個物體的名稱。」

我們的肉體是一種具有大智慧、單一意義的複雜體，既是戰爭，也是和平；既是羊群，也是牧羊人。

我的兄弟們，我們的肉體當中有一項工具，它同樣也是一種小小的智慧，你們管這種工具叫「精神」——這是一種小小的工具，卻在你的肉體裡扮演著非常聰慧的角色。

你經常會說「我」，並且視這個稱呼爲自己的驕傲。但是，更加偉大的是——可是你不願意去相信——你的肉體以及陪伴著它的大智慧，它不會輕言「我」，而是爲「我」付諸行動。

所有感官能感受到的，所有精神能夠辨別出來的，從來都沒有任何的目的。但是，感官和精神會樂此不疲地說服你去相信它們是世間萬物的終結：它們是如此虛榮。

感官和精神就是工具和玩物：在它們的身後，仍舊存在著「自己」，這個存在的「自己」會運用感官的眼睛，同樣也會運用精神的耳朵。

「自己」經常進行聆聽和尋找，它會去比較、掌握、征服和毀滅。它會被統治，同時它也是「我」的統治者。

我的兄弟們，在你們的思想和感覺背後，存在著一位擁有無比強大的力量的領袖，一位不爲人熟知的聖人——那就是「自己」；它就居住在你的肉體裡，它就是你的肉體。

隱藏在你肉體內的理智要多於你最高智慧當中的理智。誰能夠知道爲什麼你的肉體需要你的最高智慧呢？

你的「自己」在嘲笑你的「我」以及令它引以爲傲的跳躍。「對於我來說，這些思想的跳躍和飛翔究竟是些什麼東西呢？」我對「自己」說道。「那只是我爲了達到目標而走的旁門左道！我是『我』的極限，也是『我』一切觀念的敦促者。」

那個「自己」對「我」說道：「感受一點兒痛苦吧！」因此，「我」開始遭受痛苦的洗禮，並且思考究竟應該如何才能擺脫痛苦——它必然會爲了這一目的而進行思考。

那個「自己」對「我」說道：「感受一點兒快樂吧！」因此，「我」開始感受到快樂，並且思考究竟該如何才能經常感受到快樂——它必然會爲了這一目的而進行思考。

我想對那些肉體的輕蔑者說一些話。讓他們盡情地輕蔑肉體吧！這正是他們出於對自尊心的尊敬。究竟是誰創造了尊敬、輕蔑、價值以及意志呢？

具有創造力的「自己」爲自己創造了尊敬和輕蔑，還爲自己創造了快樂和悲傷。具有創造力的肉體爲自己創造了精神，以此作爲它的意志之手。

你們這些肉體的輕蔑者，即便是在你們的顛狂和蔑視之中，你們也是爲了「自己」而服務，讓我來告訴你們，你們的「自己」想要死亡，了結自己的生命。

你們的「自己」再也不能做出最想做的事情——創造超出自己範疇的事物。這就是它最渴求、最誠摯的希望。

不過，現在說什麼都已經來不及了——所以，你們這些肉體的輕蔑者啊！你們的「自己」想要進行自我毀滅。

因爲，你們的「自己」想要進行自我毀滅。因此，你們就成了肉體的輕蔑者。所以，你們再也無法創造出超過自身範疇的事物來了。

因此，你們現在會對生命和這片大地感到非常憤怒。而且一種無意識的嫉妒出現在你們那充滿輕蔑的神情之中。

你們這些肉體的輕蔑者啊！我才不會重走你們的老路！你們並不是爲我成爲超人而鋪設的橋梁！

5 快樂與熱情

我的兄弟們，當你們擁有一種美德，而且它就是你們所特有的美德，你就不能和任何人共同擁有它。

的確，你用名字稱呼它，並且愛撫它；你拉扯它的耳朵，同它一起做好玩的遊戲。

但是，你瞧！一旦它擁有了你所稱呼它的名字，並且和其他人一起共同擁有它的時候，你就會因爲這種道德而成爲人群和普通人當中的一員！

你大可以這麼說：「這種讓我的靈魂變得既痛苦又甜蜜的東西是無法用語言來形容的，同時，我內心的饑餓是無名的。」

讓你的道德高貴到無法用親密的名稱來稱呼，如果你非要說出那樣的名字來，那麼就不要感到羞恥，你可以結結巴巴地說。

你可以結結巴巴地說：「這是我最重視的善意，它可以最大限度地讓我感到快樂，所以，我所渴求的正是這樣的善意。

我渴求它，並不是因爲它是上帝的法律，也不是因爲它是人類的法律，或是人類的需求；它絕對不是通向另一個世界和天堂的路標。

我熱愛它是一種陸地上的道德：它缺乏謹愼，更加缺少智慧。

但是，小鳥在我的身邊築巢：因此，我會熱愛它，珍視它——現在，它就坐在金燦燦的蛋上，陪伴在我的身邊。」

你應該用這種結結巴巴的口吻來說，並且讚美你的道德。

曾經，你擁有很多激情，並且稱它們爲惡魔。但是，現在你只擁有你的道德：它們正是從你過去的激情裡產生出來的。

那麼，將你最崇高的目標注入在那些激情的內心之中，然後，它們就會成爲你的道德和快樂。

儘管你屬於脾氣暴躁的，或是驕奢淫逸的，或是過分狂熱的，又或是報復心重的種族，但是到了最後，你所有的激情都會成爲道德，所有的惡魔都會成爲天使。

曾經，你的地窖裡擁有許多未馴化的野狗：但是，最終牠們都變成了小鳥和散發著魅力的女歌手。

你使用毒藥爲自己製作了止痛藥；曾經，你擠出磨難之牛的乳汁——現在，你飲用著從奶牛的乳頭裡擠出來的甘甜奶水。

你的身體之中不會再產生任何的惡魔，除非那是從你的道德爭鬥中產生出來的惡魔。

我的兄弟們，如果你是非常幸運的，那麼，你只需要擁有一種道德就足夠了，沒必要再擁有其他的道德：因此，你穿過橋梁會變得更加容易一些。

能夠擁有許多道德是非常卓越的事情，但同時，那也是一種讓人難以忍受的命運；許多人因爲厭倦了多種道德在戰場上進行爭鬥，而跑到荒野，親手了結自己的性命。

我的兄弟們，我問問你們，戰爭和爭鬥是邪惡的嗎？不過，這是必要的邪惡；在道德之中，嫉妒、不信任以及在背後詆毀他人的存在都是必不可少的。

看呀！你的每一種道德最渴求的事情都是什麼？它想讓你的整個精神成爲它的傳令官，它想要你的怒火、仇恨以及愛意當中的全部力量。

任何一種道德都會對其他的道德產生嫉妒的心理，嫉妒是一種非常可怕的事情。甚至道德本身都有可能會被嫉妒所毀滅。

它那包含著嫉妒的烈焰，像蠍子一樣，最終將含有劇毒的毒針轉向自己。

噢！我的兄弟們，你們還從來都沒有見過一種道德的誹謗和自我傷害吧？

人類是一種應該被超越的物種，因此，你應該相當珍視你的道德——因爲，你很有可能會因爲它們而被毀滅。

6 蒼白的罪犯

你們這些法官和祭司們，在祭品沒有低下頭且乖乖就範之前，你們肯定不願意進行殺戮吧？瞧呀！蒼白的罪犯低下了他的頭，他的眼神中流露出無比輕蔑的神情。

「我的這個『我』是應該被超越的：我的這個『我』對於我來說，是人類最大的蔑視。」罪犯的眼睛如此說道。

當他評判自己的時候，便是他至高無上的時刻。我們不能讓高貴的人再一次下降到他低下的地位中去！

對於像他這樣因爲自己而遭受痛苦的人來說，除了速死之外，沒有任何方法可以拯救他。

你們這些法官們，你們的殺戮應該是出於內心的同情，而不是復仇；你們在殺人的時候，還得時刻留意要爲生命進行辯護！

你們僅通過和被你們殺戮的人和解是遠遠不夠的。將你們的悲痛轉化成對超人的愛意吧；因此，你們就會爲你們自己的倖存而辯護！

你們應該稱呼他們爲「敵人」，而不是叫他們「惡棍」；你們應該稱呼他們爲「殘疾者」，而不是叫他們「流氓」；你們應該稱呼他們爲「傻子」，而不是叫他們「罪人」。

你，這個紅色的法官，如果你高調地把你腦子裡想要做的事情統統說出來的話，那麼每一個聆聽者都會高呼：「除去這些令人作嘔的汙穢以及擁有劇毒的毒蛇吧！」

但是，思想和行動本來就是截然不同的兩件事，而行動的思想是另一種相異的事情。因果關係之輪並不會在它們之間進行翻滾。一種想法會讓這個蒼白之人的臉色變得更加蒼白。當他進行犯罪的時候，他就完全具有犯罪的能力，可是，當他完成犯罪之後，他又無法忍受這種犯罪的思想。

從這一刻開始，他會永遠將自己視爲一個單一行爲的實施者。我管這種行爲叫作瘋狂：特殊的例子會在他的身上轉變成原則。

用粉筆描繪出來的線條，竟可以迷惑母雞；這無比沉重的一擊，迷惑了他那脆弱的理智。我管這種行爲叫作事情發生之後的瘋狂。

聽聽吧！你們這些法官們！此外，還有另一種瘋狂，那就是事情發生之前的瘋狂。唉！你們研究這種靈魂的程度還不夠深！

因此，紅色的法官說道：「爲什麼這個罪犯會犯下殺人的罪行？他的本意只是搶劫而已啊！」但是，讓我來親自告訴你吧，他的靈魂想要的是鮮血，而不是贓物：他對小刀之幸福是如此渴望！

但是，他那脆弱的理智並不能理解這種瘋狂，而且說服他進行這樣的行動。「鮮血有什麼價值可言？」它說道，「你爲什麼不趁著這個大好機會，至少掠奪一點兒戰利品，或是復仇呢？」

他聽從了脆弱的、理智的話：它所說過的話就像是鉛塊一樣壓在他的頭頂之上——因此，當他殺了人之後，他就順便進行了掠奪。他並不願意因爲自己的瘋狂而感到羞愧。

現在，他的過失之旅再一次壓在了他的肩膀上，他脆弱的理智再一次變得麻木、變得麻痹、變得遲鈍。

他唯一能做的就是搖晃著他的腦袋，然後，把壓在肩上的負擔甩掉。但是，有誰會搖晃他的腦袋呢？

這個人到底是誰？大量的疾病通過精神的力量來到了這個世界。它們來到這裡是想要獲得它們的獵物。

這個人到底是誰？他是一串互相纏繞、很少和睦相處的野生毒蛇——所以，牠們紛紛四散開來，來到這個世界尋找牠們的獵物。

快看看這個可憐的肉體吧！它遭受痛苦，並且抱有希望，可憐的靈魂想去了解它們——它們會被理解爲具有殺人動機的需求以及對小刀的幸福渴望。

現在，患有疾病的人會受到當今邪惡因素的打擊，他在尋求將爲自己帶來痛苦的因素轉嫁給其他的人，並且給其他的人帶來同樣痛苦的方式。但是，曾經這裡也有過其他的時代，擁有過其他的善意和邪惡。

曾經，懷疑以及個人的意志都被看作是邪惡的事物。然後，無能的人就會成爲異教徒或是巫師；作爲異教徒或是巫師，他會遭受磨難，並且尋求造成磨難的方式。

但是，這樣的意志並不會走進你的耳朵裡。你告訴我，它會傷害你們那些充滿善意的人們。但是，你們那些充滿善意的人們到底跟我有什麼關係呢？

你們那些所謂充滿善意的人們，擁有許多讓我心生懷疑的事情，而且說實話，那並不是他們邪惡的一面。我只是希望他們能夠擁有一種瘋狂，讓他們像這位蒼白的罪犯一樣被毀滅！

說眞的，我希望他們的瘋狂被稱爲眞相，或是忠誠，又或是正義。但是，他們爲了能夠活得更加長久，而擁有自己的道德，在悲哀的自鳴得意中成長。

我就是水流旁邊的欄杆。有能力抓住我的人，就牢牢地抓住我吧！不過，我不是你們的拐杖。

7 閱讀和寫作

所有關於寫作的東西，我只喜愛那些作者用自己的心血創作出來的東西。用血來寫作，你就會發現那種血就是精神。

去理解不爲人所熟知的血並不是一項簡單的任務。我討厭所有通過閱讀來打發時間的人。

對讀者瞭若指掌的作者，不會讓讀者創作作品。在另一個世紀裡，這樣的讀者——還有精神會散發出招人厭惡的惡臭。

所有被允許學習閱讀的人，在長期的學習過程之中，不僅僅會毀掉寫作，同時也會毀掉思考。

曾經，精神就是上帝，然後，它變成了人，現在，它甚至變成了人民群眾。

那些作者用自己的心血和箴言寫出來的東西，並不想被其他人拿來閱讀，而是讓人類拿來用心去銘記。

山峰和山峰之間最短的距離就是兩個山峰頂點之間的距離，但是，如果你想採用這樣的路線，你必須擁有足夠長的腿。格言應該算是山峰的頂點，而聽從這些格言的聆聽者們應當是偉大高聳的。

稀有並且純粹的空氣，時刻面臨著危險，精神裡充滿了快樂的邪惡：所有的這一切都是彼此匹配的。

我想讓妖怪把我團團圍住，因爲我是個很有膽量的人。這種膽量可以嚇退鬼魂，可以爲自己創造妖怪——這種膽量需要大笑。

我的感覺不再跟你們的感覺有任何的相同之處，我取笑處於我下方雲朵的黑暗和笨重——那就是你的雷雨雲。

當你們渴望被高高舉起來的時候，你們是仰著頭看的，但是，我卻朝下看，因爲我位在高處。

在你們當中，有誰能夠做到在大笑的同時，仍處於高處？

那個攀登上最高聳山峰的人，笑看所有悲痛的戲劇和殘酷的現實。

膽子大、無憂無慮、輕蔑、暴虐——智慧教導我們如是。智慧是一位女士，她只熱愛戰士。

你們告訴我，生命是難以承受的重負。那麼究竟是什麼原因讓你們在清晨驕傲自滿，在夜晚卑躬屈膝呢？

生命是難以承受的重負：不要擺出那種撒嬌的姿態！我們都是馱著沉重負擔的馱馬。我們和那些在一滴露珠的壓迫下而震顫的紅色花蕾，到底有什麼相同之處呢？

我們熱愛生命一點也沒錯：但是我們熱愛它並不是因爲我們習慣於生活，而是因爲我們習慣於愛。

在愛意中，往往會擁有一些瘋狂。但是，在愛意的瘋狂當中也時常擁有一些理智。

對於我這個非常熱愛生命的人來說，我認爲蝴蝶、肥皂泡泡以及所有在人世間和它們擁有相似特徵的事物似乎是最能享受幸福的。

當查拉圖斯特拉看到這些愚笨、漂亮、生動的小精靈時——他被感動得哭泣起來，並且唱起了歌。

我應該只信仰一個懂得如何跳舞的上帝。

當我看到我的惡魔的時候，我發現他非常嚴肅、一絲不苟、深沉、莊重：他是帶來沉重壓力的惡魔——在他的滲透下，任何事物都會倒下。

我們去殺戮吧，不是因爲憤怒的指使，而是因爲笑容。快來吧！讓我們盡情地殺戮帶來沉重壓力的惡魔吧！

我學會了走路，從那個時候開始，我就讓自己奔跑。我學會了飛翔，從那個時候開始，我不會爲了更換位置，而事先逼迫自己。

現在的我是如此輕快，現在的我能夠自由地翱翔；現在的我看到我在自己的上方。現在，一個上帝正在我的身上跳舞。

8 山上的樹

查拉圖斯特拉的雙眼已經感受到某些年輕人正在盡量地避開他。有一天晚上，他獨自一人走在那個被稱爲「花牛」的村莊包圍起來的山峰腳下。他注視著這裡，發現這兒有年輕人倚著一棵樹坐了下來，並且用無比疲倦的神情凝視著村莊。因此，查拉圖斯特拉將自己的注意力都放在那棵被年輕人倚靠的樹上面，於是，查拉圖斯特拉說道：「如果我要用我自己的雙手去搖晃這棵樹的話，我可能搖不動。

但是，我們看不見的風，卻能夠隨心所欲地搖晃它、彎曲它。同樣的，我們會被無形的手所彎曲、所搖晃。」

就在這個時候，年輕人一臉疑惑地站了起來，他說道：「我聽到查拉圖斯特拉的講話了，而且就在剛才我還想到他呢！」

查拉圖斯特拉回答道：「爲什麼你要如此擔驚受怕？——人和樹都是一樣的。它越想尋求變得更高，變得更輕，它的樹根就會越向地下、下面生長，潛入漆黑的深處，潛入到惡魔的深處。」

「是啊，潛入到惡魔的深處！」年輕人大叫道，「那麼，你是怎麼發現我的靈魂的？」

查拉圖斯特拉微笑著說道：「許多靈魂除非是在一開始就被創造出來，否則它永遠都不會被人發現。」

「是的，潛入到了惡魔的深處！」那個年輕人再一次大叫了起來。

「查拉圖斯特拉，你所說的是眞相。自從我想讓自己變得高大的時候，我就不再相信我自己了，並且沒有任何人再相信我。這樣的情況是怎麼發生的呢？

我的改變太快了：我的今天正在反駁我的昨天。我經常在攀爬的時候，跳過好幾個台階，因為我這樣做，沒有任何一個台階會寬恕我。

當我上升的時候，我發現自己是孤獨的。沒有人能跟我說說話：孤獨寂寞的霜凍讓我瘋狂地震顫。我追求這樣的高度究竟是為了什麼？

我的嘗試和我的渴求凝聚在一起：我攀爬得越高，我就越看不起那個攀爬的人。他追求那樣的高度究竟是為了什麼呢？

我對我的攀爬和我的磕磕碰碰感到無比的羞愧！我是如何模仿我那粗重的喘氣聲的！我是如何痛恨那個飛翔的他的！我是如何在那樣的高度之下感到疲憊的！」

這時候，年輕人沉默了。查拉圖斯特拉靜靜地注視著這棵在年輕人旁邊的樹，然後，他說道：

「這棵樹孤伶伶地聳立在這座山上面；它必將成長為非常高聳，能夠超越人類和動物高度的大樹。

如果它想說話，那麼它所說的話，沒有任何人能夠聽得懂，因為它生長得實在是太高了。

現在，它一直都在等待、等待——那麼，它究竟在等待什麼呢？它所生活的地方太過於接近天空中的雲朵了。它或許在等待天空中的第一道閃電？」

當查拉圖斯特拉說完這些話的時候，那個年輕人用非常猛烈的手勢說道：「是的，查拉圖斯特拉，你所說的話都是眞相，我之所以尋求那樣的高度，就是因爲我想要讓自己衰落，而你正是我所等待的那所謂的第一道閃電！你可以看看我，自從你來到了我們中間之後，我都變成了什麼？正是出於對你的嫉妒，將我徹底摧毀了！」那個少年如此說，並且哭得稀哩嘩啦的。但是，查拉圖斯特拉把自己的胳膊放在他身上，將他帶走了。

當他們兩個人在一起走了一會兒之後，查拉圖斯特拉開始對他說：

它撕扯著我的心臟。你的目光闡述著你所經歷的所有危險要比你用語言表達的清楚得多。

你還沒有獲得自由，你仍舊在尋求自由。長時間的找尋讓你如同一個時刻保持清醒不睡覺的人一樣。

你想去自由自在的高處，因爲天上的繁星渴望你的靈魂。但是你那非常惡劣的本能同樣地也在渴求自由。

你的野狗也想要自由。當你的精神試圖打開所有監獄的房門的時候，它們就會因爲高興而在房間裡狂叫。

在我看來，你仍然是一名囚犯——他爲自己創造了自由：唉！類似這樣的囚犯的靈魂會變得敏捷，同時還會變得陰險狡猾和邪惡。

淨化自身，對於精神的自由民來說，仍然是必不可少的步驟。絕大部分的禁錮和汙垢仍舊保留在他的體內：他的雙眼也會變得清澈。

是的，我了解你的危險。不過，憑藉著我的愛和希望，我懇求你：不要讓你的愛和希望溜掉！

倘若你仍舊感覺自己非常高貴，並且感覺到別人也同樣認爲你很高貴，儘管他們嫉妒你，還紛紛向你投來邪惡的眼神。你要知道，對於任何一個人來說，一個高貴的人必定會被視爲前進道路上的障礙。

同樣的，高貴的人也會成爲善良之物的障礙，一個高貴的人會成爲前進道路上的障礙：甚至，當高貴的人被稱爲善良的人的時候，他們也會將他放在一邊，置之不理。

高貴的人會創造出全新的事物和全新的道德。而善良的人們卻需要古老的事物，並且要將這些古老的事物保存起來。

不過，高貴之人的危險之處，並不在於他可以將自己變成一個善良的人，而是，他會成爲一名大聲咆哮的人、嘲笑者，或是一名毀滅者。

唉！我已經知道高貴的人失去了他們最高的希望，並且開始汙蔑所有的崇高希望。然後在短暫的快樂當中，他們過起了絲毫不知廉恥、完全沒有任何目標和計畫的生活。

「精神同樣也是一種驕奢淫逸的狀態。」他們說道。然後，他們破壞了他們的精神之翼。現在，他們在地上爬行著，弄髒所有啃咬著他們的東西。

曾經，他們認爲自己變成了英雄；但是，現在卻是一群好色之徒。對於他們來說，一個麻煩、一種恐懼也是英雄。

但是，憑藉著我的愛和我的希望，我懇求你：不要將你的靈魂驅逐出你的體外！保持你那份神聖的、最崇高的希望！

9 死亡的說教者

有的人是死亡的說教者：因爲，在這個世界上存在著許多應該被勸說放棄生命的人。這個世界上充滿了多餘的人，生命遭受嚴重過剩的人口損害。但願人們能夠被稱爲「永恆的生命」這一誘餌，引導著離開這個生命！

「穿著黃袍的人」或是「穿著藍袍的人」，他們就是所謂的死亡的說教者。但是我將要向你們展示他們身上的其他顏色。

這些令人感到膽寒的傢伙，擁有著無比野蠻的獸心，他們除了強烈的欲望和自我損害之外，別無選擇。甚至，他們強烈的欲望就是一種自我損害。

他們還沒有變成人類，那些令人感到膽寒的傢伙們：但願他們能夠被勸說放棄生命，就此離去吧！

他們就是靈魂的消耗者：當他們剛剛降臨到這個世界上的時候，他們就已經開始走向死亡了，並且他們渴求疲倦、懶散和放棄權力的教條。

他們會欣然接受自己行將死亡的現實，而我們應該承認他們的希望！讓我們小心提防，阻止死去的傢伙被喚醒，或者毀壞這些活生生的棺材！

他們遇見了一個無能的人，或是一位老人，或是一具屍體——他們會立刻說道：「生命是被推翻的。」

但是，眞正被推翻的是他們自己，還有他們那雙只能看到存在的其中一個方面的眼睛。

如果他們在陰沉、憂鬱的環境下生活，渴求會帶來死亡的小小風險，他們就會咬緊牙關，苦苦等待。

或者，他們會伸手去拿糖果，並且嘲笑自己的孩子氣：他們會緊緊抓牢將生命全部懸在上面的稻草，並且嘲笑自己仍然在那根稻草上面。

因此，他們的格言是：「那些仍舊活在世上的人都是傻子，但是，從目前來看，我們都是傻子！而這正是人的生命中最傻的事！」

「生命之中只有痛苦。」有人如是說。這些並不是什麼謊言。那麼，我懇請你們停止生活吧！當生活只剩下痛苦的時候，我懇請你們停止生活吧！

讓這些成爲你道德的教訓：「你應該殺害你自己！你應該將自己偷走！」

「強烈的欲望是一種罪惡，」一些說教的人如是說，「讓我們就此離去吧，不要再生育孩子了！」

「孕育生命是相當麻煩的事，」第二批人說道，「當孕育生命的人註定承擔著不幸的命運，那麼還有誰會去孕育生命？」他們同樣也是死亡的說教者。

「擁有憐憫的情感是必要的，」第三批人說道，「拿走關於我的一切物品吧！拿走我自己的身體吧！我和生命之間的聯繫將會越來越少。」

如果他們能夠始終如一地保持憐憫的情感，那麼他們就會讓周圍的鄰居們開始厭惡生命。爲了惡——將是他們眞正的善意。

但是，他們想要擺脫生命。如果他們的鎖鏈和禮物，能夠用更快的速度綁緊其他人，他們又該怎麼顧及呢？

對於你們來說，你們的生命是如此繁重的勞動和永不停歇，你們難道沒有厭倦生命嗎？你們是不是已經足夠成熟，可以接受死亡的說教呢？

你們都喜歡充滿繁重的體力勞動生活以及快速、嶄新並且奇特的事物——你們對於自己的生活早已經忍無可忍，你們的勤奮只不過是想要進行忘卻自我的逃避而已。

如果你對生活抱有更多的信仰，你便不會在那一瞬間奉獻你自己。不過，你的自身並沒有足夠的能力——所以你不能等待，甚至連消磨時光也不行！

那些宣講死亡的人的聲音在四周迴盪著，而這個世界上充滿了應該被勸說放棄生命的人。

或是該向他們宣講「永恆的生命」：這些對於我來說都是一樣的——只要他們能夠快點離開這裡！

10 戰爭與戰士

我們絕不希望我們最好的敵人寬恕我們，也不願意讓我們心中的摯愛寬恕我們。所以讓我來告訴你們事實的眞相！

我那些正在作戰的兄弟們！我發自內心地愛著你們。我曾經一度是你們的夥伴。與此同時，我也是你們最好的敵人。所以讓我來告訴你們事實的眞相吧！

我非常了解你們內心當中的仇恨和嫉妒。你們還沒有優秀到能夠理解仇恨和嫉妒的程度。那麼，你們也就尚未足夠優秀，會爲它們感到無比羞恥！

如果你不能成爲知識的聖人，那麼，我懇求你，至少成爲知識的戰士吧！他們會是這些聖人的伴侶和先驅。我看見過許多士兵，可是我寧願看到許多戰士！他們身上穿的衣服被人們稱爲「軍裝」。而隱藏在他們裡面的，就不是軍裝而已了！

你們應該是那些永遠用目光去尋找一名敵人的人——屬於你們的敵人。你們當中的某些人，在看到第一眼的時候，心中應該會充滿仇恨。

你們應該尋找敵人，你們應該發動戰爭，爲了你們的思想而殊死拼搏！如果你們的思想被毀滅了，那麼，你們的忠誠仍然要高呼勝利！

你們應該熱愛和平，因爲它是未來戰爭的一種手段——你們應該投入更多的精力去熱愛短暫的和平而不是長久的和平。

我不會給你們的工作提出建議，但是我會給你們的戰鬥提出建議。我不會給你們的和平提出建議，但是我會給你們的勝利提出建議。讓你們的工作成爲一種戰鬥，讓你們的和平成爲一場勝利！

你們說，好的主張甚至能夠將戰爭神聖化？讓我來告訴你們：偉大的戰爭能夠將任何的主張神聖化。

戰爭和勇氣所做的偉大事蹟要比慈善做的還要多。不是你們的同情心，而是你們的勇敢拯救了許多不幸的人。

「什麼才是好的呢？」你們問道。有人說，勇敢就是好的。小女孩們說：「美麗動人，並且能夠感人至深就是好的。」

他們都抱怨你們沒有勇氣：但是你們的內心是眞實的，我熱愛你們善意的靦腆。你們爲自己的缺點而感到羞愧，而其他人會爲他們的冷酷感到慚愧。

你們是醜陋的嗎？那麼，我的兄弟們，將崇高的醜陋斗篷披在你們的身上吧！

當你們的靈魂變得偉大，變得驕傲自滿，在你們的崇高當中，就有了邪惡。我了解你們。

在邪惡之中，驕傲自滿的人會碰上心理軟弱的人。但是，他們會彼此誤解對方。我了解你們。

你們應該只擁有被仇恨的敵人，而不能擁有被輕視的敵人。你們必須爲你們的敵人感到驕傲，並且要將你們敵人的勝利看作是自己的勝利。

抵抗——這就是和奴役的差別所在。讓你們的抵抗成爲服從，讓你們的命令也成爲服從吧！

一個偉大的戰士更加喜歡聽「你們應該」而不是「我想要」。所有你們鍾愛的事物，你們應該首先讓別人下達命令給你們。

讓你們對生活的熱愛變成對你們最崇高的希望的熱愛，讓你們最崇高的希望成爲你們生活當中最崇高的思想！

但是，你們最崇高的思想，應該是在我的命令下統治你們——就是這樣：人類就是一種註定要被超越的事物。

所以，你們過著服從和戰爭的生活吧！活得長久有什麼意義嗎？哪個戰士想要得到寬恕呢？

我不會寬恕你們，我發自內心地愛著你們，我的那些浴血沙場的兄弟們！

11 新偶像

我的兄弟們，有些地方直到現在都還擁有民族和種群，但那些地方絕不是我們這裡，我們這裡只擁有國家。

一個國家？國家是什麼東西？好吧！現在，豎起你的耳朵好好聽我說，從現在開始，我將會跟你說一些關於民族衰亡的事例。

一個國家，被人們稱爲是所有冷酷的怪獸之中最爲冷酷無情的。它還會冷酷地說謊。這就是從它的嘴裡爬出來的謊話：「我，國家，就是民族。」

這就是一個謊言！他們創造了民族，並且爲他們高高地懸掛起一種信仰和一種愛，他們是創造者，他們爲生命服務。

毀滅者會給許多人埋下陷阱，並且管這些陷阱叫作國家：他們會在頭上懸掛一把劍和一百種欲望。

只要是這個地方仍舊存在著民族，那麼國家在這裡就不被人所理解，他們會痛恨它，視它爲邪惡的眼睛以及抵抗法律和傳統的罪惡。

我將這些標誌指給你：每一個民族都擁有屬於自己的包含善與惡的語言，這樣的語言即使是他們的鄰居也是沒有辦法理解的。任何一個民族都是在它們的法律和傳統的習俗中發明了這樣的語言。

但是，國家會利用一切善與惡的語言來說謊；它們說的任何話都是謊言，它們所擁有的一切都是偷來的。

任何事物都有虛假的一面，我將這些被看作是一種狀態的標誌指給你。說眞的，這樣的標誌表明了一心求死的意志！眞的，它能吸引死亡的說教者！

多不勝數的人來到了這個世界：國家就是爲了這些多餘的人而被創造出來的！讓我們來看看，它是如何來誘使這些多餘的人口的！看看它是如何吞噬他們、啃咬他們以及消化他們的！

噢！在這個世界上，沒有任何事物比我還要偉大：我就是那個控制上帝手指的人——這些怪物咆哮著，跪了下來，不僅僅是長耳朵、眼光短淺的人！

唉！對於你們這些耳朵和偉大的靈魂啊！它們在輕聲向你們訴說著陰暗的謊言！唉！它們發現了這些心甘情願浪費的富有心靈！

是的，它們也發現了你，你們是古老的上帝的征服者！你們厭倦成爲矛盾的衝突對象，現在，你們的厭倦心理要爲新的偶像服務！

它心甘情願受到英雄們和那些備受人們崇敬者的統領、新的偶像！它非常樂意將自己沐浴在偉大的良心的日光之中——這個冷酷的怪獸！

如果你們願意去崇拜它的話，它就會把所有的事物都給你們，這個新的偶像，它會購買你那充滿了光亮的道德光澤以及驕傲的眼神凝視。

它想透過你的方式引誘那些多餘的、應該被勸說放棄生命的人！是的，它發明了一種地獄般的陰謀詭計，一匹死掉的駿馬，配戴著擁有神聖榮譽的、叮噹作響的馬鞍！

是的，它決定了很多人的死亡，它把死亡當作生命一樣來讚美：說眞的，它對於死亡的說教者來說，是一種非常偉大的功績。

我管它叫國家，所有喝毒藥的人，無論是好人還是壞人：這個國家裡面的所有人全都迷失了自己；無論是好人還是壞人：這個國家，一切慢性自殺——都被稱爲「生存」。

讓我們快來看看這些多餘的人！他們偷走了創造者的作品以及聰明的人留下來的寶藏。他們管這些偷竊叫作教養——並且對於他們來說，任何的事物都會變成疾病和災難！

讓我們快來看看這些多餘的人！他們往往非常虛弱。他們大口地吐著胃液，然後管這個叫作報紙。他們彼此之間互相吞噬，甚至不能消化掉對方。

讓我們快來看看這些多餘的人！他們越是富有，最後就會變得越是貧窮。他們尋找的是力量，一種凌駕於所有力量之上的力量以及數不清的金錢——這些都是非常重要的東西！

快來看看他們攀爬，這些手腳靈活的猴子們！他們彼此之間搶先攀爬，並且互相扭打著，掉進了泥漿和深淵裡。

他們所有人都想無限接近夢寐以求的權位：這就是他們的瘋狂——在他們眼裡，就好像幸福就在那個權位之上！然而，坐在權位上面的往往只是泥土而已——皇帝的座位往往也在泥土裡面。

在我看來，他們全都是瘋狂的人、攀爬的猴子以及熱情過度的人。他們不過就是散發著惡臭的偶像。這些冷酷的怪獸對於我來說，他們的身上散發著非常噁心的腐臭味。

我的兄弟們，你們願意在他們用嘴呼出的毒氣和欲望中窒息而死嗎？

我奉勸你們最好打破窗戶，跳進戶外的空氣之中！

最好離那些令人感到作嘔的氣味遠一點兒！快點兒逃離這些多餘的偶像吧！

最好離那些令人感到作嘔的氣味遠一點兒！快點兒逃離這些用人類作爲犧牲的霧氣吧！

偉大的靈魂仍舊可以在這片大地上自由自在地生活。現在仍舊有許多地方，那些熱愛隱居的人士，可以獨自一人或是成群結伴地隱藏在這裡，在這樣的地方，到處飄浮著寧靜的海洋香氣。

偉大的靈魂仍然可以享受自由自在的生活。說眞的，一個人如果占有的東西越少，那麼他被占有的東西也就越少：適度的貧窮是會受到祝福的！

這裡，就是國家滅亡的地方——這裡只有不多餘的人才能存在下來：必要之人的歌聲，那獨一無二、無法替換的悠揚旋律才會開始。

這裡，就是國家滅亡的地方——我的兄弟們！抬起頭看吧！你們沒有看到彩虹和超人之橋嗎？

12 市場之蠅

我的朋友，快快逃到你的孤獨中去吧！我看到你因爲偉大人物發出的喧囂而感到頗爲苦惱，並且被小人物的釘螫傷了。

森林和岩石清楚地知道應該如何莊嚴寂靜地陪伴在你的身邊。再一次，模仿你最鍾愛的那棵樹吧！那棵擁有寬大樹枝的大樹——它寂靜地、專心致志地在海上聆聽。

當一個地方的孤獨停止了，這裡就會出現市場；當這個地方出現市場之後，這裡就會出現偉大的表演者的鼓噪以及毒蠅的嗡嗡聲。

在這個世界上，即使是最完美的事物，如果沒有表演者把它呈現出來，也是毫無價值的。那些將事物呈現出來的人，被群眾稱爲偉大的人。

人們並不知道什麼才是偉大——也就是說，他們根本不清楚什麼是創造。但是他們都能細細地品味所有呈現大事情的表演者。

這個世界圍繞著創造了新價值的人們旋轉——用無形的方式進行旋轉。人民群眾和光輝圍繞著這些表演者旋轉：整個世界就是這樣運行的。

表演者也有精神，但是他們的精神缺乏知覺。他總是信任能夠讓他獲得好結果的一切，並且讓別人充分相信他的一切！

明天，他就會擁有一種新的信仰，在明天之後，他又會擁有一種更加嶄新的信仰。他就跟群眾一樣，擁有敏銳的感覺以及不穩定的性情。

混淆視聽——這就是他想去證明的。令人抓狂——這就是他想讓人信服的。並且，鮮血對於他來說可以算是所有論證中最好的論據。一個眞相，如果只能悄然進入聰慧的耳朵，那麼他會認爲那是虛假和華而不實的東西。說眞的，他只相信那些能夠在這個世界上製造偉大雜訊的上帝！

市場上充滿了發出喧鬧聲的丑角，群眾則以這些偉大的人爲榮！將他們看作當今世界的主人。

但是，當今的世界向他們施壓，所以他們就會向你們施加壓力，並且他們會讓你道出「是」或是「不是」。唉！你會把你的凳子擺放在服從以及抵抗之間嗎？

啊！你們這些熱愛眞理的人們，不要嫉妒那些絕對並且毫無耐心的人啊！眞相從來就沒有挽過一個絕對之人的臂膀。

快快遠離那些魯莽無禮的人，回到你現實的世界中去吧：一個人只有在市場的環境下才會受到「是」或是「不是」的猛烈攻擊。

緩慢是所有深井的經驗之談：它們會苦苦地等待，直到它們知道掉到下面的東西是什麼。

一切偉大的事物，都是在遠離市場，並且在遠離榮耀的情況下才會發生的：全新價值的創造者只有在遠離市場和榮耀的情況之下才會孕育而生。

我的朋友們，快點兒逃到你們的孤獨中去吧：我看到你們被有劇毒的蒼蠅蜇遍全身。快點兒逃到猛烈的暴風肆虐的地方去吧！

快點兒逃到你們的孤獨中去吧！你們所過的生活距離之小東西和可憐蟲實在是太近了。快點兒逃離它們看不見的復仇吧！它們接近你的目的只有一個，那就是復仇。

不要再抬起一隻胳膊反抗它們了！它們的數量實在是太多了，而你的命運最多也不過是個蒼蠅拍而已。

這些小東西和可憐蟲的數量非常之多。許多擁有令人爲之自豪的大樓，會被從天而降的雨滴和地裡的雜草毀掉。

你並不是石頭，但是多不勝數的雨滴已經將你擊穿了。在這些雨點的擊打下，你會破碎，並且爆炸。

我看到，你在毒蠅的騷擾下，已經精疲力竭；我看到你的身上千瘡百孔，正在流血；你的傲慢甚至讓你完全不在乎被責罵。

它們在完全不顧及任何後果的情況下，吸食你的鮮血；鮮血正是它們無血的靈魂所渴求的東西——因此，它們會義無反顧地叮咬。

但是，深沉的你，即使是比較小的傷口，也會讓你遭受到非常巨大的傷痛；並且在你還沒有完全恢復正常的情況下，那些有劇毒的動物們就又會爬到你的手上。

我知道你過於驕傲自滿，不會親手殺害這些貪吃的動物。但是你要時刻注意，別讓自己遭受它們的毒害！

它們嗡嗡地盤旋在你的周圍，對你誇誇其談：給你帶來巨大的困擾就是它們的讚美。它們想接近你的皮膚和你的鮮血。

它們在你的面前阿諛奉承，就像它們在上帝或是惡魔的面前阿諛奉承一樣：它們在你的面前哭泣，就像它們在上帝或是惡魔的面前哭泣一樣。這實在太沒意思了！它們就是一些會阿諛奉承和哭訴的傢伙，除此之外它們什麼也不是。

它們還經常在你的面前展現出自己和藹可親的一面。但是，這是膽小鬼的審慎。是的！膽小鬼們都是聰明的人！它們用受到限制的靈魂，思考著你，你總是受到它們的懷疑。任何讓人多想的事物，到最後都會遭到人們的質疑。

它們因爲你所有的道德而懲罰你。它們在內心裡寬恕——你所有的過錯。

你那溫和的以及正直的個性讓你說道：「它們因爲自身渺小的存在，而不應該受到責備。」但是，它們那受到限制的靈魂則在思考：「所有偉大的存在都是應該受到責備的。」

甚至，當你對它們表示友善的時候，它們仍舊感覺到自己被你輕視了；它們就會用祕密的罪行償還你的仁慈。你那安靜的傲慢總是和它們的品位相對立；如果有一天你能夠卑微到足以變得輕浮，它們就會喜笑顏開。

我們從一個人的身上發現了什麼，我們就同樣能讓那個東西激怒那個人。因此，你最好提高警惕，時刻提防那些小人吧！

在你的面前，它們感覺到自己非常渺小，它們的卑微會站起來反抗你，並且燃燒成不可見的復仇。

難道你不知道當你悄然接近它們的時候，它們就會變得默不作聲，它們的能量是如何像一簇即將消逝的火焰所產生的煙霧一樣離開它們呢？是的，我的朋友們，你讓你的鄰居們感到良心需要自責，因爲它們跟你實在毫不相稱。因此，它們痛恨你，並且心甘情願地吮吸你的鮮血。

你的鄰居們往往都是擁有劇毒的蒼蠅；你具有的偉大——會讓它們變得更加惡毒，更加像一隻蒼蠅。

我的朋友們，你們快逃到你們的孤獨中去吧！快點逃到猛烈的暴風肆虐的地方去吧！你的命運最多也不過是個蒼蠅拍而已。

13 貞潔

我非常熱愛森林，在城市裡生活的感覺實在是太糟糕了；這裡有太多太多綠意蔥蔥的景色了。

如果落入一個殺人犯的手裡，而不是落入一個貪圖欲望的女人的夢境裡豈不是更好？讓我們來好好看看這些人：他們的眼睛告訴我們——他們還不知道，在這個世界上還有比跟女人躺在一起更加美妙的事。

他們的靈魂底部盡是汙穢。唉！眞是悲哀！他們的汙穢裡還擁有精神呢！

你們應當是完美的——至少要像動物們一樣完美！但是，就算是動物們也有純眞。

我有沒有建議過你們去殺戮自身的本能意識？我只是建議你們保留你們本能意識中的純眞。

我有沒有建議過你們去禁欲？禁欲對於某些人來說是一種美德，但是，對於大多數人來說，禁欲基本上等同於一種罪惡。

一點也不假，後面的這種人是有自制力的，但是猶如狗一般的欲望肆無忌憚地從他們的所作所爲中反映出來。

即便是在他們道德的頂點和冰冷的靈魂裡，這樣的怪物也會跟隨著他們，令他們感到不安。

當這條充滿欲望的狗得不到一塊新鮮的肉時，它究竟會如何用善意的態度來懇求呢？你們喜歡悲劇和一切令人悲痛萬分的事物？但是，我對你們這種猶如狗一般的欲望持懷疑態度。

你們擁有過度殘忍的雙眼，你們會用嬉戲放縱的神情看著那些遭受磨難的人們。難道你們的欲望沒有將自己僞裝起來，然後稱呼自己是應受到憐憫的人嗎？

現在，我將這個比喻告訴給你們：想要驅逐惡魔，讓自己變成卑賤的人並不在少數。人們認爲如果禁欲的實現是非常困難的話，那麼它就應該被人們放棄：否則的話，它就會成爲通往地獄的道路——換句話來講，就是靈魂的汙穢和欲望。

我有說過什麼汙穢、不乾淨的事情嗎？對於我來說，這樣的作爲並不是最糟糕的。求知欲極強的人之所以不願意跳到水裡面，不是因爲眞相的汙穢，而是因爲眞相的空虛。

說眞的，有很多人，他們的本質就是禁欲的；他們擁有非常溫和的心靈，而且他們的笑容要比你們的更加燦爛，笑的頻率也比你們的更高。

同樣，他們也會嘲笑禁欲，並且問道：「什麼叫作禁欲？」

難道禁欲不是一種荒唐的想法嗎？但是，是這種荒唐來找我們，而不是我們去找它。

我們將心和房奉獻給了客人，現在他就住在我們這裡，讓他想在這裡待多久，就待多久吧！

14 朋友

「在我的身邊，總是有那麼一個人非常多餘，」隱士這麼想，「總是有那麼一個人——到了最後，他一定會變成兩個人！」

我和我自己經常會無比誠摯地進行談話：如果我連一個朋友都沒有的話，那麼這樣的境遇我又怎麼能忍受得了呢？

隱士的朋友往往都是第三者：第三者就是那個能夠阻止兩人談話陷入更加幽深的深處的浮木。

唉！對於隱士來說，他們的深處實在是太多了。因此，他們非常需要一個朋友，能夠時不時地拉自己一把。

我們信任別人，恰恰表現出我們相信自己內心有可相信的東西，我們對擁有一個朋友的渴望就是我們的自我暴露。

在通常的情況之下，我們希望用愛來超越嫉妒。並且我們經常攻擊他人，爲自己樹敵，隱藏我們自身最容易受到傷害的地方。

「你至少應該成爲我的敵人吧！」——眞正的崇敬如是說道，它不願意冒著風險懇求友誼。

如果一個人需要一位朋友，那麼，他同樣還要願意跟那個人之間引發戰爭：並且爲了引發戰爭，那個人必須具備成爲一名敵人的能力。

我們應當尊敬我們朋友當中的敵人。你能不能在接近你的朋友的情況下，還能不傷害到他？

你的朋友應該是你最好的敵人。當你抵抗他的時候，你應該是最接近他內心的時候。

你是不是不想在你的朋友面前穿上衣服？如果你將眞實的自己完全展露給你的朋友，那麼這樣算不算是對他的尊重？這樣看來，他想要詛咒你去地獄也就不足爲奇了！

那個不隱藏任何祕密的人，會讓其他人倍感憤怒：你們有很多的理由去畏懼赤身裸體！唉！如果你們是神仙的話，那麼，你們就會爲身上穿著的衣服感到羞恥！你們不能爲了自己的朋友，將自己裝點得異常華美；你們應該是他射向超人的希望的箭。

你有沒有觀察你那正在睡夢中的朋友——他睡覺時的相貌如何？通常，你的朋友的相貌是什麼樣子的？那是映射在粗糙、不完美的鏡子裡「你眞實的相貌」。

你有沒有觀察你那正在睡夢中的朋友？你會不會因爲他們的相貌而感到大失所望呢？噢！我的朋友們，人類是某種註定要被超越的物種。朋友應該是那種審時度勢、善於維持寂靜的大師：你不必看你想要看到的任何一件事。你的朋友在不睡覺的情況下所做的事應該由你的夢對你和盤托出。

讓你的憐憫之心成爲一個忖度吧：這樣，你才能首先知道你的朋友是否需要憐憫。或許，他喜歡你那不爲所動的眼睛以及永遠澄明的眼神。

讓你爲朋友著想的憐憫之心隱藏在可以硌斷牙齒的堅硬外殼之下吧。這樣你才能擁有敏銳和甜蜜。

你會給予你的朋友們純淨的空氣、孤獨、麵包以及藥物嗎？有太多的人不能解除自己的鎖鏈，然而，他們的朋友卻是解救他們的人。

你是奴隸嗎？那麼，你就不能做朋友。你是暴君嗎？那麼，你就不能擁有朋友。

在相當長的一段時間裡，女人的身上隱藏著奴隸和暴君。那樣的女人還不能夠完全了解友誼：她唯一知道的就是愛情。在女人的愛情裡，她經常對一切她所不愛的事物，持有偏激和盲目的態度。

甚至在女人有意識的愛情當中，往往有突變、電閃雷鳴和黑夜陪伴著光明。

然而，女人還不能夠完全了解友誼：女人仍舊是貓、小鳥。或者，用最好的方式描述就是乳牛。

然而，女人還不能夠完全了解友誼。但是，請告訴我，你們男人們，到底又有誰能夠完全了解友誼呢？

噢！你們這些悲慘的男人們！我詛咒你們靈魂當中的貧窮和汙穢！你們給予朋友們的，就是我給予我的敵人們的，而且我並不會因爲這樣而變得貧窮。

擁有了夥伴關係，也就擁有了友情！

15 一千個與一個目標

查拉圖斯特拉曾經到過很多地方，見過很多民族，因此他發現了許多擁有善意的民族和擁有惡意的民族。查拉圖斯特拉發現，在這個世界上，沒有任何一種力量比善與惡更加強大。

任何一個民族如若不事先對善惡進行評估的話，都是不可能存在的；倘若一個民族想要維持自己的話，那麼，它的價值就不能跟它鄰居的價值相一致。

我發現，許多被一個民族視作是善的事物會受到其他人的輕蔑和鄙視。我還發現在這裡被人們稱爲惡的，在那裡卻穿著象徵榮譽的紫色袍子。

一個人根本就不可能了解他的鄰居：他的靈魂往往會因爲鄰居的假象和邪惡而感到震驚。

每一個民族的頭頂上都懸著一種價值。看呀，那是他們獲得勝利的標誌；瞧呀，那是他們權力意志的聲音。

他們認爲一切難以成功的事情都是值得人們稱讚的；他們把那些必不可少的和困難的看作是善；那些獨特的、極其費力的事物，能夠挽救深陷巨大壓力的——都會被稱讚是神聖的。

那些能夠讓他們統治、征服和閃耀的，能夠讓他們的鄰居們絕望和嫉妒的，他們認爲這種事物是世界上最高級的領先者，它是世界萬物的核心總和意義所在。

說眞的，我的兄弟們，如果你們已經了解了一個民族的需求、領地、天空、鄰居，那麼你就能夠猜測到它獲得勝利的眞理，那麼，你也就能夠了解它爲什麼要在通往希望的梯子上攀爬。

「你應該常常處於最前沿、最突出的位置，凌駕於別人之上：除了你的朋友之外，你那忌妒的靈魂將不會再愛任何一個人。」這讓一個希臘人的靈魂因爲激動而震顫：因此，他走上了自己那條通往偉大的道路。

「說眞話，並且熟練運用弓和箭。」這句話是我的名字出自的民族認爲非常振奮人心和難能可貴的。這句話對於我來說，也意味著愉悅和責任重大。

「尊敬父親和母親，從靈魂的深處遵從他們的意願。」其他的民族高懸著這句話，而從此變得強大、經久不衰。

「保持忠誠，爲了忠誠而冒著榮譽和鮮血的風險，甚至做出邪惡、危險的事，都在所不惜。」另外一個民族則記住了這個教訓，澈底了解它，並且擁有了富有重大意義的偉大希望。

說眞的，善與惡完全是依靠人類進行自製的。眞的，它們並不是隨意獲得的，也不是突然被發現的，也不是從藍天傳下來的聲音。

人類只有在爲了維持自身存在的情況下，才會給予萬物價值——他創造了世間萬物的意義、人類的意義！因此，他稱自己爲「人」，換句話來講，就是評估者。

進行評估就是創造。你們這些創造者們，都給我好好聽著吧！評估本身就是擁有價值的事物的寶藏。

通過評估便會產生價值；如果沒有評估，存在之結果就只能是一具空殼。你們這些創造者們，給我好好聽著吧！

價值的改變——換句話來講，就是創造者的改變。創造者經常進行破壞。

起初，創造者們是整個民族，只是到了後來，他們才成爲獨立的個人；說眞的，這些獨立的個人仍舊是最近的產物。

曾經，民族將善之美高懸於頭頂。尋求統治之愛和服從之愛共同爲他們創造了這樣的美。

人群中的愉悅要早於「我」的愉悅：只要當良知還是對於人群而言，「我」就只能說是感到內心愧疚了。

說眞的，陰險狡詐、沒有愛的「我」，在絕大多數人的利益中找尋自己的利益——這並不是人群的起源，而是人群的毀滅。

熱愛者和創造者，他們往往會創造出善與惡。愛情的烈焰和憤怒在所有道德的名義下閃耀著光芒。查拉圖斯特拉到過很多地方，他見到過很多民族：但是，查拉圖斯特拉發現，在這個世界上沒有任何一種力量比熱愛者的創造力更加強大——他們將那些稱爲「善」和「惡」。

說眞的，這種讚美和責備的力量就像怪獸。我的兄弟們，快告訴我，究竟有誰能幫我制服它呢？究竟有誰能在這頭怪獸的上千個脖子上套上鎖鏈呢？

時至今日，我們已經擁有了一千個目標，同樣的，我們還擁有著一千個民族。我們唯一缺少的仍舊是套住上千個脖子的鎖鏈，我們還缺少一個目標。人類還沒有任何目標。

但是，我的兄弟們，快快告訴我，如果人類仍舊缺乏目標，那麼，這個世界上也就不存在人類了吧？

16 鄰人之愛

你們全都聚集在你們的鄰居身邊，並且利用美好的語言博得他們的共鳴。但是，我要在這裡對你們說：你們的鄰居——只是你們糟糕的自我憐愛。

你們脫離自己的身體，逃到你們的鄰居那裡，並且心甘情願把你們的鄰居視爲一種道德：但是我澈底看穿了你們的「無私利他主義」。

你要比我年長；你已經被神聖化了，但是我卻沒有：因此，一個人要向他的鄰居示好。

我有建議過你們去熱愛你們的鄰居嗎？我寧肯建議你們遠離你們的鄰居，並且將愛意帶到遠方！

熱愛遠方的人，熱愛未來的人，要遠遠高於熱愛鄰居的人；對於我而言，我認爲熱愛事物和鬼魂，要比熱愛人類更加高尚。

我的兄弟們，在你們面前遊蕩的鬼魂們，要比你優美得多，你爲什麼不把你自身的肉體和骨頭給它呢？但是，你出於害怕，便逃到你鄰居那裡去了。

你們無法忍受自己，你們也無法足夠地熱愛自己：所以你們想用愛誤導你們的鄰居，並且心甘情願用他的錯誤掩飾你們自己。

我希望你們無法忍受任何處於你們附近的人，或是他們的鄰居；然後，到了那個時候，你們就只能被迫創造你們的朋友以及他快要溢出來的心靈。

當你想要誇耀自己的時候，你們可以叫來一個見證人。如果你們誘惑他，讓他打從心底讚美你們，那麼，你們同樣會在心底讚美你們自己。

誑語者不僅僅是說謊話的人，說著與自己的知識相對立的話，而且還坦言與他的純眞相對立的話。因此，你們在這樣的交流場合下，訴說著自己，並且利用你們自己欺騙你們的鄰居。

因此，愚蠢的人說道：「同人打交道會毀壞一個人的性格，尤其是對於一個毫無性格的人而言，情況更是如此。」

這個人之所以要去奔赴他的鄰居家，是因爲他要去那裡找尋他自己；而另一個人去他的鄰居家，是因爲他要想在那裡澈底忘記他自己。你們那失敗的自我憐愛讓孤獨成了你們的監獄。

遠方的人會因爲你們這種熱愛鄰近者的情感而付出慘痛的代價，當你們是五個人聚集在一起的時候，往往，第六個人是必須要死的。

我並不喜歡你們那些節日慶典：我發現這裡有太多的表演者，甚至連這裡的觀眾也經常表現得像個演員。

我並不會教你們熱愛鄰居，而是教你們如何交朋友。讓你們的朋友們成爲你們的世界上的節日慶典以及一種超人的預感。

我把朋友和他快要溢出的心靈交給你們。但是，如果你們想要受到快要溢出的心靈熱愛，你們就必須知道該如何成爲一塊海綿。

我用隱藏著完整的世界以及善意軀殼的朋友教你們——具有創造性的朋友，往往會饋贈一個完整的世界。

這個世界爲他揭示自己，然後又再一次爲了他捲了起來，就好比惡成長爲善，就好比偶然演變成了目的一樣。

讓最遙遠的未來成爲你今天的動機；你應該熱愛你朋友身上的超人，並且以此作爲自己存在的理由。

我的兄弟們，我建議你們不要熱愛你們的鄰居——我建議你們熱愛遠方的人們！

17 創世者之路

我的兄弟，你會進入被孤立的狀態嗎？你會尋求進入你自己身體的方式嗎？靜候片刻，並且仔細聆聽。

「尋求這方式的人很容易就會迷失自己。所有的孤立狀態都是錯誤的。」人群如是說。而且，你在很長一段時間裡都將屬於人群。

人群的聲音仍舊在你的腦海裡迴盪。而且當你說道：「我的良知將不再跟你有任何相似之處。」它就會成爲一種悲歎、一種痛苦。

看呀！痛苦所做的事情跟良知所產生的事情是一樣的；而且良知最後的微弱光芒仍舊照耀在你的苦難之上。

但是，你會選擇遭受苦難的方式，降臨在你身上的會是哪種方式呢？那麼，向我展示一下你的權威以及你的力量吧！

你是否擁有全新的力量、新的權威？是最初的動作嗎？是自己滾動的輪子嗎？你能不能迫使天上的繁星圍繞著你旋轉？

唉！追求崇高的欲望過於強烈了！這裡有許多因爲雄心壯志而引發的騷動！快來向我展示一下你不是那種擁有強烈欲望和雄心壯志的人！

唉！這裡有太多偉大的想法，但是，它們唯一能做的就是大聲地嘶吼：它們變得膨脹，並且變得比以往的任何時候都更加空虛。

你是不是稱呼自己是個自由自在的人？我能夠聽到在你的腦中占據支配地位的思想，而不是你擺脫了一個束縛。

你是否具有擺脫一個束縛的資格？當拋棄自己被奴役的狀態時，許多人就會拋棄他最後的價值。

從哪裡擺脫，獲得自由？這些對於查拉圖斯特拉來說是否重要？但是，很顯然，你的眼睛在向我表述：究竟從哪裡擺脫並且獲得自由？

你能不能把自己的善與惡給予自己，並且將意志轉換成控制你言行舉止的法律？你能不能成爲自己的評價者，並且成爲法律的復仇者？

孤獨地作爲自己制定的法律的復仇者和評判者，這是相當可怕的。因此，一顆行星被投射到荒涼孤寂的太空，被投射到孤獨那冰冷的呼吸裡。

今天，你們這些獨立的個人仍舊受到廣大人群的迫害；今天，你們的勇氣和希望仍舊沒有任何減弱的趨勢。

但是，總有一天，你們會厭倦孤獨，你們會釋放出你們的傲慢，還有那令人膽寒的勇氣。總有一天，你們會大叫道：「我太孤獨了！」

總有一天，你們將會看到自己不再處於高處，自己是如此的接近卑微下賤的地位；你們的崇高氣質將會像一個幽靈般驚嚇你們。總有一天，你們會大叫道：「所有的一切都是虛假的！」

在這個世界上存在著想屠殺孤獨寂寞者的感受；如果他們不能成功的話，他們就必須死！但是，你是否具備成爲一名屠殺者所應具備的能力？

我的兄弟們，你們是否已經知道「蔑視」這個詞語？遭受過你們正義的折磨，對於那些蔑視你們的人，能否平等對待呢？

你們迫使許多人認爲你們是與眾不同的，他們把這些都看作是你的冷酷。你悄然地接近他們，又離開了：他們會因爲這件事永遠也不原諒你。

你越過了他們：但是，你上升得越高，忌妒的眼睛就會越看你渺小。但是，最被人所痛恨的是飛行者。

「你們怎麼會心甘情願對我公平看待呢！」你必須說，「我替我自己選擇你們的不公正作爲我應該獲得的份額。」

他們將不公正和汙穢拋給那些孤獨寂寞的人們：但是，我的兄弟，如果你想成爲一顆繁星的話，就不能因此而減少照耀他們的次數！

你要時刻提防那些正人君子！他們非常樂意迫害發明自己道德的人——他們非常痛恨孤獨寂寞的人們。

同樣，你還要時刻提防神聖的愚笨頭腦！所有不簡單的事情都會被看作是不神聖的；同樣地，他們也特別喜歡玩火——擺弄那些曾經燒死過異教徒的柴火堆。

與此同時，你還要時刻提防你的愛被突襲！孤獨寂寞的人會飛快地把他們的手伸向他們剛剛碰觸到的陌生人。

但是有太多的人，你不能向他們伸出雙手，只能伸出你的爪子；並且我希望你的爪子能夠帶著鋒利的鉤子。

但是，你們所能遇到最糟糕的敵人，永遠都是你們自己；你在山洞和森林裡伏擊你自己。

孤獨寂寞的人，你們正走在通向自己的大道！你的道路在沿著你自己以及你的七個惡魔向前延伸！

對於你本人來講，你將是異教徒、女巫、預言者、傻瓜、懷疑者、不聖潔者、惡棍。

你已經準備好在自己創造的火焰中燒死自己吧。如果你不首先成爲一堆灰燼的話，你又怎麼能成爲煥然一新的人呢？

孤獨寂寞的人，你正走在創造者的道路上：你要把你的七個惡魔創造成一個偉大的上帝！

孤獨寂寞的人，你正走在擁有愛意的人的道路上：你非常熱愛你自己，也正是因爲如此，你非常看不起自己，就好似只有擁有愛意的人才會蔑視！

擁有愛意的人渴望創造，因爲他會蔑視別人！如果一個人不是剛好被迫蔑視自己所喜愛的東西的話，這樣的人知道什麼是愛嗎？

帶著你的愛和你的創造步入你的孤獨中去吧！我的兄弟。我熱愛那些爲了超越自己而進行創造並且就這樣行之毀滅的人。

18 老婦人和年輕的婦人

「查拉圖斯特拉，你爲什麼要在黎明偷偷摸摸地行走呢？究竟是什麼小心翼翼地隱藏在你的斗篷裡面呢？

那會是賜予你的寶藏嗎？或是屬於你的、已經降臨人世的小孩？或是你在爲一個小偷跑腿，你那惡魔的朋友？」

「說眞的，我的兄弟，」查拉圖斯特拉說道，「那是一件給予我的寶藏，那是我隨時放在身上的一點兒小小的眞相。

但是，它就像一個小孩子一樣頑皮、淘氣。如果我不能夠捂住它的嘴，它就會大聲地尖叫。」

今天，當我獨自一人走在我的道路上的時候，太陽開始下山了。就在這時，我碰到了一個老婦人，她對我的靈魂說道：

「查拉圖斯特拉也跟我們女性說過很多話，但是他從來都沒有跟我們說過任何涉及女性的話題。」

然後我回答：「關於女性的話題，人們只能說給男人聽。」

「可以跟我聊一聊有關於女性的話題，」她說道，「我的歲數太大了，過不了多久，我就會忘了咱們之前談話的內容。」

在這位老婦人的強迫之下，我對她說道：

「關於女性的任何事情都是一個謎，關於女性的任何事物都只有一個解決辦法——它被人們稱爲懷孕。」

男人尋找女人只有一個目的：那個目的往往是與生育孩子有關。但是，女人尋求男人什麼呢？

眞正的男人想要兩種東西：危險和消遣。因此，男人會想要女人，作爲他最具危險性的玩物。

男人應該接受殘酷的訓練，從而爲上戰場做好充分的準備；女人則要爲勇士的重生做好準備：任何的事物都是愚蠢的。

過於甘甜的水果——這些是勇士們不喜歡的東西。因爲，他喜歡女人；即使是最甜美的女人也充滿苦澀。

女人要比男人更加理解孩子，但是，男人要比女人表現得更像個孩子。

在每一位男人的心裡面，都藏著一個小孩子：他想要玩耍。然後，你們女人，發現了隱藏在男人內心裡面的小孩子！

讓女人成爲一個玩物吧！就像珍貴的石頭一樣純粹和漂亮，並且被一個還沒有到來的世界的道德所照亮。

讓一顆行星的光芒在你的愛意中閃耀吧！讓你的希望說：「我可以容忍超人！」

讓你的愛意成爲你的勇氣吧！帶著你的愛意，你就可以突襲那個用恐懼啓發你的人！

讓你的愛意成爲你的榮譽吧！女人對榮譽的概念知之甚少。但是，讓它成爲你的榮譽吧：永遠要付出比自己所得到的還要多的愛，永遠也不要成爲第二個人。

當她付出愛的時候，會讓男人害怕女人：讓她做出種種的犧牲，且所有的東西在她看來都是毫無價值。

當她仇恨的時候，會使男人害怕女人：因爲男人靈魂的最內在部分就是惡魔；然而，女人的靈魂最內在部分是刻薄。

在這個世界上，有哪種人最痛恨女人？鐵對天然磁石說道：「我最討厭的是你，因爲你是那麼有吸引力；但是，你太過虛弱，就連自己都無法吸引。」

男人的幸福快樂就是「我會」。女人的幸福快樂就是「他會」。

「瞧呀！現在，這個世界變得完美了！」當女人服從於她所有的愛時，任何一個女人都會這麼想。

任何一個女人都必須服從，並且爲她的外表找到一種深度。外表是女人的靈魂，就像是淺層水面上所移動的、易變的薄膜。

然而，男人的靈魂是深沉的，他的水流會從地下的洞穴中噴湧而出：女人會推測它的力量，但是，她不能完全理解那種力量。

因此，我對那個老婦人說道：「查拉圖斯特拉說過許多非常美好的事物，尤其是對於那些足夠年輕的人來說。」

眞是太奇怪了！查拉圖斯特拉竟然不了解女人，然而，他所說的關於女性的東西又都是完全正確的！這樣的情況之所以能夠發生，是不是因爲如果沒有女人，任何事情都會成爲不可能？

現在，透過感謝的方式，我已經能夠接受眞相了，我的年齡已經足夠大到可以接受它們了。

束縛它，並且管住它的嘴：否則，它必定會大聲地尖叫——這個小小的眞相。

「把它給我，女人，你們小小的眞相。」我說道。於是，那個老婦人回答道：「你想要去找女人了？別忘了拿著你的鞭子。」

19 毒蛇之咬

有一天，查拉圖斯特拉在一棵無花果樹下睡覺，出於天氣炎熱的關係，查拉圖斯特拉把胳膊放在了自己的臉上。然而，就在這個時候，一條蝰蛇爬了過來，它一下就咬了查拉圖斯特拉的脖子，於是，疼痛難忍的查拉圖斯特拉尖叫了起來。當他把胳膊從臉上拿開的時候，他看到了那條毒蛇；那條蛇通過那雙眼睛認出了那人就是查拉圖斯特拉，所以它笨拙地扭動著尾巴，試圖逃離這裡。

「你還不能走，」查拉圖斯特拉說道，「因為，你還沒有接受我的感謝呢！正是你及時地把我從睡眠中喚醒，我的旅途才會變得長久。」「不，你的旅途會變得很短，」那條蝰蛇悲哀地說道，「我的毒液是致命的。」查拉圖斯特拉笑了起來。「從什麼時候開始，一條龍會被一條毒蛇的毒液毒死？」查拉圖斯特拉說道，「快把你的毒液帶回去吧！你還沒有富裕到可以把它呈現給我。」於是，那條毒蛇再一次爬上了他的脖子，開始吮吸他的傷口。

有那麼一次，當查拉圖斯特拉把這件事告訴他的學生們之後，學生問他：「那麼，查拉圖斯特拉，你這個故事的寓意到底是什麼呢？」查拉圖斯特拉回答道：

道德的毀滅者以及善意和公正在召喚我：我的故事是不道德的。但是，當你擁有一個敵人的時候，那麼，他就會以德報怨：因爲，這會讓他感到侷促不安。他要證明他確實爲你做過一些好事。他寧可生氣也不會讓任何人感到惶恐不安！我可不想讓你們渴求受到祝福。我寧可讓你們也受到點兒詛咒！

一個大大的不公正降臨在你的身上，然後，還有五個小的不公正也很快來到你的旁邊。他用無比醜陋的眼神注視著受到不公正的壓迫的人們。

你是否了解這些？能夠共用的非正義就是一半的正義。他如果能夠承受，那麼他就應該將這種不公正扛在自己的身上！

一個小小的復仇要比完全不復仇更具有人性。如果懲罰不僅僅是一種權力，還是對罪人的一種尊敬的話，那麼我就不喜歡你的懲罰了。

在錯誤的道路上走回正道，要比建立自己的公平正義更加高尙，尤其是如果他本身就是正確的。但是，一個人只有在足夠富有的情況之下，才可以這麼做。

我並不喜歡你那種冰冷的正義，你那審判之眼總是在注視著執行者和他那把冰冷的刀劍。

告訴我：從哪裡能夠找到我們的正義？什麼才是用眼睛能夠看到的愛？

那麼，請爲我創造出來吧！那種愛不僅僅會承受所有的懲罰，同時還會懲罰所有的罪惡！

那麼，請給我創造出來吧！那種正義將任何有罪的人都無罪釋放了，除了法官！你是否也聽到了這樣的事情？對於那個打從心底裡尋求公平正義的人來說，即使是謊言也會成爲慈善。

但是，我應該如何從內心深處擁有正義感呢？我要怎樣做才能讓所有人擁有他們本來就擁有的一切？

這些對於我來說已經足夠了：我要將我自身的全部賦予所有人。

最終，我的兄弟們，時刻警惕不要對任何的隱士做錯誤的事情。對於一個隱士來說，他怎麼能夠忘記？他又怎麼去答謝？

一個隱士就像是一口深井。向裡面扔一塊石頭是非常簡單的。但是，請告訴我，如果這塊石頭沉到了這口井的井底，誰能夠把那塊石頭重新給我撈上來？時刻提防：不要傷害隱士！但是，一旦你這麼做了，那麼，你就要殺掉他！

20 孩子與婚姻

我的兄弟們，我有一個問題想問問你們：我將這個問題投入了你們的靈魂裡面，它就像一個探測錘一樣，我能夠利用它知道裡面的深度。

你非常年輕，你渴望擁有孩子和婚姻。但是，我要問問你：你是否具備滿足擁有一個孩子的渴望的權力？

你是凱旋的勇士？征服自我的人？你是激情的統治者？道德的主人嗎？我想問問你。動物們是否在你的意願下，在你的必要性下進行交談？或是隔離的狀態？或是你內心中的不和諧因素？

我會讓你的勝利和自由渴求有一個孩子。你應該給你的勝利和解放建立活生生的豐碑。你應該建立超越你自己的豐碑。但是，首先你必須要建立你自己、筆直的身體和靈魂。你不應該向下宣傳你自己，而是應該向上宣傳你自己！因爲這樣做，婚姻的花園才可以幫助你！

你應該創造一個更加高聳的身體、一個初始的運動，和一個不由自主進行翻滾的輪子——你應該創造一個具有創造性的東西。

婚姻，爲兩個人創造了一個超越了他們自己的事物。對於其他人的尊敬，當那些人行出類似這樣的意願的時候，我就管這個叫婚姻。

讓它成爲你婚姻的重要意義和眞相。但是，有太多的事物叫作婚姻，那些多餘的事物——噢，我應該管它們叫什麼呢？

唉，靈魂的貧窮！唉，靈魂的汙穢！唉，可憐的自鳴得意！

他們管這些叫作婚姻，並且，他們說兩人的婚姻是天作之合。那麼，我並不喜歡這樣，擁有多餘事物的藍天！不，我並不喜歡他們，那些動物們都被困在這藍天裡做苦工！

上帝在距離我很遠的地方，一瘸一拐地走向那一邊，去祝福與他不相匹配的事物！

我們不能笑話這樣的婚姻！究竟有什麼樣的孩子在沒有任何理由的情況下，會衝著他們的父母哭泣呢？

看起來，這個男人是有價值的，並且足夠成熟能夠理解這片土地的意義：但是當我看到他妻子的時候，這片土地在我看來就像是一個魯莽之人的家。

是的，當一個聖人和一隻鵝進行配對之後，我就會讓這片土地在震顫之下開始搖晃。

他以一個英雄的身分追查事情的眞相，最終他所得到的卻是一個小小的謊言：他管這叫作他的婚姻。

這樁婚姻保存在交流和精挑細選的選擇中。但是有一次，他把交情的一切全都毀壞了：他管這叫作他的婚姻。

還有一天，他尋找一個擁有天使般美德的女傭。但是，突然之間，他成了一個女人的女傭，到了現在，他同樣希望自己能夠成爲一名天使。

我小心翼翼地找到了所有的買家，並且我發現他們每一個人都擁有一雙狡猾、詭計多端的眼睛。但是，即使是在他們中間最詭計多端的人也會用一個大的麻袋來買他的妻子。

許多小小的愚蠢，都被你稱爲愛。而且你的婚姻用一個長久的愚蠢爲這些小小的愚蠢畫上了句號。

你熱愛女人，女人熱愛男人——噢，那麼遭受磨難以及給神靈蒙上神祕的面紗，算不算是一種同情呢？但是，通常來講，兩種動物會彼此照亮對方。

但是，即使是你的摯愛也只是一個興奮異常的笑容和充滿痛苦的熱情。那是一把為你照亮通往更高處的道路的火炬。

總有一天，你會喜歡上這種超越自我的感覺！但是，首先你要先學會如何去愛。並且為了達到目的，你必須喝掉一杯苦澀的愛意之水。

即便那杯子裡裝的是摯愛，那裡面也是苦澀的：他這麼做是因為他渴望超人；他這麼做是因為你們非常饑渴，擁有創造力的產物！

擁有創造力產物的饑渴、弓箭以及對超人的渴望：快點告訴我，我的兄弟們，這就是你們想要結婚的意願嗎？

我會稱這些為神聖的意志和神聖的婚姻。

21 自由的死亡

有許多人死得太晚，有些人則死得太早。有的格言聽起來非常古怪：要在適當的時候死去！

在適當的時候死去——查拉圖斯特拉所受的就是這樣的教育。

我們很確定，一個人從來都沒有生活在恰當的時期，那麼他又怎麼能在恰當的時候死去呢？與其是這樣的結果，他還不如不出生呢！因此，我向那些多餘的人們提出建議。

但是，即使是那些多餘的人們也會爲他們的死亡帶來很多慌亂，甚至是中空的堅果也想要被砸裂。

任何人都會把死亡看作是一件非常重要的事情：但是，死亡並不是一種節日的慶祝活動。而且還沒有人學會如何舉辦最完美的節日慶祝活動。

我將要向你展示的完整死亡，會成爲一種刺激因素以及對於生活的承諾。

他的死亡是得意揚揚地完整地死去，身旁被充滿希望和有前途的人們團團圍住。

一個人應該學會如何死亡，在這個世界上亦不應該存在將即將死去的人供奉給活著的人的誓言儀式！

死亡是最好的方式，那麼僅次於死亡的最好的方式就是在戰鬥中死去，並且獻上一個偉大的靈魂。

但是，鬥士和勝利者一樣，都是令人感到憎恨的，你那露齒而笑的死亡就如同一個小偷一樣偷走了你——並且像一位主人一樣來到這裡。

我的死亡，我讚美你；自願的死亡，它會降臨在我的身上，因爲，這正是我想要的。

那麼，我應該什麼時候需要它呢？——他擁有一個目標以及一個繼承人，爲了他的目標以及他的繼承人，他想在適當的時候死去。

除了對他的目標和繼承人的尊重之外，他不會在生命的避難所中懸掛更多衰弱的怒火。

說眞的，我並不像繩索的製造者：他們延長繩索，因此，他們就可以向後走。

同樣，很多人因爲過於年長，而無法接受他的眞相和勝利；一個沒有牙齒的嘴巴是不可能再有接受任何事實眞相的權力。

無論是誰想要擁有名譽，他都必須及時離開榮譽，並且要克服種種困難，練習如何在適當的時候前行。

當一個人品嘗到最美味的東西時，他必須停止享用美餐：這是只有那些想要長期得到愛的人們才懂得的道理。

毫無疑問，這個世界上存在酸蘋果，它們都在等待，直到秋天最後一天的到來：與此同時，它們變得成熟、散發出金黃色，然後變得乾癟。

在某些時代裡，心靈是第一位的，而在其他的時代裡，則是精神被擺在第一的位置。有些人在年輕的時候，就已經白髮蒼蒼；而有些人雖然已經過了年輕的時代，卻仍舊保持著年輕的狀態。

在這個世界上，有許許多多的人的生活都是非常失敗的；一個有劇毒的蟲子在啃咬他們的心靈。接著，讓他們看一看，他們奄奄一息的狀態就會愈發像是一種成功。

許多人永遠也不會變得甘甜，他們甚至在夏天就開始腐爛了。將他們快速固定在樹枝上，是一種膽怯的行爲。

有太多的生命、有太多的事物懸掛在它們的樹枝之上。將有一場暴風將所有早已腐爛的以及被有毒的蟲子咬爛的果實從樹上搖晃下來！

我希望看到宣講快速死亡的說教者正向這裡走來！他們將會成爲生命樹上適當的風暴和挑撥離間者！但是我只能聽見宣講緩慢的死亡，宣講對人間的忍耐。

唉！你用人間來說教耐心？這種塵世容忍你的已經夠多的了，你這個褻瀆神靈的人！說眞的，那個希伯來人消失得太早了，他是受人尊敬的慢性死亡說教者：許多人都證明他是在一場重大的災難中，過早死亡的。

然而，他所能夠知道的只有哭泣以及希伯來人的憂鬱和悲哀，在善意和正義的憎惡下，團結在一起——希伯來人耶穌：抓住了渴望已久的死亡。

但是，他停留在那片荒野之上，遠離善意和公平！然後，他或許能學會應該如何生活下去，並且熱愛這片土地——以及這裡的歡聲笑語！

我的兄弟們，請相信吧！他去世得太早了，他自己會否認在我這個年紀所獲得的教條！他還沒有高貴到否認這些教條的程度！但是，他仍舊是非常不成熟的。不成熟的他會去熱愛年輕人，不成熟的他同樣也會憎恨人們以及這片土地。他的靈魂以及他精神的翅膀仍舊處於令人感到尷尬的受限制狀態。

但是，在成年人心中的小孩要比年輕人的多，並且他們擁有更少的憂鬱狀態：能夠更好地理解生活和死亡。

自由自在地死亡，做一個神聖的反對者吧。當我們不再擁有說「是」的時間，就得以去理解死亡和生活。

奄奄一息的你對於人們和這片土地來說，或許不是一種責備，我的朋友們：我在懇求你的靈魂之蜜。

你的精神和你的道德將會在奄奄一息的身體內散發出閃耀的光芒，就像在傍晚照耀著這片土地的夕陽餘暉：要不然，你的死亡將是不能夠讓人感到滿意的。

因此，我會死去，你們這些朋友們會因爲我的緣故而更加熱愛這片土地；並且我會再一次成爲在她身上安息的土壤。

說眞的，查拉圖斯特拉有一個目標；他扔掉了他的球。現在，讓你的朋友們成爲我目標的繼承人吧；我會把金燦燦的球拋給你。

我的朋友們，我能看到你們，當然是最好的，扔出金燦燦的球吧！所以，我還要在這片土地上逗留一小段時間——請你們可以諒解我！

22 贈予的德行

(1)

當查拉圖斯特拉離開這個小鎮，前往令他的內心魂牽夢繞的地方的時候，那個被人們稱爲「花牛」的小鎮，在他的身後跟隨著許許多多的人，他們都說自己是查拉圖斯特拉的門徒，並且隨時陪伴在查拉圖斯特拉的身旁。然後，他們這群人來到了一個十字路口。於是，查拉圖斯特拉告訴他們，他現在想一個人走，因爲他特別喜歡獨自一人前行。但是，他的門徒們在他將要離去的地方，向他展示了一個權杖，那個權杖的金色手把上，有一條環繞著太陽的毒蛇。查拉圖斯特拉看到這個權杖之後，非常開心，他打算從今以後都用這個來當他的拐杖。然後，他對他的門徒們說道：

請告訴我：爲什麼金子會擁有最貴重的價值？因爲金子是非常不尋常的、利潤極高的、閃閃發光的，並且散發著柔和的光澤，它總是給自己賦予價值。

只有當最崇高的道德形象被賦予金子的時候，它才能擁有最昂貴的價值。猶如金子一般，閃耀著賦予者的目光，金子的光澤在月亮和太陽之間，創造了和平。

最高尚的道德是非比尋常的、利潤極高的、閃閃發光，並且散發著柔和的光澤：一種被賦予的道德就是最高尚的道德。

說眞的，我非常了解你們，我的門徒們，你們和我一樣，都在努力尋找被賦予的道德。你們和小貓和狼有什麼共同點嗎？

你們非常渴望讓自己成爲犧牲品以及禮物：因此，你們非常渴望在你們的靈魂之中積聚所有的財富。

你們那貪得無厭的靈魂在奮力地尋找寶藏和珠寶，因爲你們那渴望得到被賦予的靈魂是永遠也不會感到滿足的。

你阻擋任何事物流向你的方向，並且進入你的身體，這樣它們就會像你愛的禮物一樣，再一次離開你的源泉。

說眞的，你們那賦予的愛必須成爲種種價值的掠奪者，但是，我稱這種自私自利爲健康和神聖。

這裡還有另一種自私自利，一個極度貧窮、極度饑餓的人，他總是想偷竊——一種虛弱的自私自利，處在虛弱狀態下的自私自利。

偷竊者會把目光放在任何閃耀著光芒的東西上頭；在饑餓的渴望之下，他能夠知道誰擁有巨額的財富；並且始終徘徊在賦予者的桌子旁。

虛弱訴說著強烈的渴望和不可見的退化；一個患有疾病的身體，在講述著這種自私自利所擁有的盜竊意圖的強烈渴求。

我的兄弟們，請告訴我，我們所認爲的壞事情是什麼？最糟糕的事情是什麼？難道它不是退化嗎？當饋贈的靈魂嚴重缺乏的時候，我們總是傾向於懷疑退化。

我們會從普通的種類躍升到超凡脫俗的種類。但是令我們感到害怕的是不斷退化的感覺，它好像在說：「這些全都是我的。」

我們的意識向上飛升：那是我們身體的明喻，那是一種提升的明喻。類似這樣提升的明喻就是道德的代名詞。當身體經歷了歷史的變遷之後，它就會變成一個鬥士。此外，還有精神——它對於身體來說，究竟是什麼東西呢？它是戰鬥和勝利的先驅者，它是陪在身邊的同伴和反覆出現的回聲。

明喻，是所有善意和邪惡的代名詞；它們並不會脫口而出，它們只能暗示。一個愚笨的人會從它們那裡尋求知識！

我的兄弟們，當你們的精神開始在明喻中說話的時候，我懇請你們留意每時每刻：這裡會有你們道德的起源。

然後，你們的軀體就會得到升華，被抬高；內心充滿喜悅，並且對它的精神感到著迷；於是，它成爲創造者、評估者、戀人以及任何事情的施恩者。

當你們的心靈向四周氾濫，並且像河流一樣充實的時候，來自低地的人們就會得到祝福和危險：這就是你們的道德的起源。

當人們對你們的稱讚已經超越了讚美和批判的時候，你們的意志就會命令所有的事情，就好比一個充滿愛的意志：這就是你們的道德的起源。

當你們蔑視令人感到愉快的事情，比如柔軟舒適的長沙發，但是它又遠沒有達到柔軟的程度：這就是你們道德的起源。

但你們對某一種意志充滿信任的時候，當任何需要的改變對於你們來說，都是勢在必行的時候：這就是你們道德的起源。

說眞的，這是一種全新的善與惡！說眞的，這是一種嶄新的、深沉的喃喃自語聲，它是一種新的泉水的聲音！

這種全新的道德擁有強大的力量；這是一種具有支配力的想法，圍繞著一個微不足道的靈魂：一個金燦燦的太陽，知道毒蛇就纏繞在它的周圍。

(2)

查拉圖斯特拉在這裡停留了一會兒，並且用非常深情的眼神看著他的門徒們。然後，他繼續說道——他改變了他的嗓音：

我的兄弟們，要利用你們道德的力量對這片土地保持眞實！讓你們饋贈的愛和知識成爲這片土地的意義所在！因此，我在這裡懇求你們。

不要讓它飛離這片塵世，不要讓它用自己的翅膀拍擊永恆的牆壁！噢，在這個世界上，總是有許許多多逃掉的道德吧！

那個帶頭的，就像我一樣，飛離這裡的道德領頭人重新回到了這片土地之上——是的，它回到了肉體和生活之中：它或許會給地球賦予自身的含義，一個人類的含義！

直到今天，飛離這裡的精神和道德，所犯下的錯誤已經超過了一百次。唉！所有這些假象和笨拙的狀態仍舊存在於我們的體內：隨後，它們就成了軀體和意志。

直到今天，精神和道德已經嘗試了上百次，也失敗了上百次。是的，這是人類的嘗試。唉，自此，我們的身體裡包含了越來越多的無知和錯誤！

不單單是千禧年的合理性行動——同樣還有它們的瘋狂，在我們的體內爆發了。所以，成爲一名繼任者是一件非常危險的事情。

在巨大的機遇面前，我們仍舊一步接著一步地進行戰鬥，在所有人之上，裁決謬論，缺乏意識的事物。

我的兄弟們，將你們的精神和道德投入到對土地的感知之上：讓你們再重新評判一下世間萬物的價值所在！因此，你們應該成爲戰士！因此，你們應該成爲創造者！

軀體非常明智地淨化著自己，用讚揚自己的智慧去嘗試，讓所有的衝動將具有洞察力的人神聖化，並且讓高尚的靈魂變得歡快愉悅。

內科醫生可以治癒你們：那麼，同樣地，你們能夠治癒你們的病人。讓這些成爲他最好的解藥，並且用他的眼睛去觀察究竟是誰創造了完整的他。

這裡有一千條尚未被人們踩踏的道路、上千個有益身心健康的地方以及隱藏生命之島。

人類和人類的世界仍舊是沒有用盡的，沒有被觀察透徹的。

你們這些孤單的人們，你們都醒一醒，好好用耳朵聽著！帶有隱密翅膀的風從遙遠的未來來到這裡，靈敏的耳朵將聽到美好的聲音。

今天，你們這些孤獨的人們，你們這些脫離塵世的人們，終有一天，你們會成爲一個民族：在選擇了你們的那個群體裡，定會產生一個被人們所選擇的民族——那就是超人。

說眞的，這片土地應該會成爲一個具有治癒效果的地方！它是一種已經在四周瀰漫開來的全新的香氣，這是一種能夠帶來救贖的氣味——這是全新的希望！

(3)

當查拉圖斯特拉說完這些話的時候，他停頓了，就像一個還沒有說完最後一句話的人；他長時間用雙手擺弄著那個權杖，心中充滿了懷疑。最後，他說道——他改變了嗓音：

我的門徒們，我現在要一個人前行了！你們現在也可以動身了，獨自一人！就像我一樣。

說眞的，我建議你們：離開我，並且提醒自己要時刻提防查拉圖斯特拉！而且最好要替他感到羞恥！或許他會欺騙你。

一個擁有豐富學識的人不僅要熱愛他的敵人們，同時也要痛恨他的朋友們。

如果一個人只能是一名學者的話，他就會用非常惡劣的方式報答他的老師。那麼，爲什麼你不拉扯我的花環呢？

你們尊敬我；但是，如果有一天你們的尊敬垮掉了呢？要時刻提防，不要讓倒下的雕像壓在你們的身上！

你們說，你們相信查拉圖斯特拉，但是你們從哪些方面相信查拉圖斯特拉？你們是我的信徒們：但是你們從哪些方面認定自己是信徒？

你們還沒有尋找你們自己：可是你們找到了我。所有的信徒們都找到了我；因此，任何的信仰都是毫無價值的。

現在我命令你們都離開我的視線，找尋你們自己；只有當你們所有人全都否認我的時候，我才會回到你們的身邊。

說眞的，我的兄弟們，我會用另一雙眼睛找尋我失去的人們；我會用另一種愛去關愛你們。

並且，你們會再一次成爲我的朋友，擁有同一個希望的孩子們：這樣的話，我就會第三次和你們在一起，共同慶祝這一偉大的時刻。

當人們處在動物和超人之間，把走向黃昏的道路作爲他最崇高的希望來慶祝：這就是偉大的時刻，這就是一個嶄新清晨的提前到來。

「所有的神靈都死了。現在，我們渴望像超人一樣生活。」讓這句話成爲我們在偉大的時刻的最後意願吧！

第二部

23 拿著鏡子的小孩

查拉圖斯特拉再一次回到了深山裡，他來到了那個偏僻荒涼的洞穴，他離開了那些人，就像一個播撒種子的人一樣苦苦等待。但是，他的靈魂開始變得不耐煩，並且不停地渴望能夠見到那些他愛著的人們：因爲，他仍舊會把太多的東西給予他們。這是萬事中最困難的：在愛中闔上張開的手掌，並且始終讓謙遜作爲一個給予者。

於是，就這樣，孤獨寂寞的一個月過去了，一年過去了；與此同時，他的智慧也在與日俱增，並且這種豐富的智慧令他感到非常痛苦。

然而，有一天早晨，他在朝霞到來之前起床了，然後，他在沙發上靜靜地沉思了很長的時間，最終他對自己的內心說道：

「爲什麼我要在自己的夢境中感到驚慌失措，以至於讓我從夢中驚醒？難道沒有一個小孩子向我走過來嗎？手裡還拿著一面鏡子？

『噢，查拉圖斯特拉，』那個小孩子對我說道，『好好看看鏡子裡的你吧！』

但是，當我看向鏡子裡的時候，我尖叫起來，我的心開始劇烈地顫動起來：因爲我從鏡子裡看到的根本就不是我自己，那裡面呈現的是一個魔鬼的詭異笑容和嘲笑。

說眞的，我非常了解夢的前兆和忠告：我的教條已經處在危險之中了，野豌豆籽想被人們稱爲小麥！

我的敵人們已經成長得非常強大，並且它損毀了我教條的相似性，以至於我最摯愛的人們會紅著臉接受我送給他們的禮物。

我的朋友們全都消失了。現在是時候讓我去尋找那些失去的朋友們了！」

在說完這些話之後，查拉圖斯特拉站了起來，然而，他看上去並不像是一位飽受痛苦、想要得到解脫的人，而是像一位精神得到鼓舞的探尋者、歌手。他的鷹和毒蛇用非常驚異的眼神凝視著他：因爲一個即將到來的祝福撒在他的面容之上，看上去就像早上的彩霞一樣。

我的身上究竟發生了什麼事？還有我的動物們呢？查拉圖斯特拉說道。我沒有被變形吧？祝福沒有像龍捲風一樣席捲我的全身吧？

我的快樂是愚蠢的，並且那些愚蠢的事物會說：它畢竟還是太小了——所以我們對它要有十足的耐心！

我被自己的快樂弄得遍體鱗傷：所有遭遇磨難的人都將是降臨在我身上的內科醫生！爲了我的朋友，我還可以再一次平靜下來，同樣還有我的敵人們！查拉圖斯特拉再一次說道，並且向他所愛的人展示了他的愛！

我那迫不及待的愛在溪流裡洋溢著，那條溪流朝著日升日落的地方流去。離開寂靜的深山和苦難的暴風，將我的靈魂沖刷進山谷。

在很長的一段時間裡，我用渴望的眼神注視著遠方。在很長的一段時間裡，孤獨寂寞占據著我的身體：因此，我忘記了該如何保持寂靜。

總而言之，我說話開始變得吞吞吐吐，從高聳的岩石裡流下來的小河在流進山谷的時候，我會慷慨激昂地進行我的演講。

讓我的愛意之流橫掃人跡罕至的水道！你見過哪條溪流最終找不到併入大海的水道呢！

坦白地講，我的內心裡有一個湖泊，它非常幽靜，並且過度自信；但是，我的愛意之流將它一併帶在身上，順流直下——最終併入了大海之中！

我踏在嶄新的道路之上，一個全新的聲音來到了我的面前；我開始變得厭倦——就像所有的創造者那樣——操著古老的語言。我的精神將不會再穿著被磨壞的鞋底走路。

它們緩慢地跑過來跟我說——走入你的二輪戰車，噢，是暴風，我能跳過去的！即使是你，也免不了遭受我那怨恨的鞭打！

我會像喊著口號，呼喊著萬歲一樣穿過寬闊的海洋，直到我發現朋友們在此逗留的快樂小島；而且，我的敵人們也在他們其中！現在，我會熱愛所有那些我能夠與他們進行交談的人！即使是我的敵人們也屬於我的快樂世界。

但是，當我要騎上我那匹最狂野的駿馬時，我的長矛總是能夠助我一臂之力爬上馬背：它就是隨時準備爲我的腳服務的僕人——

這就是我向敵人們拋擲的長矛！我對他們是如此感恩戴德，以致我會在最後的時刻才把我的長矛投擲出去！

我的雲朵孕育著雷電：我會在閃電的笑聲之間，把冰雹投向深處。

我的內心會喘起粗氣，然後，將它扔出去；它會狂暴地將暴風吹向深山裡：因此，寂靜到來了。

說眞的，我的快樂就像是一陣暴風一樣來到了我的身邊，還有我的自由！但是我的敵人們會認爲那些邪惡的傢伙們在他們的頭頂上肆意地咆哮。

是的，還有我的朋友們，你們也會被我狂野的智慧嚇到；或許，你們會因此而逃掉，連同我的敵人們一起逃掉。

噢，我知道應該如何用牧羊人的長笛誘惑你回心轉意！噢，我那猶如猛獅一般的智慧定能學會如何用輕柔的方式吼叫！並且，我們已經跟另一個人學到了很多東西！

在孤伶伶的山峰上，我狂野的智慧會變得富有意義；她在粗糙的石頭上，產下了幼小的獅子。

現在，她用非常愚笨的腳步奔向乾燥荒蕪的荒野，並且開始尋找柔軟的草皮——我古老的、狂野的智慧！

我的朋友們！在你們內心的柔軟的草地之上——在你們的愛之上，她會欣然地讓她最摯愛的人坐在那上面！

24 在快樂的島嶼上

無花果從樹上掉了下來，它們是非常甘甜、非常優質的水果；當它們在落下的過程之中，它們表面的紅色外皮破裂了。是一陣北風吹落了這些無花果。

這些教條就像那些無花果一樣，掉落在你們的身上。我的朋友們：現在，吸收它們的果汁和它們甘甜的果肉！現在已經是秋天了，午後晴空萬里。

瞧呀！我們的四周充滿了盎然綠意！並且在這種超級富足的物質之外，抬頭看向遠方的海洋也會讓你們感到心曠神怡。

人們曾經在他們抬起頭看向遙遠的海洋時，呼喚上帝；但是現在，我會告訴你們，應該呼喚超人。

上帝只是人們一種主觀的臆想：但是，我不想讓你們去臆想超越你們那具有創造性意志的東西。

你們能不能創造出一個上帝？——之後，我會爲你們祈禱，對所有的神靈都保持默不作聲的狀態！但是，你們可以創造出超人。

或許不是你們，我的兄弟們！而是超人的父親和先父能夠改變你們，並且讓它成爲你們的最好的創造物！

上帝只是人們的一種主觀臆想：但是，我應該希望你們能夠在只局限於可以感知到的東西的範圍內，臆想事物。

你們能感知上帝嗎？透過這種意義把事實眞相告訴你，任何事物都會轉變成人類可以感知的事物，轉變成人們用肉眼能夠看到的事物，轉變成人類能夠感覺到的事物！你們自身的辨別力將會陪伴你們直到最後！

而且，那個被你們稱作是世界的東西就是由你們創造出來的：它會成爲你們的理性、相似性、意志以及愛！說眞的，對於你們這些具有洞察力的人們來說，它會成爲你們快樂的世界！

你們這些具有洞察力的人們是如何在沒有任何希望的情況下，忍受生活的艱辛呢？你們既不是在讓人難以想像的情況下，也不是在毫無理性的情況下出生的。但是，我還會向你們完全地顯露我的內心世界。我的朋友們：如果這個世界上存在神靈的話，那麼，我應該怎樣忍受在沒有神靈的世界裡生活呢！所以，這個世界上不存在神靈。

是的，我已經做出了最終的結論；但是現在，這個結論吸引了我。

上帝只是人們的一個主觀臆想：但是，有誰能夠在不死掉的情況下，喝掉所有臆想的苦澀之水呢？具有創造性的人們是否應該剝奪他的信仰，正如對老鷹，剝奪它的翱翔？

上帝是一種思想——它能夠讓所有的直線變得彎曲，讓所有的挺拔變得站立不穩。這是爲什麼？時間終究會流逝，但是所有會消逝的事物就都是謊言嗎？讓我們把這種輕率和頭暈目眩比作人類的四肢，它甚至會在胃裡面嘔吐：說眞的，我會把臆想這類事情的情況稱作眩暈的疾病。

我會稱它爲惡魔以及憤世嫉俗：它會教導充滿物質的空間、不爲所動、富足以及流芳百世！任何事物都是不朽的——這就是一種明喩，詩人們對此說了太多的謊言。

但是在時間和變化的過程當中，最優美的明喩會說：它們應該得到讚美，而所有終將逝去的事物都會得到赦免！

創造性——它就是擺脫苦難的偉大救星和生活的緩和劑。但是對於任何創造者來說，苦難本身以及轉變是必不可少的。

是的，在你們的生活當中，必定會有更加痛苦的垂死掙扎，你們這些創造者們！所以，你們就是所有終將逝去事物的擁護者和辯護者。

因爲，創造者本身就是新出生的孩子，那麼同樣，他必須甘願成爲養育子女的人，並且還要忍受養育子女的人在肉體上所承受的痛苦。

說眞的，當我走在自己的道路上時，我穿過了上百個靈魂、上百個搖籃以及分娩的劇痛。我已經經歷了無數次再見，我知道最後的那幾個小時是非常讓人心痛的。

但是我那具有創造性的意志和我的命運是如此堅定。或是用更加坦率、誠懇的語氣跟你說：這就是命運——我的意願。

所有的感覺都在我的體內遭受著苦難，它們都被囚禁在了監獄裡：但是，我的意願會像我的解放者和安慰者一樣，回到我的身邊。

要想被解放：這就是意願和解放眞正的教條——查拉圖斯特拉就是這麼教育你們的。

不會再有意願，不會再有評估，也不會再有創造性！噢，這樣偉大的虛弱或許會永遠離我遠去！

同樣，在辨別的過程當中，我只能感覺到我的意願那種生育和進化的快感；如果你說我的知識裡擁有無知、天眞的成分，那是因爲那裡面有想要生兒育女的意願。

這種意願在誘惑我遠離上帝和眾神；如果這裡有眾神的話，那麼，這裡會有什麼東西是被創造出來呢？

但是，人類在驅使我那熱烈的、具有創造性的意願；驅使鐵錘撞擊石頭。

噢，人類，在這些石頭裡藏著一個正在熟睡的我的形象，那是我視覺的形象！噢，它應該沉睡在最堅硬、最醜陋的石頭裡！

現在，我拿起我的鐵錘無情地猛擊那個監獄。一些小碎片從石頭上飛濺起來：那是我的什麼？

我會完成它的：因爲一個陰影降臨在我的身上——所有最平靜、最明亮的東西全都降臨到了我的身上！

超人的美感猶如一個影子般來到了我的身上。我的兄弟們！現在，它對於我來說，就是眾神！

25 憐憫者

我的朋友們，一個諷刺從你們的朋友們當中產生了：「快看查拉圖斯特拉！他在我們的中間行走，彷彿他在動物的中間行走一樣？」

但是這句話應該用更好的方式說出來：「擁有辨別力的人在我們的中間行走，就好像在動物的中間行走一樣。」

人本身就是具有辨別力的生物：擁有紅色面頰的動物。

這樣的事情是如何發生在他的身上的？是不是因爲他平時感到羞愧的次數太多了？

噢，我的朋友們！具有辨別力的人說道：羞恥、羞恥、羞恥——這就是人類的歷史！

考慮到這個原因，高尚的人命令他不要再感到羞愧：他在所有遭受苦難的人面前，命令他不要再感到羞愧。

說眞的，我並不喜歡他們，那些寬大仁慈的人們，他們的幸福快樂都在他們的憐憫之中：他們十分缺乏羞愧。

如果我必須要憐憫他人，我不想成爲憐憫者；如果我眞成了憐憫者，那麼，我寧願站在遠處。

同樣地，我寧願把自己的頭包裹起來，然後在被別人認出來之前跑掉：這就是我對你下達的命令，我的朋友們！

但願我的命運能夠帶領所有像你一樣未受到折磨的人以及那些在希望、就餐和令人愉快的事物上跟我非常相似的人安然走過我的道路！

說眞的，我已經帶領那些受過磨難的人們走過我的道路：但是，看起來，當我學會如何更好地讓自己享受的時候，我就會做一些更加具有善意的事情。

自從人性成爲生命的存在，人類就很少讓自己得到享受：我的兄弟們，這就是我們最初的罪惡！

並且，當我們懂得如何更好地讓我們自己得到享受的時候，我們就會忘記該如何更好地把痛苦帶給別人，並且設法創造痛苦。

因此，我會沖刷那雙幫助過遭受苦難的人的手；同樣，我還會擦拭我的靈魂。

因爲我親眼見證了受害者遭受苦難——因此，我更加對他的羞恥感到慚愧；若是幫助他的話，只會讓他的傲慢受到傷害。

偉大的義務並不會創造出感激，而是復仇；並且當很小的善意與仁慈並沒有被人們淡忘的時候，它們就會成爲令人痛苦的蟲子。

「要羞於接受！要在接受中加以區分和辨別！」——這就是我給那些沒有資格得到贈予者的建議。

但是，我自己也是個贈予者：我非常樂意用朋友的身分將東西贈予我的朋友們。但是，那些陌生人和貧窮的人會從我的樹上偷偷地摘下果實：這樣做會產生更少的羞愧感。

但是，乞討者必須完全避開這樣的事！說眞的，將東西施捨給他們，會讓人感到煩惱；但是，不將東西施捨給他們，同樣會讓人們感到煩惱。

同樣地，還有罪人和糟糕的道德心！相信我，我的朋友們：道德心的刺激教會了人們去叮咬。

但是，最糟糕的事情是那些瑣碎、微不足道的想法。說眞的，我們寧可做些邪惡的事情，也不會擁有一些瑣碎的想法！

當然，你說道：「微不足道的惡魔給的快樂會寬恕許多大的惡魔行爲。」但是，這裡的人並不希望被寬恕。

邪惡的行爲就像煮沸的開水：它會感到憤怒、感到不愉快，並且突然噴發——它體面地說道。

「快看呀！我是疾病。」邪惡的行爲說道。這就是它值得被人們尊敬的品質。

但是，瑣碎的想法就像傳染：它會悄悄地爬行，將自己隱藏起來，它想讓自己無所不在——直到它的整個身體都開始變得腐朽，並且在微不足道的傳染作用下枯萎。

但是，對於他這個內心被一個惡魔占據的人來說，我會在他的耳邊輕聲地說：「你最好應該抬起你的惡魔！即使是這樣，對於你來說，這裡仍舊有一條通向偉大的道路！」

噢，我的兄弟們！他對於任何人的了解都太深入了！並且太多的人向我們保持透明的狀態，但是，我們仍然不能洞察他。

在人類當中生存是一件非常困難的事情，因爲保持寂靜特別難。

對於我們來說，那個經常冒犯我們的傢伙並不是最不公平的，眞正最不公平的是他從來就沒有關心過我們。

但是，如果你有一個正在遭受磨難的朋友，然後你爲那個遭受苦難的朋友找了一個可以安靜休息的地方，比如一張硬床、帆布床：因此，你能用最好的方式服侍他。

如果你的一個朋友有負於你，然後你說道：「我原諒你對我所做的一切。但是，你對自己也做出了這樣的事，我又怎麼能諒解你呢！」

因此，所有偉大的愛說道：它甚至超越了原諒和憐憫。

一個人應該快速地、牢牢地抓住他的心；因爲，他一旦失去它，理智就會快速地逝去！

噢，在這個世界上，究竟哪裡的愚蠢要比憐憫還要偉大？在這個世界上，究竟哪裡產生的磨難要比憐憫的愚蠢還要多？

悲痛降臨到了所有擁有愛的人身上，他們的愛還沒有達到超過他們憐憫的程度！

因此，有那麼一次，惡魔對我說：「即使是上帝，也有屬於自己的地獄：那就是他對於人類的愛。」

最近，我聽到他說了這樣的話：「上帝已經死了，將自己的憐憫施加給人類的上帝已經死了。」

所以，你們大家要小心提防憐憫：從那以後，有一朵厚重的雲彩來到了人世間！說眞的，我理解那些天氣跡象帶來的含義！

但是，我同樣還要說：所有偉大的愛都會高於它自身的憐憫：因爲它在尋找——創造什麼是愛的理念！

「我會把我的愛奉獻給我自己，還有我的鄰居們」——這就是所有創造者都會說的話。

但是，所有的創造者們，都是非常冷酷無情的。

26 教士們

有一天，查拉圖斯特拉對他的門徒們做出了一個手勢，然後對他們說了如下一番話：

「這些是我的牧師們：但是，他們同樣也是我的敵人，帶著劍悄然地從身邊經過。

即使是在這些人中，也有很多英雄；他們當中的大多數都遭受過很多磨難：所以，他們想讓其他人也遭受他們曾經遭受過的磨難。

他們都是很惡劣的敵人：他們的溫順要比任何事物都更加充滿仇恨。很顯然，他要染髒任何接觸過他們的人。

但是，我和他們是有血緣關係的；儘管這樣，我還是想觀察被他們敬重的、有關於我的血緣。」

當他們相繼去世的時候，一種悲痛的感覺突襲了查拉圖斯特拉，但是，他還沒和那種悲痛鬥爭多久，就說了以下這番話：

那些牧師深深地觸動了我的心靈。同樣，他們還跟我的品位作對，不過，自從我成爲人類當中的一員之後，這些對於我來說都是最無關緊要的小事了。

但是，我遭受到了苦難，並且同他們一起經歷磨難：他們把罪犯和蒙上汙名的人都交給了我。那個被人們稱爲救世主的人，給這些人戴上了鎖鏈。

僞造的價值和愚蠢話語的鎖鏈！噢，那就是將他們從他們的救世主那裡拯救出來的人啊！

他們曾經在一個小島上，原認爲自己已經著陸了，當海水將他們拋起來的時候，睜眼看到，原來它是一個正在沉睡的大怪物！

僞造的價值和愚蠢的話語，對於凡人們來說，可以稱得上是最恐怖的怪物——他們一直在沉睡，靜靜地等待著他們命運的到來。

但是最後，他們會走過來，在清醒的狀態下，吞噬掉任何建立在小屋之上的東西。

噢，你們快來看看，那些由牧師們自己搭建起來的小屋啊！教堂，他們管這些帶有甜蜜氣息的洞穴叫作教堂！

噢，那個根本不存在的光芒和必須存在的空氣！在這裡，靈魂或許不能飛升到它想要達到的高度！

但是，他們的信仰命令道：「你們都跪下來，爬上臺階，你們這些罪人！」

說眞的，與其見到他們的羞愧和虔誠被扭曲的眼睛，我寧可見到一個厚顏無恥的人！

究竟是誰爲他們建造了這樣的洞穴和用來贖罪的臺階？爲什麼不是那些尋求隱藏自己，在晴朗的天空下感到羞愧的人們呢？

只有當晴朗的天空再一次看向被毀壞的房頂以及被毀壞的房頂上的青草和紅色的罌粟花的時候，我才會重新將我的內心朝向這個上帝的位置。

他們稱那些反對並且折磨他們的神靈爲上帝。說眞的，他們的崇拜中擁有太多的英雄主義精神！

而且，他們除了把人釘在十字架上之外，不知道該如何愛他們的上帝！

他們認爲應該像死人一樣生活；他們將自己的屍體覆蓋在黑色的斗篷裡；甚至在跟他們說話的時候，我仍舊能夠感受到蕩滌古舊的屍屋之邪惡氣息。

有人和他們緊密地生活在一起，生活在黑色的池水裡，在那裡面，蟾蜍唱著帶有甜美且吸引力的歌曲。

他們會唱更加優美的歌曲，讓我去相信他們的救世主：他的門徒們會更像被拯救的人一樣，出現在我的面前！

我喜歡看他們赤裸著身體，因爲，單靠貌美就可以說教贖罪。但是，他們會僞裝被痛苦說服！

說眞的，他們的救世主本身並不是來自自由和自由的七重天國！說眞的，他們自身從來都沒有踩踏過知識的地毯！

那些救世主的精神是由種種的缺陷構成的；但是，他們會把假象以及被他們稱爲上帝的臨時替代人放到所有的缺陷當中。

他們的精神被淹沒在他們的憐憫之中；當他們的內心充滿了憐憫，那麼一個偉大的愚蠢往往會浮出水面。在渴望和尖叫的驅使下，人們一齊湧向人行天橋；就好像通向未來的人行天橋只有這一個而已！說眞的，那些牧羊人同樣也是成群聚集的！

那些牧羊人擁有微不足道的精神和廣闊無邊的靈魂。但是，我的兄弟們，即使是最無邊無際的靈魂也會被禁錮在狹小的領域之內！他們會在所到之處寫下自己的血緣特徵，而且他們的愚蠢教他們，眞理是被鮮血證明的。

但是，鮮血是眞理最糟糕的見證者；鮮血汙染了最純淨的教義，並且把它變成了欺騙和發自內心的仇恨。

當一個人爲了自己的教義而穿過火海——就足以證明這一點！

說眞的，當一個人自己的教義從他自身的烈火中產生，情況就更是如此！

熾熱的內心和冰冷的頭腦，在這兩者相遇的地方，肯定會出現怒吼咆哮之人，也就是人們所說的「救世主」。

說眞的，這個世界上存在過偉大的人以及擁有更加高尚身世的人，而不是人們所說的救世主，還有那些興高采烈怒吼咆哮之人！

我的兄弟們，如果你們能夠發現通往自由的方法！你們就不應該去拯救那些救世主，而應該拯救比他們更加偉大的人們。

在這個世界上還從未出現過超人。最高大的人和最矮小的人，我曾經見過他們兩個赤身裸體的模樣。

從各個方面來講，他們彼此之間都過於相似了。說眞的，甚至是最高大的人也會發現自己太過於像人了。

27 有德之人

在電閃雷鳴和猶如天國般壯美的煙花之下，一個人談到了懶惰和昏昏欲睡的感覺。

但是，美用溫柔的聲音說話。很顯然，這只是針對最清醒的靈魂來說。

今天，我的小圓盾牌輕輕地顫動著，並且向我微笑；那是美貌神聖的笑容和令人激動的顫動。

今天，你們這些有德之人，向我的美貌微笑。隨後，一個聲音對我說道：「他們也想得到回報！」

你們要得到回報，你們這些有德之人！你們想要道德、藍天以及永恆作爲你們今天的報酬嗎？

現在，你們訓斥我，就是因爲我教導你們，這裡根本沒有什麼給予回報之人和分發報酬的人？說眞的，我甚至都沒有教導過你們道德是它自身的報酬。唉！這就是我的悲哀：深入到回報和被暗示懲罰的事物核心——現在，我甚至要深入到你們靈魂的核心，你們這些有德之人！但是，我的話語肯定會像野豬的鼻子一樣掘出你們靈魂的核心；你們會稱我爲犁頭。

所有隱藏在你們內心當中的祕密都會被一一揭開；當你們躺在太陽下，被人們挖出來，支離破碎，你們的謊言也會脫離你們的眞相。

這就是你們的眞相。你們太過於純潔了，受不了汙穢的語言：復仇、懲罰、酬謝以及報應。

你們熱愛你們的道德，就好比一個母親熱愛她的孩子一樣：但是，你們什麼時候聽說過一個母親想讓她付出的母愛得到回報？

它是你們的摯愛、你們的道德。鐘聲的渴望就隱藏在你們的體內：它掙扎著要再一次接近其他的鐘聲，並且改變自己。

就像天上的行星會有毀滅的時候一樣，你們道德所創造出的每一個傑作也會面臨同樣的境遇：它的光芒是否會照射在它的道路和旅途中——它什麼時候會停止在它的道路上閃耀光芒？

你們的道德之光仍舊照耀在它的道路之上，即使是它的任務已經完成。雖然它們會被人們所遺忘，並且灰飛煙滅，但是它們的光芒仍舊活著，並且在這個世界上傳播。

你們的道德就是你們自身的寫照，它並不是一種外在的事物、一種皮膚，或是一件斗篷。它來源於你們靈魂根基的眞理，你們這些有德之人！

但是，毫無疑問，這個世界上存在在道德皮鞭的抽打下來回翻滾的人，你們已經聽到他們太多的哀號聲！

在這個世界上，有些人把懶得作惡叫作道德；而且，一旦當他們的仇恨和忌妒讓他們全身心放鬆下來，他們的「正義」就會變得充滿活力，並且開始擦拭它困倦的雙眼。

還有一種人，他們會被拖著往下走，惡魔會拖著他們往下走。但是，他們陷得越深，眼睛閃耀的光芒就會越刺眼，他們就越渴望見到他們的上帝。

唉！他們的吶喊聲同樣也傳到了你們的耳朵裡：你們這些有德之人，那個上帝不是我的，還有那個道德也不是！

還有一些人，他們邁著沉重的步伐，腳下發出咯吱咯吱的聲音，就好像將裝滿石頭的運貨馬車推下山一樣。他們談論最多的就是尊嚴和道德。他們緩慢並且吃力地前行，他們呼喚道德！

有些人，當他們因爲興奮而緊張的時候，就像是上好發條的時鐘，會發出滴答的聲音，並且希望人們稱它們爲滴答作響的道德。

說眞的，在那裡我能找到屬於我的樂趣：無論我從哪裡找到類似這樣的時鐘，我都會用那笨拙可笑的模仿給它們上緊發條，於是，它們開始瘋狂地打轉！

還有些人，他們會對自己僅有的那一點兒正義感感到無比驕傲，由於它會對所有的事物做出褻瀆的行爲。所以，整個世界都會陷入他們的邪惡和非正義當中。

唉！從他們的嘴巴裡說出「道德」這樣的字眼是多麼愚蠢和荒謬！當他們說：「我是公平正義的。」這句話往往更像是：「我是報仇雪恨的！」

在他們的道德的幫助下，他們想挖掉敵人的雙眼；他們要不斷提升自己，這樣做的唯一目的就是可以降低別人的地位。

在這個世界上，還存在這麼一種人，他們會坐在深陷的沼澤之中，然後從蘆葦叢中說道：「道德——就是安靜地坐在沼澤裡。

我們不會叮咬任何人，同時能夠遠離那些肆意叮咬別人的人；並且在所有的問題上，我們都擁有它給予我們的想法。」

有些人，他們非常熱愛態度和看法，而且認爲道德就是一種態度。

他們的膝蓋繼續跪拜，雙手就是道德的頌詞，但是，內心卻對此一無所知。

有的人，他們會把這些看作是道德，並且說道：「道德是一種必不可少的事物。」但是，他們終究只相信員警是必不可少的。

有許多人看不到人類的崇高品質，他們用道德把自身的卑微看得過於美好，因此，他們稱邪惡的雙眼爲道德。

有些人想受到薰陶和啓發，並且往上走，他們管這個叫道德；有些人要往下走，同樣地，他們也管這個叫道德。

幾乎所有的人都認爲自己已經參與進道德的活動當中，並且至少，他們任何一個人都宣稱自己是「善」與「惡」的權威。

但是，查拉圖斯特拉來到這裡，並不是要對所有的騙子和愚蠢之人說：「你們究竟懂不懂什麼是道德？你們對於道德都了解多少？」

而是說：「我的朋友們，你們已經聽膩了那些騙子和愚蠢之人所說的陳詞濫調。」

你們或許已經厭倦了那些聽過無數遍的詞語：報酬、報應、懲罰以及公平正義的復仇。

你們已經厭倦了這樣說：「這樣的行爲是好的，因爲它是大公無私的。」

唉！我的朋友們！你們自身的縮影就隱藏在你們的所作所爲之中，就好比母親的母愛隱藏在她的孩子當中一樣，讓它成爲你們道德的準則吧！

說眞的，我從你們那裡拿走了一百個準則和慣例以及你們道德最鍾愛的玩物，現在，你們開始斥責我，就像訓斥小孩一樣訓斥我。

他們在海邊玩耍。然後，一股海浪橫掃過來，把他們的玩具都捲到了海洋的深處：現在，他們只能大聲叫喊。

但是，與之前完全相同的海浪還會給他們帶來全新的玩具，並且把嶄新的、帶有斑點的貝殼呈現在他們的面前！

因此，他們得到了安慰；同樣的，我的朋友們，你們也會像他們一樣得到安慰——還有嶄新的、帶有斑點的貝殼！

28 賤民

生活就是快樂的源泉；但是那些賤民們同樣會來這裡飲水，所有的泉水都被人下了毒。

我非常樂意看到任何乾淨、清潔的事物，但是我討厭看到咧開的嘴巴以及對不純潔的事物的渴望。

他們將自己的目光投向了泉水的底部。現在，他們抬起頭注視著我，並且露出了令人作嘔的微笑。

他們用自己貪婪的欲望汙染了神聖的泉水；並且當他們說那骯髒的夢想令人感到愉快的時候，他們還汙染了美好的詞語。當他們將自身沉悶、沮喪的心靈扔向火焰的時候，憤憤不平的情緒就會變成熾熱的烈焰；當賤民靠近火焰的時候，他們的精神本身就會開始沸騰，並且冒出煙霧。他們手上的水果就會變得淡而無味、過度成熟。變幻無常、枯萎的頂部，看他們的樣子是要創造水果樹。

許多人都對生活感到厭倦，其實他們只是對那些賤民感到厭倦而已。他們不願意同賤民共用泉水、火焰和水果。

許多人都走進了荒僻的荒野，並且和捕食的野獸一樣遭受饑餓難耐的痛苦，他們只是不喜歡跟骯髒的駱駝騎行者一同坐在水池旁邊。

許多人都是作爲破壞者出現的，他們對於所有的玉米田來說，就是冰雹暴風，他們想要做的僅僅是把他的腳放進賤民的嘴巴裡，然後堵塞他們的喉嚨。

並不是要用一口嗆死自己的方式去了解生活本身也需要憎恨、死亡以及折磨的十字架。但是，有一次，我差點被自己提出的問題搞得喘不過氣來：對於賤民來說，什麼是他們生活所必需的東西？

有毒的泉水、臭氣沖天的火焰、汙穢的夢想以及蛆蟲是必不可少的東西嗎？

不是我的仇恨，而是我的厭惡在餓狼似的啃咬我的生活！唉，我經常對精神感到非常厭倦，尤其是當我發現甚至連賤民也具有精神的時候！

現在，當我看到他們管什麼叫統治支配的時候，我將身子轉向了統治者：我們要和賤民交換和交易權力！

我生活在說著對於我來說完全陌生的語言的人群當中，我將自己的耳朵堵起來。這樣的話，他們那些非法交易的對話以及他們對權力的交易，對於我來說仍舊是非常陌生的。

然後，我捏住自己的鼻子，愁眉苦臉地穿越了過去和今天。說眞的，所有過去和今天的賤民都散發著令人作嘔的氣味！就像是跛子變得耳聾、眼花和不能說話一樣——我生活了很長的時間，或許我沒有和有權力的賤民、會寫字的賤民以及令人愉悅的賤民生活在一起。

我的精神在吃力地、小心翼翼地攀爬臺階；快樂的救濟物就是它恢復精神和體力的物品；在強力的支撐下，生活和盲目的人一起匍匐前行。

我的身上究竟發生了什麼事？我要怎樣才能將自己從厭惡中解脫出來？到底是誰讓我的雙眼恢復了活力？我要怎麼樣才能飛到一個再也沒有賤民坐在水井旁邊的高地？

我自身的厭惡能不能給我創造翅膀和神聖源泉的力量呢？

說眞的，我要飛到最高處，再一次去發現快樂的水井！

噢，我發現它了，我的兄弟們！這裡有一種生活，我不用再跟任何賤民共同分享神聖的泉水！

你近乎狂暴地向我噴湧而來，你這快樂的源泉！經常處於乾涸狀態的你，再一次成了要被灌滿的高腳杯！

我必須學會用更加謙卑的方式向你接近：但是，我的內心依舊用過於猛烈的方式向你湧去：

我的內心在我的夏日裡盡情地燃燒，我那短暫的、炎熱的、令人憂鬱的、過度快樂的夏日，我的內心是多麼渴望你的清涼！

我的春天依舊殘留的苦惱都已成了往事！我六月雪花的惡毒都已經成了往事！我已經完完全全變成了夏天，夏天的正午時分！

在最高處的夏日，擁有涼爽的泉水和令人欣喜若狂的寧靜：噢，快來吧！我的朋友們，這樣的寧靜或許會變得比以前更加令人感到無憂無慮！

因爲這是屬於我們的高地，屬於我們的家園。我們生活的這個地方對於所有不乾淨的事物和他們的渴求來說，都太高聳了、太陡峭了，根本沒法生存。

現在，將你們清澈的雙眼投向我快樂的水井，我的朋友們！它怎麼會因此而變得渾濁呢！它應該會用嘲笑來回擊你們的清純。

我們將自己的安樂窩建在未來之樹上；老鷹會把放在牠們喙裡的食物帶給我們！

說眞的，這不是不純淨之人可以一起吃的食物！他們會認爲自己呑噬掉並且灼燒了嘴唇的是火焰！

說眞的，在我們這裡沒有任何住所可以提供給那些道德敗壞的人！我們會很樂意給他們的軀體和精神準備一個冰凍的洞穴！

我們會像強烈的暴風一樣，生活在他們之上，與老鷹爲鄰，與大雪爲鄰，與太陽爲鄰：所以，要像強烈的暴風一樣生活。

總有一天，我會像一陣風一樣在他們中間盡情地吹拂，並且用我的精神，奪走他們精神的氣息。所以，這就是我未來的意志。

說眞的，查拉圖斯特拉對於所有的低地來說，就是一陣強風；並且他將這個忠告提給了他的敵人們，並且說道：「千萬小心，不要和狂風作對！」

29 毒蜘蛛

快瞧呀！這就是毒蜘蛛的巢穴！你能從這個巢穴裡看到毒蜘蛛嗎？毒蜘蛛編織的網就懸在上面：你碰一碰牠，說不定會瑟瑟發抖。

那隻毒蜘蛛非常滿意地朝這邊爬了過來：歡迎光臨，毒蜘蛛！你後背上的黑色是你的三角形和象徵；而且我同樣還知道你的靈魂中都藏些什麼。

你的靈魂裡藏有復仇。無論你在什麼地方進行叮咬，被你叮咬過的地方都會產生黑色的疤痕；在復仇的鼓動下，你的毒液會讓靈魂頭暈眼花！

因此，我給你講述寓言故事，你讓靈魂眼花繚亂，你們這些鼓吹平等的傳教士！你們就是我們身上的毒蜘蛛，祕密進行復仇的毒蜘蛛！

但是，我很快就會將你們的藏匿地點公諸於眾。因此，我會當著面嘲笑你們，那是我的笑容的高度。

所以，我會撕扯你們編織的蜘蛛網，你們的怒火或許會誘惑你們脫離藏匿的巢穴，那麼，你們的復仇就會從你們的詞語「正義」背後跳出來。

因此，對於人類來說，它們應該從復仇中得到救贖——而復仇對於我來說，就是通向最崇高的希望橋梁，它就是漫長暴風之後的彩虹。

否則的話，它就會被毒蜘蛛們所占有。「讓這個充斥著復仇風暴的世界變得公平正義吧！」毒蜘蛛的內心向它們保證道。

還有「想要平等的意願」，自此之後，它就會成爲道德的代名詞；並且它會對抗任何令我們揭竿而起、瘋狂抗議的力量！

你們這些鼓吹平等的傳教士，無能的暴政狂熱在你們尋求平等的過程中瘋狂吶喊。你們最神祕的暴政渴望用道德的話語將它們自身僞裝了起來！

焦躁的狂妄自大以及受到鎭壓的忌妒，或許你們的先父們狂妄自大並且擁有忌妒的心理。在你們休息的間歇，它們就像狂熱的復仇烈焰一樣向前挺進。

先父們究竟在他們的孩子裡面隱藏了些什麼呢，而且我經常在孩子的內心裡發現父親想要揭露的祕密。

它們跟受到啓發的人們非常相似，但是，它們並沒有受到心靈的啓發，而是受到了復仇的啓發。當它們變得狡猾、心狠手辣，那並不是由於它們的精神，而是受到忌妒的驅使。

忌妒心理還帶領它們進入了思想者的道路當中；這就是忌妒心理的典型標誌——它們總是走得非常遙遠。只有這樣，到最後，疲倦才會讓它們睡在冰冷的雪地裡。

它們所有的哀歌中都含有報復的意味，在所有的頌歌當中都含有惡毒的罪行；對於它們來說，被人們評判是天賜的福分。

因此我想要忠告你們，我的朋友們：永遠也不要相信那些懲罰衝動非常強大的人！

他們擁有惡劣的種族和血統；從他們的相貌不難看出，他們可以等同於劊子手以及偵探獵犬。

不要相信任何過多談論正義感的人們！說眞的，他們靈魂裡缺乏的不止是令人愉悅的東西。

並且，當他們稱呼自己爲「善良和正義」的時候，不要忘記，倘若他們要想成爲從形式上遵守教義的法利賽人，他們唯一缺乏的就是力量！

我的朋友們，我永遠不會跟其他人混雜在一起。

這裡有鼓吹我人生教條的說教者，與此同時，他們還是鼓吹平等和毒蜘蛛的說教者。

他們說他們會支持生命，儘管他們坐在巢穴之中，都是有劇毒的蜘蛛，脫離了生命。因爲，如果他們不這麼做的話，就會做出傷害別人的事情。

他們選擇傷害的目標全都是在當下擁有權力和力量的人，因爲那些說教死亡的人絕大多數都在國內。

要不然的話，毒蜘蛛們就會開始說，它們曾經是這個世界上最棒的誹謗者以及火燒異教徒的傢伙。

我絕不會跟這些鼓吹平等的說教者混雜在一起。因此正義會對我說道：「人與人之間是不平等的。」

他們不會做出任何改變！如果我說了其他什麼話，那麼我對超人的熱愛會變成什麼呢？

他們會聚集在一千個橋梁和橋墩之上，共同奔向未來，在當中往往會有比別的群體更多的戰爭和不平等：這是我偉大的愛驅使我這樣說的！

他們會成爲對抗幻象和幽靈的創造者；在那些幻象和幽靈的幫助下，和彼此進行至高無上的戰鬥！

善意和邪惡、富有和貧窮、高大和低矮以及所有道德的代名詞，會成爲武器以及生命，且一次又一次超越自己的令人印象深刻的標誌！

他會用圓柱和階梯將自己建造在高聳的地方——生命本身，會駐足凝視遙遠的遠方，並且看向無比幸福的美好事物；所以，他需要提升自己！

而且，因爲需要提升自己，所以，他需要臺階，需要不同的階梯和攀登者！站起來爲了生活而奮鬥，站起來超越自己。

快看呀！我的朋友們！這裡就是毒蜘蛛的巢穴，他從一個古老的寺廟遺址中浮現了出來，快用開明的雙眼注視著他吧！

說眞的，他將自己的思想聳立在石頭之上，對於生命祕密的了解程度絲毫不亞於這個世界上最聰慧的人們！

在這個世界上，甚至在美麗的事物當中也會存在鬥爭和不平等，以及爲了爭奪權力和至高無上的地位而引發的戰爭：這就是它在最普通的寓言故事中要傳達給我們的東西。拱頂和拱門如此巧妙地在鬥爭中形成了鮮明的對比。它們是如何利用光亮和陰影與彼此進行對抗的，爲了目標而不懈奮鬥的傢伙們！

因此，讓我們也成爲堅定不變和美麗出眾的敵人們吧！我的朋友們！我們也會不懈奮鬥，巧妙地對抗彼此！

唉！毒蜘蛛一定是咬到我了，我那古老的敵人！那個堅定不變、美麗出眾的毒蜘蛛咬了我的手指頭！

「我一定要懲罰他，伸張正義」——我這麼想著，「他絕不會無緣無故地出現在這裡歌唱向仇恨致敬的歌曲！」

是的，他爲自己報仇雪恨了！唉！現在他同樣也會讓我的靈魂因爲復仇而變得頭暈目眩！

但是，我是不會變得頭暈目眩的，我的朋友們快點把我綁在這塊石柱之上吧！我要成爲一名石柱的聖人，而不是充滿復仇情緒的龍捲風！

說眞的，查拉圖斯特拉並不是什麼旋風或者龍捲風。如果他是一名舞者的話，那麼，他也不會是一名毒蜘蛛舞者！

30 著名的智者

一切著名的智者啊！你們所提供的服務全都是爲了人民和人民的迷信，而不是爲了事實的眞相！正是因爲這個原因，他們特別敬重你。

而且，也正是這個原因，他們能夠容忍你們的不信仰，因爲這種不信仰不過是人們的小幽默和旁門左道罷了。就好比主人讓奴隸們獲得自由，他們甚至會以專橫放肆爲樂。

但是，被人們所深惡痛絕的，就如同被狗痛恨的狼一樣，是自由的思想者，是被禁錮的敵人，從不盲目崇拜、居住在樹林之中的人。

把他從藏匿地搜尋出來——這就是人們常常所說的「正義的意義」：他們還常常惹怒擁有最鋒利牙齒的惡犬來咬他。

「有眞相的地方，就會有人民！唉！尋找眞相的人是會遭受痛苦的！」類似這樣的話語總是在人們的耳邊迴盪。

唉！著名的智者啊！你們曾經讓人民的崇拜變得合理。你們管這個叫「眞理的意志」。並且，你們的內心常常對自己說道：「我是從人民大眾中走出來的，從那裡走出來的還有上帝的聲音。」

你們總是那麼頑固、狡猾，就像驢子一樣，你們是人民的辯護者。

許多有權力的人爲了能夠討好人民大眾，會在他們的馬前面套上一頭驢，還有一位著名的智者。

著名的智者啊！我現在終於能夠完全脫去披在你們身上的獅子皮了！

這是有斑點的、兇殘的捕食者之皮膚，它是調查者、研究者以及征服者！

唉！對於我來說，要想讓我相信你們是求眞的，那麼，你們應該首先粉碎掉你們的崇敬意志。只有被上帝遺棄在荒野的人，才是眞正的求眞者。

毋庸置疑，在被太陽灼燒的黃色沙子裡，他渴望擁有豐富的泉水，生命在樹蔭下休息的小島。

但是，他的渴望並不會說服他成爲那些盡情享受的安逸者之一：因爲有綠洲的地方，同樣也會有偶像。

饑餓的、殘暴的、孤獨的、被上帝所遺棄的：獅子的意志希望如此。

脫離奴隸的快樂，從上帝和所有的崇拜中獲得救贖，無所畏懼而讓人生畏，偉大而孤獨，這就是求眞者的意志。

求眞者以及自由的思想者，他們往往是荒野的主人，他們就像荒野的領主一樣，生活在這裡；在城市裡，居住著著名的智者和饑餓的肉食者。

因爲他們總是跟驢子一樣推拉著——人民之車！

我肯定不會因爲這個原因而去責備他們：儘管他們的車具閃著耀眼的光芒，他們仍舊是爲人們服務，走在人民之車前面的野獸。

他們常常是優秀的，値得賺取薪俸的公僕。因此，道德如是說：「如果你必須要當一名僕人的話，那麼就去尋找那個能夠讓你的服務得到最大發揮的人吧！」

你主人的精神和道德，會因爲你爲他提供的服務而有所提升，那麼，你也會隨著他的精神和道德一起得到提升！

說眞的，一切著名的智者啊！一切人民的奴僕啊！你們隨著人民的精神和道德一起得到提升，人民也會因爲你而得到提升！在我看來，這是你們的榮譽！

但是，儘管擁有你們自己的道德，你們仍舊是人民、擁有盲目雙眼的人民，及對什麼是精神根本一無所知的人民！

精神就是生命對自己進行切割。生命會因爲自己所遭受到的磨難而增長知識，你們在之前不是已經了解了嗎？

精神的幸福就是被淚水所塗抹，並且被神聖化爲供奉的犧牲者。你們不是已經知道這些了嗎？

盲目之人的盲目以及他的尋找和摸索，恰恰證實了他所看到的太陽權力。你們不是已經知道這些了嗎？

擁有求知欲的人應該和山峰一起學習建築！對於精神來說，移除群山是一件輕而易舉的事。你們不是已經知道這些了嗎？

你們只看到精神的火花：但是，你們不知道精神是怎樣的一塊鐵砧以及它鐵錘的殘忍！說眞的，你們並不知道精神的傲慢！但是，如果精神的謙卑想開口說話，你們肯定更加無法容忍！

你們還從來沒有把精神扔到積滿雪的深坑裡的經歷：那是因爲你們還不夠熱！你們同樣也不會意識到涼爽帶給人的快樂。

但是，在我看來，無論從任何的角度來看，你們都讓自己和精神之間保持過於親密的關係；你們還經常把智慧當作邪惡詩人的診所和醫院。

你們並不是老鷹：因此你們永遠也不會體驗到精神恐慌所帶給你的快樂。不屬於鳥類的人，不應該在深淵之上安營紮寨。

在我看來，你們都是不溫不火的。但是，所有深奧的知識，都在冰冷地流動著。精神之水井的最深處是極其冰冷的：但是對於熾熱的雙手和勞動者來說，卻非常舒服、提神。

一切著名的智者啊！你們筆直地站在我的面前，令人肅然起敬——你們不會被任何強大的暴風或者意志所驅使。

你們還從來都沒有見到過一艘被狂風吹得帆都脹起來的船顫抖著橫越海洋吧？

我的智慧就像被精神的狂風吹得顫抖的帆船一樣，橫越海洋，我那充滿狂野的智慧！

但是，一切著名的智者啊！你們都是人民的僕人——你們又怎麼能夠跟我一同前往呢？

31 夜之歌

黑夜已經到來：所有噴泉的噴湧聲越來越響亮。同樣地，我的靈魂也是響亮的噴泉。

黑夜已經到來：現在，所有歌頌愛人的歌曲都已經被喚醒了。同樣地，我的靈魂也是一首歌頌愛人的歌曲。

我的身上有著一種從未被安撫過、從未得到平息的東西；它想要放聲表達出來。我的身上有一種對愛的渴望，它正在訴說著愛情的話語。

我就是光芒：唉！我還眞希望自己是黑夜！但是，被光芒包圍就是我的孤獨啊！

唉，我眞希望我是黑暗和黑夜！我會怎樣吮吸光芒的乳房，以此來滿足我的饑渴！

閃閃發亮的小星星和在天上散發著光芒的小蟲子啊，我會祝福你們，並且被你們光芒的禮物所祝福！

但是，我生活在自己的光芒之中，我重新吮吸從我身上爆發出來的火焰。

我並不懂得接受者的快樂；而且，我經常夢想著：偷竊應該比接受更加幸福。

我的貧窮就是我的雙手從來都沒有停止過給予；我的忌妒讓我看到充滿期待的眼睛以及渴望的光明之夜。

啊，所有給予者的不幸啊！啊，我的太陽偏食啊！啊，尋求渴望的渴望！啊，藏在滿足中的狂暴饑餓啊！

他們從我這裡得到了給予：但是，我有沒有觸碰過他們的靈魂呢？在給予和接受之間存在著一條鴻溝；最終，即使是最小的鴻溝也會被架上橋梁。

一種饑餓出現在我的美感之中：我應該去傷害那些被我的光芒照耀的人們；我應該去偷竊那些被我所給予禮物的人們——我是如此如饑似渴地想要做些壞事。

當其他人想伸出手來握住我的手的時候，我會把自己的手縮回去；我開始猶豫不決，就像傾瀉而下的瀑布一樣猶豫不決——我是如此如饑似渴地想做些壞事！

我的豐富思維策劃著如此的報復：我的孤獨產生了這樣的邪念。

我給予時的幸福會因爲給予而消亡；我的道德已經厭倦了它自身的這種豐盈狀態！

時常給予的人會處於失去他自身名譽的危險當中；因爲長期給予的人其雙手和心靈終究會因爲經常給予而生出粗糙的繭子。

我的雙眼不會再爲懇求者的羞恥而熱淚盈眶；我的雙手變得非常堅硬，不能再感受到來自施捨之人雙手的顫抖。

我的眼淚和我柔軟的內心究竟去了什麼地方了呢？啊，所有給予者的孤獨啊！啊，所有散發光芒之人的沉靜啊！

許多類似太陽的恆星會在荒涼的太空中旋轉：它們會用自己的光芒同所有黑暗的事物對話——但是對於我來講，它們都是非常沉靜的。

啊，這是光芒對於其他發光的一切的敵意：它會毫無憐憫地繼續追尋它的道路。

如果用內心的最深處去感受的話，任何太陽對於其他發光的一切，都是極其不公平的，對於其他的太陽來說是無比冷酷的——它依然如故地繼續追尋它前進的道路。

太陽就像一陣風暴一樣追尋著它們的道路：這就是它們的旅行。它們遵循著不可阻擋的意志：這就是它們的冷酷無情。

啊，只有你們，黑暗和黑夜的你們，從閃耀著光芒的事物中汲取溫暖！啊，只有你們會在光芒的乳房前吮吸安慰提神的乳汁！

啊，我的四周全是冰，我的雙手因爲極度的寒冷而開始灼燒！啊，我的內心充滿了渴望，而我的這種渴望正是渴求你們的渴望！

黑夜已經到來了：唉，到頭來，我還是要成爲光芒啊！對黑夜的渴求！對孤獨的渴求！

黑夜已經到來了：現在，我的渴望之泉正在我的體內噴湧著——因爲它要放聲高呼！

黑夜已經到來了：現在，所有的泉水的噴湧之聲愈發強烈了。而且我的靈魂本身也是一處噴湧的泉水。

黑夜已經到來了：現在，所有歌頌愛人的歌曲都被喚醒了。而且我的靈魂本身也是一首歌頌愛人的歌曲。

32 舞蹈之歌

一天晚上，查拉圖斯特拉同他的門徒們一起穿越了森林。當他尋找一口水井的時候，他點亮了被樹叢和灌木包圍起來的綠色草地，年輕的姑娘們都聚集在這裡盡情地跳舞。很快，這些年輕的姑娘們就認出了查拉圖斯特拉，全都停止了舞蹈；但是，查拉圖斯特拉用非常友好的姿態來到她們面前，並且說了以下這番話：

不要停止舞蹈，你們這些惹人喜愛的年輕姑娘們！凡是來到這裡的人，都不是敗壞興致的人，也絕不是少女的敵人。

我是站在惡魔的面前，為上帝辯護的人：但是那個惡魔卻是重壓下的精神。腳步輕盈的少女們啊！我怎麼會是神聖的舞蹈或是少女漂亮腳踝的仇人呢？

確切地說，我是介於森林和黑夜之間的黑暗之樹：但是那些並不畏懼我黑暗的人，能夠在柏樹下找到滿是玫瑰花的幽深小徑。他甚至能夠找到那些年輕少女們最喜愛的小神仙：安靜地躺在水井的旁邊，閉上了雙眼。

說真的，這個大懶鬼竟然在明亮無比的光芒下睡著了！或許是因為他曾經想要追逐太多的蝴蝶吧。

你們這些漂亮的舞者們，如果我要稍稍懲罰一下這個小神仙，請你們不要為此責備我！毋庸置疑，他會大喊，還會放聲哭泣——但是即使是他在哭泣的時候，他的臉上也會露出笑容！

他會在眼睛裡閃爍著淚珠的時候，邀請你跟他一起跳舞；而我本人則會為他的舞蹈獻上一首歌曲。

這是一首專爲舞蹈定制的歌曲，並且被那個對於我來說最高大、最強有力的惡魔，被人們稱之爲「世界的領主」的精神唱出了深深的諷刺。

這就是丘比特和年輕貌美的少女們共舞的時候，查拉圖斯特拉獻上的歌曲：噢，生命！最近我一直都在凝視著你的雙眼，而且我好像跌入了深不可測的深處。

但是，你用一把黃金的鉤子把我拉了上來；當我說你深不可測，你就會嘲笑我。

「所有的魚類都是這麼說的，」你說道，「它們自身無法預知的深度，即是深不可測。」

但是，我這個人的特點就是多變和狂野，總而言之，我是個婦女，我就是一個毫無道德的婦人：

儘管，你們這些男人稱我爲「深沉的人」，或是「非常忠誠的人」、「永恆之人」、「充滿神祕感的人」。

但是，你們男人經常把自身的道德賦予我們。唉，你們這些有道德的人啊！

她曾經嘲笑過，這簡直是讓人難以相信的；但是當她說自己的壞話時，我是永遠也不會相信她以及她的笑聲的。

當我和狂野的智慧進行面對面的交談的時候，她非常氣憤地對我說：「你要生命，渴望生命，你愛生命；綜上所述，你要讚美生命！」

我給了她一個幾乎令她惱羞成怒的回答，並且我把事實的眞相告訴這個氣憤的人。當我們把事實的眞相告訴給自己的智慧的時候，那就是惱羞成怒的答復。

對於我們來說，一切的事物都是這樣對立著的，從我的內心來看，我只熱愛生命——說眞的，當我恨她的時候，恰恰是我最愛她的時候！

但是，倘若我熱愛智慧，或者太過於熱愛智慧，那是因爲智慧讓我對生命保持著強烈的渴望！

她擁有生命的眼睛以及生命的笑容，甚至還有生命的金鉤：她們兩個是如此相像，難道我要對此負責嗎？

當生命有一次問我：「這個智慧，她到底是誰？」於是，我充滿渴望地答道：「唉！是的！智慧！」

人們渴望能夠追求她，但得不到滿足，人們只能隔著面紗注視著她，他們只能伸出手指穿過網孔才能抓住她。

她是不是很漂亮呢？我又怎麼會知道呢！但是，即使是經驗最老到的鯉魚也免不了咬住她的誘餌。

她是易變的、固執的。我經常能夠看到她在咬自己的嘴唇，並且用梳子捋順她那頭長髮。

或許，她是邪惡並且虛僞的，也許是徹頭徹尾的女人，但是當她說自己壞話時，剛好是最有誘惑力的時候。

在我說完這番話的時候，生命用充滿惡意的姿態笑了起來，並且閉上了雙眼。「你說的那個人到底是誰？」她說道，「沒準說的是我吧？」

即使你說的都是對的，但是你怎麼膽敢在當著我的面的情況下，說出這樣的話呢！現在，我懇求你說一說你的智慧吧！

唉，親愛的生命啊！你又再一次睜開了雙眼！我好像陷入了深不可測的深處。

於是，查拉圖斯特拉如是歌唱。但是，當舞蹈結束的時候，那些年輕漂亮的姑娘們都離開了這裡，他開始傷感起來。

「太陽早就已經落下去了，」最後，他說道，「青草地變得潮溼了，並且從森林裡吹來了一股涼氣。」

一個不為人知的東西站在我旁邊，沉思地注視著我。什麼！你還活著，查拉圖斯特拉？為什麼要生存下來呢？你能從此獲得什麼好處嗎？靠什麼生活呢？方向在哪呢？究竟應該如何生活呢？依舊選擇生活下去，難道不是非常愚蠢的做法嗎？

唉，我的朋友們，這是夕陽在對我進行嚴刑拷打。請原諒我的悲傷！

夜晚已經來臨了。請原諒我吧！夜晚已經來臨了！

33 墳塋之歌

「那裡是墳塋之島，那是個非常寂靜的地方；在那裡，同樣也有屬於我的青春的墳塋。我經常會帶著一個四季常綠的生命花圈去那裡。」

因此，我在心中下了決心，我要漂洋過海來到墳塋之島。

噢，屬於我青春的景象和幻想啊！噢，生命的微光啊，那神聖的、稍縱即逝的微光啊！你們怎麼能這麼快就消逝呢！現在，我正思念著你們，就如同我在思念那些逝去的人一樣。

我最摯愛的死去的人啊，一種甜蜜的、讓人敞開心扉，並且融化心靈的香氣向我飄了過來。說眞的，它讓孤獨的遠航者驚顫和釋懷。

我依舊是那個最富有的、最受到人忌妒的人。我這個無比孤獨的人啊！因爲，我曾經占有過你們，你們也依舊占有著我。那麼請告訴我：這樹上的金色蘋果，是否像爲我落下的一樣，也爲別人落下過呢？

我仍舊是你們愛的繼承者和遺產，噢，我最摯愛的，我會讓你的記憶裡盛開色彩鮮豔的道德野花！

唉，那些珍奇和古怪的奇物啊！我們生來就應該彼此緊靠在一起，當你們靠近我和我的渴望的時候，並不像膽小的鳥——而是像擁有信仰的人走向能夠被相信的人一樣！

是的，就像我一樣，你們同樣也是由忠誠和愛的永恆製造而成的，難不成我現在要爲你們的背信棄義而另外給你們取新的名字嗎？神聖的閃光和稍縱即逝的微弱之光啊：我還從來都沒有學過其他的名字呢。

說眞的，你們這些逃亡者啊，你們死得太快了。但是，你們從來都沒有逃避我，我也從來都沒有逃避過你們：存在於我們之間的背信棄義是非常無辜的。

鳴唱著歌曲的，我的希望之鳥啊！他們爲了殺害我，不惜將你們勒死！是的，惡意與怨恨總是將弓箭瞄準我最摯愛的你們——用來打擊我的心！

而且，它們打中了！因爲，你們永遠都是我最摯愛的，我的占有物和被占有物：所以從這些方面來講，你們不得不過早地死亡！

它們將手中的箭射向了我最容易受到傷害的地方——向你們這些嬌嫩並且稍縱即逝的微笑，射出了它們的弓箭！

但是，我會對我的敵人們說出這句話：將殺人罪同你們對我所做的一切相比較的話，又算得上是什麼大事呢！

你們對我所做的一切邪惡的事情，勝於所有的殺人罪行：你們從我這裡奪去的是無法彌補的——因此，我要對你們說，我的敵人們！

殺掉你們並不是我青春的幻想和最摯愛的奇蹟！你們將我的玩伴從我的身邊帶走，受到祝福的精神！爲了紀念他們，我將這個花環和這個詛咒都保存起來。

對你們使用的詛咒，我的敵人們！你們就像讓一塊石頭在冰冷的黑夜裡消失一樣，讓我的永恆變得短暫！閃耀著光芒的神聖眼睛，向我走來幾乎是不可能發生的——這就好像是稍縱即逝的微弱光芒般！

我的純淨曾經在充滿了快樂的一個小時裡說道：「一切的神聖都將歸我所有。」然後，你們跟汙穢的幽靈一起縈繞在我的頭頂。唉，曾經的快樂時光，現在早已逃之夭夭了！

「每時每刻，神聖都歸我所有。」曾經，我青春的智慧如此說道。說眞的，這就是令人愉悅的智慧語言！

但是，你們這些敵人們盜走了我的黑夜，並且將它們賣給了徹夜不眠的苦難：唉，曾經的快樂智慧，現在也已經逃之夭夭了嗎？

曾經，我非常渴望快樂的支持：然後，你們指引一個馴養貓頭鷹的人穿越我的道路，這是一個非常對立的標誌。唉，無論何時，我都要懷有脆弱的憧憬，然後再逃之夭夭嗎？我曾經發誓放棄所有令人厭惡的事物：然後，你們將我身邊以及離我最近的事物都變成了腐爛的汙穢。唉，難道我要許下最高貴的願望，再逃之夭夭嗎？

曾經有那麼一次，我就像一個盲人一樣，走在被祝福的道路之上：然後，你們在盲人行進的道路上扔下了很多汙穢之物：現在，他對過去的道路感到非常的厭惡。

當我完成了最艱巨的任務，並且開始慶祝我的勝利的時候，你們讓那些愛我的人們大聲叫喊著：我是最令他們感到悲痛的人。

說眞的，這些從來都是你們的所作所為：你們讓我最好的蜂蜜變質，這極大地浪費了我這最出色之蜜蜂的辛勤工作。

你們總是把最厚顏無恥的乞討者送到我的慈善中心來，你們讓最無可救藥的無恥之徒將我的憐憫之心團團圍住。然後，你們傷害了我的道德信仰。

當我把最神聖的供品獻上祭壇的時候，你們的「虔誠」立刻就將它奢華的禮物放在邊上。這樣一來，我最神聖的供品就會在你們那濃厚的煙霧中被嗆得喘不過氣來。

曾經，我特別想跳舞，因爲我從來就沒有跳過舞：我想在所有的藍天之上跳舞。然後，你們就會引誘我最喜愛的吟遊詩人。

而現在，他唱起了一支令人汗毛直豎的沉悶曲子。唉，他就像在我耳邊吹起憂傷的號角一樣！

兇殘的歌手、惡魔的工具，最無辜的你啊！我已經準備好跳最華美的舞步了：然而，你的音調扼殺了我的狂熱！

我只有在跳舞的時候，才懂得最高尚之物的寓言。現在，最重要的寓言依舊保存在我的四肢內，隻字未提！

我的最高希望仍舊保持著未被說出、未被發現的狀態！關於我青春的所有形象和所有安慰全都消失了！

我要如何承受這些呢？我要如何在這樣的傷口之下倖存並且克服它呢？我的靈魂究竟要怎麼做才能再一次從墳塋裡屹立而起呢？

是的，對於我來說有些事情是無懈可擊的，它是無法被掩蓋的，甚至是可以將岩石撕成碎片的事物：它就是所謂的我的意志。它一直沉默寡言、一成不變地度過了很多年。

我那古老的意志，它依靠我的腿走在我的道路之上；它的本性是冷酷無情的，不會受到傷害的。

我的全身只有腳後跟是最有可能受到傷害的。你，我忍耐的意志啊，一成不變地存在著！你已經從所有的墳塋裡找到出路了！

在你的內心中還存在著我尚未實現的青春；你就像生命和青春一樣充滿了希望，坐在墓地黃色的廢墟之上。

是的，你一直都是我所有墳塋的破壞者：我的意志，我向你致敬！只要是墳塋存在的地方，就會有復活。

查拉圖斯特拉如是歌唱。

34 超越自我

你們這些最聰明的智者們，你們稱激勵你們、燃燒你們的激情是「尋求事實眞相的意志」嗎？

我卻要稱你們的意志爲能夠理解世間萬物的意志！

你們想讓在世間存在的萬物都能夠被理解，因爲你們有著很好的理由去懷疑世間萬物是早就可以被理解了。

世間的萬物都會屈服於你們！你們的意志如是。

它應該變得畢恭畢敬，並且服從於精神，就像精神的鏡子和影像一樣。

這就是你們整個的意志，你們這些智者們的權力意志；即便是你們談及善與惡以及價值的評定的時候也是如此。

你們依舊可以創造一個自己可以對其屈膝下跪的世界：這就是你們終極的希望和最後的心醉神迷。

毋庸置疑，愚昧無知的人，也就是民眾——他們就像是在一條河上漂浮的小船：在那條小船上，莊嚴肅穆的價值評估將自己僞裝起來，端坐在那上頭。

你們曾經把你們的意志和評估置於小河之上；被民眾給予肯定評價的善與惡，在我看來，就是一個古老的意志。

啊，你們這些聰明的智者啊！你們將這樣的客人放在這條船上，並且用奢華的裝飾品和令人引以爲豪的名字對他們進行喬裝打扮——你們和你們的統治意志！

現在，這條河正在推著你們的小船向前進：這條河必須承載著它。就算是大浪吐著泡沫，憤怒地撞擊著小船的龍骨，又算得了什麼呢！

你們這些聰明的智者們，對於你們來說，眞正危險的並不是河流以及你們的善與惡的終結，而是意志本身、權力的意志——永不知疲倦、具有創造性的生命意志！

但是，我想讓你們了解我的善與惡的說教，爲了能夠達到這一目的，我會將關於我生命之教義以及所有生命形式的本性之教義告訴你們。

我曾經跟蹤考察過生命形式的本性；在寬寬窄窄的道路上前行，跟隨它們，了解它們的本性。

我用一百面鏡子，攔截生命的視線，當它把自己的嘴巴閉上的時候，它的眼睛就會開始跟我說話。而且，它的眼睛曾經跟我說過話。

但是，無論我在哪裡發現了生物，我總是能夠聽到關於服從的話語。所有的生命形式都必須服從。

這是我聽到的第二件事：倘若不想服從於自己，那就要聽候別人的命令。這就是所有生命形式的本性。

然而，我聽到的第三件事就是命令要比服從困難得多。而且，產生這種情況的原因，並不是因爲命令了別人要承擔所有服從者的負擔，而是因爲這種負擔或許會把他壓垮。

而且，對於我來說，所有的命令都是一種嘗試以及一種風險；當生物發布命令的時候，他就要冒著生命之風險。

是的，即使當他命令自己的時候，他也必須爲這樣的命令而付出相應的代價。他一定會成爲自己法律的法官、報仇者和受害者。

爲什麼會發生這樣的事？我曾經問過自己。究竟是什麼說服生物去服從、去命令，甚至服從命令的呢？

偉大的智者們啊！請聆聽我的話吧！認眞地考察，我是否已經深入到了生命本身的核心部分，並且到了核心的根基！

無論我在何地發現生物，我都能在那裡找到權力的意志；我甚至在服從者的意志當中，發現了要想成爲主人的意志。

弱者的意志說服了弱者自身，讓他爲強者服務，與此同時，這種弱者的意志還想要成爲比他更加弱小的意志的主人。這是他不願意放棄的唯一快樂。

弱者向強者投降，以此獲得統治更弱者所帶來的快樂；同樣地，弱者順從於他的權力意志，並且爲了權力不惜付出生命的代價。

冒著風險和拿死亡當賭注就是強者的屈服。

只要有犧牲、服務和愛凝視的地方，就會有想成爲主人的意志。弱者會通過旁門左道悄悄地進入強者的堡壘以及心裡，並且偷走力量。

這是生命曾經跟我說過的一個小祕密。「看啊，」他說道，「我必須要經常超越自己。」

毋庸置疑，你們管這個叫具有創造性的意志，或是追求一個更高、更遠、更加複雜多樣的目標衝動：不過這些都只是一件事，都是相同的祕密。

我寧可選擇死，也不會跟這樣的事物脫離關係，說眞的，有屈服和樹葉飄落的地方，就會有爲了權力而犧牲自己的生命！

我一定要努力成爲爭鬥、變化的目的，和目的之對立面——唉，誰能夠猜出我的意志，那麼他一定也可以猜出它遵循著的崎嶇道路！

無論我創造出了什麼東西，我會如何去愛它——很快地，我就會成爲它的對手以及我愛的對手：我的意志要我如是。

你們這些求知者，不過就是我意志的一條道路和足跡：說眞的，我權力的意志也會跟隨在你們眞相意志的後面！

那些說著「存在的意志」的人，是不可能發現眞理的，那樣的意志根本就是不存在的！因爲不存在的事物無法擁有意志；但是，那些本來已經存在的事物，爲何還要努力追求存在呢？

只有存在生命的地方，才會存在意志，但是這種意志不是生命的意志，讓我告訴你們，那是權力的意志！

許多事物都被生物看作是比生命更加高級的存在。這種辨別就是權力的意志發揮了作用！

曾經有一天，生命教育了我。啊，聰明的智者們啊！我要用生命教育我的方式來解決你們心中的謎題。

說眞的，我要對你們說：處於永恆不朽的善與惡——那是不存在的！憑藉善與惡自身的意願，他們要時常超越自己。

你們這些利用善與惡的價值和慣例施展你們權力的評價者們：這是你們祕密的愛以及你們靈魂的光芒、震顫和氾濫。

但是，從你們的價值裡，會出現一個更加強大的權力，一個全新的自我超越：它會破殼而出。

說眞的，那個創造了善與惡的人，必將要首先成爲一名破壞者，將價值打得粉碎。

所以，最強大的惡也是最大的善的一個組成部分，但是這就是具有創造性的善。

讓我們好好談談吧，聰明的智者們，儘管談話是一件不好的事情，但是保持安靜要比談話更加糟糕；所有被隱藏的眞相都會成爲毒藥。

讓我們的眞理將一切能夠被打碎的東西都打碎吧！還有很多房子等待著被建設呢！

35 崇高者

我的海底非常平靜，有誰會知道，在它的下面藏有滑稽可笑的怪獸！

我的深度是不可動搖的，在水中暢遊的謎團和笑聲卻在散發著光彩。我今天看到了一位崇高並且嚴肅的人，他是精神的懺悔者：噢，我的靈魂在嘲笑他的醜陋呢！

他挺起了胸膛，就好像在大口地呼吸一樣：這個高尚的人，就這麼安靜地站著。

在他的身上懸著很多醜陋的眞相，那都是他捕獵獲得的戰利品，他穿著破破爛爛的衣服，上面還有很多刺，可是我沒有看到玫瑰花。

他還沒有學到微笑和美貌。這位捕獵者憂鬱地從知識的森林裡走了出來。

在和兇猛的野獸進行搏鬥之後，他回到家。但是，在他的嚴肅裡還存在著另一頭狂野的野獸，那是一頭從沒有被征服過的野獸！

他就像一頭隨時準備跳躍的老虎一樣站在那裡，但是我並不喜歡那些令人緊張的靈魂，而且我還討厭他們一切以自我爲中心的態度。

朋友們，我懇請你們告訴我，品位的談論是不存在爭端的吧？但是，整個的生命就是品位的爭論！

品位：與此同時，也是重量、天平以及掌權者；任何生命要想生存，而不是爲了重量、天平以及掌權者而爭論是非常悲哀的！

他應該會對他的高尚感到厭倦，這位高尚的人只有到了那個時候，他的美貌才會眞正開始。只有到了那個時候，我才會喜愛他，並且開始認爲他能夠迎合我的口味。

只有當他背叛自己的時候，他才能跳過屬於他自己的陰影——眞的，跳進他的太陽裡。

他在樹蔭下坐了太長的時間了；精神的懺悔者的臉頰開始變得蒼白；他幾乎在他的期待中被活活餓死。

他的眼睛中仍舊帶有輕蔑的眼神，他的嘴唇裡隱藏著厭惡。毋庸置疑，他現在正在休息，但是，他還是沒有在太陽光的下面休息。

他應該像一頭牛一樣，他的幸福快樂應該有泥地的味道，而不是輕蔑泥土的味道。

我特別喜歡看見他像一頭白色的牛一樣，在犁前低著頭，發出哼哼的聲音，而他的喘氣聲同樣也應該是讚美大地的一切！

他的面容仍然是黑色的，他雙手的影子映在臉上。他的眼神仍舊隱藏在陰影之中。

他自己的所作所爲仍舊是籠罩在他的陰影之下：他的行爲掩蓋了他這個人。但是，他還未曾克服他自身的行爲。

毋庸置疑，我喜歡他那類似公牛的肩膀，但是現在，我想看到天使的眼睛。

同樣地，他應該忘卻他英雄般的意志。他應該不僅僅成爲一名品德高尚的人，而且還是一個被高高舉起的人——乙太應該可以抬高他，這個沒有意志的人！

他曾經馴服過野獸，曾經解決過難題。但是，他同樣應該救贖他馴服過的野獸和解決過的謎題，並且將它們改造成如天使一般的孩子。

然而，他還沒有學會該如何微笑，也沒有學會該如何忌妒：他的激情之流還沒有在美貌中平靜過。

說眞的，他的渴求不應該在滿足中，而應該在美的境界裡停止以及消失。憐憫是慷慨之人的寬宏大量。

他將自己的手交叉放在頭上：英雄應該休息；同樣，他應該克服他的休息。

但是準確地說，對於英雄而言，美是世界上最難的事。任何滿腔熱血的意志都無法得到它。

或多，或少：在這裡已算過分了，在這裡已算是超級厲害了。

高尙的人啊！和進行放鬆、休息的肌肉以及未被利用的意志站在一起：這對於你們來說，是最難的事。

當力量變得高尙，並且下降到人們可以看見的程度，我會將這種屈尊的態度稱爲美。

我會向你們這些有權力者無比熱情地要求美，讓你們的善意成爲你們最後的自我戰勝吧。

我相信你會做任何邪惡的事情：因此，我強烈渴望你成爲善良的人。

說眞的，我經常恥笑那些因爲腳瘸了就稱呼自己是善良的弱者！

你應當努力學習柱子的美德：它升得越高，越漂亮和優雅，它內在的抵抗力就會越來越強大。

是的，這些高尚的人啊！有一天，你們也會變得漂亮，並且舉起鏡子，照著自己的美貌。

然後，你的靈魂就會因爲神聖的渴望而變得蠢蠢欲動，在你的浮誇當中甚至還存在有崇拜！

這就是靈魂的祕密：當英雄將靈魂拋棄之後，只有超級英雄會在夢裡，悄然接近他。

36 文化之邦

我在文化的世界裡飛得太遠了，一種莫名的恐懼抓住了我。

當我環顧四周的時候，看呀！時間才是我獨一無二的同代者。

然後，我開始向後飛，朝著家的方向飛——我加快了飛翔的速度。今天的人們啊！我來到了你們的身邊，我來到了文化之邦。

這是我有生以來第一次用溫和的眼睛以及誠摯的渴望來看望你們：說眞的，我是帶著無比渴望的內心來到這裡的。

但是，在這之後又如何呢？儘管我非常恐懼，我實在控制不住自己笑了出來。我的眼睛從來都沒有看到過如此這般被顏色點綴的事物！

我一直在哈哈大笑，與此同時，我的雙腳和我的內心仍舊在顫抖著。「這裡竟然是所有帶顏料的瓦罐的故鄉！」我說道。

今天的人們啊！你們的面孔和四肢都被塗抹成了各式各樣的色彩，我無比驚訝地看著你們坐在那裡！

在你們的四周有五十面鏡子，它們在奉承並且反覆地呈現你們顏色之戲劇！

說眞的，再好的面具也無法勝過你們的面孔，有誰能夠認出你來嗎？

在你們的身上記錄著來自過去的記號，而這些記號又被新的記號覆蓋了——因此，你們能夠很好地躲過任何破解密碼之人的調查！

儘管有人會去調查內臟，但是，你們能夠讓誰相信你們還擁有內臟呢？

你們看起來好像是被顏料和膠合碎片烘烤而成的。

每個時代的人民都是在你們那夾雜著各樣顏色的面紗中偷偷地注視著的；所有的習俗和信念都在你們的手勢裡交談著。

那個摘掉你們面紗、裹布、顏料和手勢的人，必定會在他的面前發現能夠嚇跑烏鴉的東西。

說眞的，我就是那個所謂能夠嚇跑烏鴉的東西，我曾經看見過你們的赤身裸體，身上毫無色彩；當這具骸骨對我眉目傳情的時候，我趕緊跑掉了。

我寧願在一個地下的世界以及早已逝去的靈魂中當勞工！因爲生活在那裡的人們，其內容要比你們更加豐富！

今天的人們啊，我內心的悲痛就是：我既無法容忍你們赤身裸體，也無法容忍你們穿上衣服！

說眞的，未來令人不安的焦慮以及讓迷路的鳥兒戰慄的事物，都要比你們所謂的「實在」讓人心安和熟悉的多。

因爲你們如是說：「我們就是澈澈底底的實在，我們沒有信仰也沒有迷信。」你們就這樣塞滿了自己的嘴巴，沒有吞咽的咽喉！

的確，你們這些塗抹顏色的人，怎麼能夠相信呢！你們是所有信仰的圖畫！

你們是信仰的反證以及所有思想的混亂錯位。你們這些眞實的人，我要稱呼你們爲不可信者！

任何的時代都會在你們的精神當中互相謾晰；即使是任何時代的夢想和謾晰也要比你們蘇醒著的理智更加眞實！

你們是無法生出孩子的：你們缺乏信仰。被創造出來的人總是有預感的夢想以及靈魂世界的徵兆——並且他對信仰深信不疑！

你們就是半開著的大門，而挖掘墓穴的人就等在外面。這就是你們的實在：「任何事物都值得被毀滅。」

唉，無法生育的人啊，枯瘦的骸骨啊！你們就站在我的面前，在你們當中想必一定有不少有自知之明的人吧！

他說：「我很確定，神趁我睡覺的時候，偷走了屬於我的東西。說眞的，他偷走的那些東西都足以製作一個女孩了！」

「我枯瘦的骸骨眞是令人驚訝啊！」很多今天的人們說道。

是的，今天的人們啊！你們讓我發笑！特別是當你們自己都覺得驚訝的時候！

如果我不能笑話你們的自我驚訝，並且不得以吞掉你們盤子裡那令人作嘔的液體的話，那我就太悲哀了！

但是，我會輕輕地承載著你，因爲，我承擔著沉重的負擔；如果蜜蜂和小蟲子同樣降落在我的肩膀上，那又算得了什麼呢？

說眞的，我的肩膀並不會因爲這樣而變得更加沉重！今天的人們啊！你們並沒有爲我帶來最大的疲倦。

唉，我現在還要和我的渴望一起攀爬呢！我會從所有的山峰上尋找故鄉。

但是，無論身處何地，都無法找到我的故鄉：所有的城市都是我旅途中的一部分，所有的大門都是我旅行的起點。

就在剛才，我的內心將自己拋給現在的人們，現在，他們只是一些能夠逗我發笑的陌生人而已。我被故鄉驅逐出來了。

因此，我只愛我孩子們的故鄉以及在最遙遠的海洋裡未被人們探索到的地方：我命令帆船永遠在海上探索。

身爲我祖先們的子民，我要向他們贖罪，並且，我要用所有的未來，贖回所有的現在！

37 無瑕的知識

當昨天夜晚的月亮出來的時候，它在地平線上是那麼的寬廣、富饒，我猜測，它好像要誕生一個太陽一樣。

但是，其實它是在用它的懷孕說謊；很快，我開始相信在月亮上是男人而不是女人。

毋庸置疑，這種膽小的夜晚，狂歡者絲毫沒有一點兒男子氣概。說眞的，他帶著一種極其糟糕的心態經過屋頂。

因爲這個月亮中的修道士非常貪婪並且忌妒心很強，他貪圖得到大地和愛人的所有快樂。

不，我並不愛他，那只屋簷上的貓！我非常討厭那些在半開窗戶外偷看的傢伙！牠會虔誠地、靜悄悄地走過由星星織成的地毯：但是，我討厭那些走路不留痕跡，也不使用叮噹作響的人們。

每一個誠實者的步伐都有聲音，但是貓卻用偷偷潛入的方式走在地面上。瞧呀！月亮就像那只貓一樣，不正經地走來了。

多愁善感的僞善者，「找尋純眞的求知者」！我將這個比喻給予你們。我稱你們爲貪婪的肉欲者！

你們同樣也熱愛著大地和大地的一切，我曾經預言過！但是你們的愛當中存在著羞恥以及糟糕的心境，你們就像是月亮一樣！

人們勸說你們，讓你們的精神輕視大地的一切，但是，他們無法說服你們的內臟。然而，這些內臟正是你們體內最強大的東西！

現在，你們的精神會因爲你們的內臟服務而感到恥辱，它一定會利用旁門左道逃離自身的恥辱。

「這對於我來說是最爲高尚的事情。」你們說謊的精神對你們如是說道，用沒有期待的目光，而不是像將舌頭伸在外面的狗一樣注視著生活。

在注視的過程中享受快樂，只有死亡才能擺脫束縛以及自私的貪婪。冷淡和灰色覆蓋全身，那令人如痴如醉的月亮眼睛！

「這對於我來說是最爲摯愛的事情」——因此，勾引別人的人會勾引他自己——就像月亮喜愛大地一樣熱愛它，它的眼睛只能感受到它的美。

我會把這個叫作所有事情的無瑕感知：不想從它們那裡獲得任何東西，只好躺在它們的旁邊，就像擁有一百個面的鏡子一樣。

噢，你們這些敏感的僞善者！你們這些貪婪的人們！你們的渴望中缺乏純眞：現在，你們因爲這樣的情況誹謗自己的渴望！

說眞的，你們對於大地的熱愛還不及喜歡創造的創造者和生育者！

純眞何在？純眞就是對生育渴望的地方。對於我來說，誰能夠創造出高於自己的生命存在，那麼他就擁有最純眞的意志。

美何在？美是一個我必須要用自己全部意志去追求的地方，在那個我想要愛和消亡、一個形象將不僅僅只是一個形象的地方。

愛和消亡：它們自始至終都是押韻的。尋求愛的意志：就是隨時準備接受死亡的意志。懦夫們，我向你們如是說！

但是，你們認爲你們那柔弱的目光是「沉思」！所有受到懦弱者目光的檢查都被稱作是「美」！噢，你們是高貴名字的玷汙者！

無瑕的學者啊！純粹的求知者啊！永遠無法生育後代就是你們得到的詛咒，儘管你們鼓著肚子，像懷孕一樣躺在地平線上！

說眞的，你們滿嘴都是高尚的語言：你們迫使我們相信，你們的心靈是充實的，你們這些騙人的傢伙啊！

但是，我的語言是粗糙的、不值一提的、結結巴巴的語言：我非常喜歡撿起從你們的盛宴的桌子上掉落的食物。

我仍舊可以用這個把眞相告訴僞善者！是的，我的魚骨頭、貝殼以及冬青葉，都應該讓你們的鼻子感到奇癢無比，僞善者啊！

圍繞在你們和盛宴周圍的空氣總是非常渾濁：你們貪圖肉欲的思想、謊言以及祕密全都隱藏在這渾濁的空氣當中！

首先敢於相信——你們自己和內部器官吧！那些不相信自己的人永遠都是誑語者。

你們這些「純潔的」人們啊，將一個上帝的面具懸掛在你們的面前，那令人憎惡的蛇就在上帝的面具裡盤旋著爬行。

說眞的，沉思者們，你們還眞是很擅長欺騙啊！甚至是查拉圖斯特拉，曾經也被你們那神似上帝的外表所蒙蔽；他並沒有猜到究竟是什麼樣的蛇被塞進這個上帝的面具裡。

純粹的求知者啊！我曾經在跟你們玩遊戲的時候看見了一個上帝的靈魂，我從沒有見過比你們的僞造更加出眾的藝術！

我們之間的距離爲我隱藏了毒蛇的汙穢以及惡魔的氣味，隱藏了潛伏在那的一個蜥蜴之肉欲的陰謀詭計。

我走近你。緊接著，白天爲我到來了。而現在，它也爲你們到來了，月亮的愛情往事終究是要有結局的！

看看這裡吧！它站在紅通通的黎明面前，震驚得臉色蒼白！因爲閃耀著光芒的夏日已經來了，它對於地球的愛也已經到來了！太陽所有的愛就是純真和具有創造性的渴望！

看看這裡吧！黎明是多麼迫不及待地跨越海洋！你們難道沒有感覺到它愛的渴望以及熾熱的喘氣嗎？

它想要吮吸海水，並且將海水的深度轉變成它的高度。與此同時，海洋的渴望創造了數以千計的乳房。

因爲大海願意被太陽的渴望親吻和吮吸，它想要成爲空氣、高度以及光明的路線，甚至變成光明！

說眞的，我就像太陽那樣，熱愛生命以及所有幽深的海洋。

而我稱這個爲知識——所有的深度都會上升到我的高度！

38 學者

當我昏昏欲睡的時候，一隻山羊開始吃戴在我頭上的常春藤花冠。它邊吃邊說：「查拉圖斯特拉已經不再是一名學者了。」

那只山羊說完這些之後，便用笨拙和驕傲的步伐揚長而去。這些都是一個小朋友告訴我的。

我非常喜歡躺在這裡，小朋友們在殘破牆壁旁的薊草與紅罌粟裡嬉戲玩耍的地方。對於小朋友們和薊草、紅罌粟來說，我仍然是一名學者，即使是他們在做壞事的時候，依舊是純眞的。

但是對於山羊來說，我已經不再是一名學者了，我的命運要我如是。那麼，就讓這個命運被祝福吧！

因爲這就是眞相：我已經離開了學者的家，而且，狠狠地關上了我背後的大門。

我那饑餓的靈魂已經在他們的餐桌邊坐太久了。我對於調查研究的態度跟壓碎堅果的態度並不一樣。而他們正如是。

我非常熱愛自由以及新鮮土壤上方的空氣；我寧願酣睡在牛皮之上，而不是在他們的榮耀和尊嚴之上。

我因爲自身思想的緣故，灼燒了自己，它們經常奪走我的呼吸。然後，我就會跑到戶外，遠離所有落滿灰塵的房間。

但是，他們表情冷漠地坐在涼爽的樹蔭下。無論他們來到什麼地方，他們都只想當一名旁觀者，而避免坐在被太陽光照射的石階上面。

他們就像那些站在街道上，張著嘴看著過往的行人的人們。他們就這麼等候著，張大了嘴巴瞧著別人的思想。

誰用手觸碰他們，他們就像裝著麵粉的袋子一樣，不自覺地揚起一片灰塵：但是有誰能夠猜到他們的灰塵到底是來自穀物裡，還是來自於夏日菜田的收成快樂呢？

當他們自認爲非常聰明的時候，那些瑣碎的話語和眞相會讓我汗毛直豎：在他們的智慧當中往往會有一種來自泥沼的氣息；說眞的，我甚至從他們的智慧裡聽到了青蛙呱呱叫的聲音！

他們非常聰明，擁有非常靈巧的手指。我的單純質樸和他們的複雜多變之間存在著什麼關係呢？他們的手指懂得抽線、打結與紡織：因此，他們能編織出精神的長筒襪！

他們都是非常出色的鐘表，如果有人可以適當地幫他們擰緊發條！那麼，他們會絲毫不差地指示出時間，並且會發出謙卑的滴答聲。

他們就像磨盤和碾子一樣工作著，向他們的身上噴灑玉蜀黍的種子！他們非常了解該如何磨碎小的穀物，並且將它們變成白色的粉末。

他們非常擅長觀察彼此的手指，且彼此之間不存在任何的信任。他們設計了一些很小的陰謀詭計，他們的知識全靠跛腳行走，就像是蜘蛛一樣在此靜候著。

我看到他們總是小心翼翼地準備著毒藥；並且用玻璃質地的手套保護著雙手。

他們還知道該如何玩假的骰子。我經常能夠看到他們饒有興致地玩著，他們因此而汗如雨下。

我和他們之間並不認識，而且他們的道德讓我感受到的厭惡更甚於我對他們的虛僞和虛假骰子的厭惡。

當我跟他們在一起生活的時候，我居住在他們的上面。因此，他們都非常討厭我。

他們不希望聽到任何人在他們的頭頂上走動。所以，他們在我和他們的頭頂之間擺放了一些木頭、土壤和垃圾。

的確，他們把我走路發出的聲響全都隔絕了。到現在爲止，最著名的學者還未曾聽說過我的名字。

他們在我和他們之間，擺放了所有人類的錯誤和弱點——他們把這個稱之爲房子的「虛假的天花板」。

但是，不管怎麼樣，我用我的思想走在他們的頭頂之上；我甚至應該用我自身的錯誤走在他們的頭頂之上，那仍舊是在他們的頭頂之上。

因爲人與人之間是不平等的，正義如是說。而我所想要做的事，他們沒有支配的權力！

39 詩人

「自從我更加全面地了解了人類的身體之後，」查拉圖斯特拉跟他的一個徒弟說道，「精神對於我來說，就只是某種象徵意義上的精神。所有的不朽，也僅僅是一個明喻。」

「我在之前曾經聽你們說過，」查拉圖斯特拉的徒弟回答道，「隨後，你又說道：『但是，詩人們太善於說謊了。』爲什麼你要說詩人們太善於說謊呢？」

「爲什麼？」查拉圖斯特拉說道，「你問我爲什麼？我並不是那種隨便被人們問爲什麼的人。」

難道我的經驗都只是來自昨天嗎？在很長的時間裡，我用自己的想法驗證過我的理論了。

難道我必須得是一個記憶之桶，以便爲自己留下很多的理由嗎？

對於我來說，我無法爲自己留住想法和論據；很多鳥兒都展翅高飛了。

有些時候，我會在鴿房裡發現一隻迷路的小鳥，由於牠根本就不認識我，所以，當我把手放在牠的身上的時候，牠會全身發顫。

但是，查拉圖斯特拉曾經跟你說過什麼嗎？說詩人們太善於說謊了？——可笑的是，查拉圖斯特拉本人也是一位詩人。

你是否相信他說的這些是眞實的？爲什麼你要相信這些呢？」

查拉圖斯特拉的徒弟回答道：「我相信查拉圖斯特拉。」但是，查拉圖斯特拉微笑著搖了搖頭。

他說道：「信仰並不能使我得救，至少對於我而言信仰是這樣。」

但是，假設有人非常嚴肅地說道詩人們非常善於說謊，那麼他說的是眞的——我們確實太善於說謊了。

我們知道的太少，我們都是愚笨的學習者：所以，我們不得不說謊。

在我們這些詩人當中，有誰沒有僞造過他的紅酒？許許多多的毒液都儲存在我們的地窖裡：很多無法用語言來形容的事情也都是在這裡完成的。

因爲我們知道的太少，因此，我們發自內心地喜愛那些瘋癲的人，尤其是那些瘋癲的年輕女人們！

我們迫切地想要知道老年婦女們在晚上彼此講述的故事，我們管這個叫作我們身上永恆的女性氣質。

好像有一條特殊且通向知識的祕密通路，而這條道路不會讓任何擁有學識的人通過，所以，我們要相信民眾和他們的「智慧」。

但是，所有的詩人們都相信：無論是誰豎起耳朵躺在草地上或是荒涼的斜坡之上，都能或多或少學到一點藍天和大地之間的事情。

如果他們能夠得到溫柔的情感，那麼，他們往往會相信大自然也在愛著他們：

他們相信大自然會悄然來到他們的耳邊，低聲地道出祕密和情話：他們在所有的凡人面前引以爲豪，引以爲榮！

啊，藍天和大地之間有著這麼多的事情，卻只有詩人們夢想過！

特別是天上的事情，因爲所有的神仙都是詩人的象徵和創造！

說眞的，我們總是被帶往高處，即雲朵的國度。

在那裡，我們能夠擺放豔麗的木偶，並且管它們叫作神靈和超人。

它們夠輕，能夠坐在這樣的位子上！這些神靈和超人們！

唉，我多麼厭倦所有不充分而被堅持稱爲眞實的東西！

唉，我應該如何厭倦那些詩人們呢！

當查拉圖斯特拉說完這些話的時候，他的徒弟對此表示非常不滿，但是他還是默不作聲。而查拉圖斯特拉同樣一言不發；他將目光移向內部，就好像目視著遠方一樣。最終，他歎了口氣。

「我屬於今天和過去，」他隨後說道，「但是我的身上擁有著屬於明天、後天以及未來的事物。

我厭倦老的和新的詩人。對於我而言，他們都太過膚淺了，全都是沒有深度的海洋。」

他們並沒有深入地思考過，因此他們的感覺並沒有達到最深處。

一點點淫樂，一點點沉悶，這些就是他們最好的沉思。

對於我來說，他們豎琴的聲音只不過是鬼魂的喘息以及飛奔；直到現在，他們還能從聲音的狂熱中了解些什麼呢？

對於我來說，他們並不是足夠純潔的。他們會攪混水，以此讓它看上去更加幽深。

他們心甘情願被認爲是矛盾調解人，但是我認爲他們是中間人、攪局者以及不純潔的人！

啊，我的確在他們的海洋裡撒下了我的網，我的本意是要在他們的海洋裡抓到大魚；但是，我總是抓到一些古老神靈的頭顱。

因此，大海把一塊石頭贈予饑餓之人。就好像他們自己也是來自於這片大海。

人們能從那裡面發現珍珠，這一點也不假：所以，這讓他們看上去更像是質地堅硬的貝類軟體動物。我經常發現，在他們的身上，鹹的軟泥已經被靈魂所替代。

同樣地，他們還從海洋那裡學到了虛榮。難道海洋不是所有孔雀當中最虛榮的嗎？即便是在最醜陋的水牛面前，它也會伸展開尾巴，絕不會對展開銀絲的花邊扇感到厭煩。

水牛用充滿蔑視的眼光注視著，它的靈魂靠近了沙子，靠近叢林，更靠近沼澤。

美、海洋和孔雀之屏對水牛來說，又算什麼呢？這就是我講述給詩人的寓言故事。

說眞的，他們的精神本身就是所有孔雀之中最虛榮的，它是虛榮之海！

詩人的精神需要觀看者，他們就是水牛！

但是我開始對這種精神感到厭倦，我感覺他們對自己感到厭倦的時候也已經到來了。是的，我曾經看到過詩人發生了改變，詩人們將目光轉向了自己。

我已經看到詩人的懺悔者出現了，他們就是從詩人們中產生的。

40 大事件

在海洋中有一座島嶼，它距離查拉圖斯特拉的祝福之島並不遙遠。在那個小島上面有一個總是冒著煙霧的火山。據那個小島上面的人，尤其是他們當中的老婦人說，它被當作是一塊岩石安放在地下世界的大門口，而通過這座火山的狹窄道路能夠直接引導到地下世界的門口。

查拉圖斯特拉在這個祝福之島上逗留的時候，碰巧看到一艘船在這個冒著煙霧的火山旁停泊，船上的船員紛紛下船帶著獵槍獵殺兔子。然而，到了正午時分，當船長和船員們再一次聚集在一起的時候，他們突然看見一個人穿過空地，並且朝他們這裡走過來，用無比清晰的聲音說道：「現在是時候了，現在已經到了最合適的時候了！」但是，當他走到離他們近得不能再近的地方的時候（他就像一個影子一樣，快速地朝火山的方向飛奔而去），在這之後，他們才充滿驚訝地認出那人就是查拉圖斯特拉；因爲在他們當中，除了船長以外，其他人曾經都見過查拉圖斯特拉本人，他們熱愛查拉圖斯特拉就像廣大人民熱愛他一樣：等量的愛和敬畏被這樣的智慧地混合在了一起。

「快看呀！」一個老舵手說道，「查拉圖斯特拉是要往地獄的方向去啊！」

幾乎在同一時間，這些水手們登陸上這座烈焰之島，這座島上有謠言說，查拉圖斯特拉消失了。當他的朋友們被別人詢問的時候，他們說他在夜晚時上了一艘船走了，他並沒有說出他要去的目的地。

所以，某種不安的憂慮開始出現。然而，三天以後，除了這種不安的焦慮以外，又有了水手們的闡述，緊接著，所有的人都說，是惡魔把查拉圖斯特拉抓走了。查拉圖斯特拉的門徒們對此只是笑笑，他們當中的一個人說道：「與其這樣，我更相信是查拉圖斯特拉抓走了惡魔。」但是，在他們的內心深處充滿了焦慮和渴求。所以，到了第五天，當他們看到查拉圖斯特拉出現的時候，他們非常高興。

以下是查拉圖斯特拉和火焰獵犬談話的內容：

大地說，地球有一層皮膚，然而這層皮膚有病。舉個例子，在這些疾病當中有一種就是所謂的「人類」。

另一種疾病則是被稱爲「火焰獵犬」的傢伙。關於這條獵犬，人類在彼此之間已經說了很多的謊話。

爲了解開這一謎團，我橫越海洋，看到了赤裸裸的眞理，說眞的，從腳踝一直到脖子的眞理。

現在，我已經知道了有關於火焰獵犬的眞理，也由此知道了那些不僅僅是老婦人畏懼的，推翻以及破壞性極強的惡魔眞理。

「火焰獵犬，你從你的深度中出來吧！」我大喊道，「道出你的深度到底有多深！你究竟是從何處獲得的嘔吐物？」

你大口大口地喝著海水，你的雄辯苦澀地向我訴說著！說眞的，你這來自深處的火焰獵犬，你從大地的表面拿走了太多的營養物！

我最多將你們視爲大地的腹語表演者。當我聽到破壞和推翻的惡魔說話的時候，我發現他們特別像你，充滿苦澀、虛假，並且膚淺。

你們知道如何嘶吼以及用灰燼遮蔽天空，你們是最出色的吹牛者，充分地了解讓汙垢沸騰的藝術。

無論你們身在哪裡，你們都必讓汙垢和腐爛、空洞並且被壓的物體跟隨著你們，它們想要擁有自由。

「自由」是你們呼喊最熱切的口號：不過，當重大事件被過多的咆哮和煙霧籠罩的時候，我便對它們失去了應有的信仰。

我的朋友、親愛的地獄之鬧事者啊！請相信我吧！最重大的事件——不會發生在我們最喧鬧的時候，而是發生在我們最寧靜的時候。

世界並不會圍繞著新雜訊的發明者旋轉，而是圍繞著新價值的創造者旋轉，它就這麼悄無聲息地旋轉著。

所以就招了吧！當你的雜訊和煙霧消失殆盡的時候，產生的效果是微乎其微的。倘若一個城市變成了木乃伊，那麼一個癱倒在泥漿裡的雕像又算得了什麼呢？

雕像就癱倒在你們輕蔑的泥土裡：但是這正是它得以存在的道理，它的生活和活生生的美感再一次從輕蔑之中產生出來！

它現在用更加神聖的身形矗立在你們的面前，那個身形遭受到的磨難讓它自身擁有了更大的誘惑力。說眞的，你們這些破壞者啊！它還要感謝你們曾經顚覆過它們呢！

但是，我會把這個忠告給予國王、教會以及所有年齡或是道德上的虛弱者。讓你們被顚覆！你們或許會再一次獲得新生，而道德也會因此而來到你們的身邊！

我在火焰獵犬的面前如是說：隨後，它憤憤地打斷了我的講話，並且問道：「教會，教會是什麼東西？」

「教會是什麼東西？」我回答道，「教會是一種國家，它是最虛假的那一種。但是，要保持安靜啊！你這僞善的獵犬！你們當然最了解你們自己的同類！

那個國家就像你們一樣，是一條僞善的獵犬；爲了讓人們相信它說的話是發自肺腑的，它會像你一樣，靈巧地利用煙霧和咆哮發言。

因爲國家會用盡一切辦法爭做地球上最重要的生物，而人民也會這麼認爲。」

當我說這些話的時候，那條火焰獵犬因爲無比忌妒而像發了瘋似的狂叫。「什麼！」它大吼道，「地球上最重要的生物？而且人們也會這麼認爲？」大量的蒸汽和可怕的聲音從它的喉嚨裡噴湧而出，這讓我認爲它會因爲苦惱和忌妒而窒息。

最終，它變得平靜下來，它的喘氣聲也隨之減弱了，但是它剛默不作聲，我就笑著說道：

「你這條火焰獵犬，你生氣了，所以，我說過的那些關於你的話是正確的！

爲了捍衛我自己的判斷，讓我來給你講述一個關於另一隻火焰獵犬的故事吧！它確實是在用大地的心聲來講述。

它呼出的氣體就是金子和金澄澄的雨水，它的內心要它如是。那麼，灰屑、煙霧與熾熱的汙垢對於它來說，又有何用處呢？

笑容就像一片五彩斑斕的雲朵一樣從它的身邊飛過。它仇視你的逆氣、嘔吐以及腹部的劇痛！

然而，金子和笑聲，它們是從大地的內心中取出來的。因爲你們或許會知道，大地的內心就是由金子構成的。」

當火焰獵犬聽完這些話的時候，它實在無法忍受繼續聽我緩緩道來了。

它不安地搖晃著它的尾巴，輕輕地叫：「汪！汪！」然後，它就爬進了洞穴。

查拉圖斯特拉如是說，但是，他的徒弟們幾乎沒有傾聽過他的話；他們是無比迫切地想跟他談談船上的水手們、兔子們以及會飛奔的人。

「我究竟應該如何解釋這些呢？」查拉圖斯特拉說道。「難道我眞的是一個鬼魂嗎？」但是，它或許是我的影子。我敢肯定，你們一定聽說過一些有關旅行者與他影子的故事吧！

不過，有一件事情我是肯定的：我必須要更嚴厲地抓住它，要不然的話，它就會毀掉我的名譽。

查拉圖斯特拉再一次驚訝地搖了搖他的腦袋。「我究竟應該如何解釋這些呢？」查拉圖斯特拉再一次說道。

「爲什麼那個靈魂會尖叫：『現在是時候了，現在是最合適的時候了！』」

那麼對於什麼樣的事情來說——現在是最合適的時候呢？

41 預言家

「當我看到一個極大的悲哀降臨到了人間。即便是最優秀的人也會對自己的工作感到厭倦。

一個教條出現了，一個信仰在它的旁邊陪伴著它：『一切皆空，一切都是相同的，一切都已經完了！』

任何一個山丘都迴蕩著這樣的聲音：『一切皆空，一切都是相同的，一切都已經完了！』

毋庸置疑，我們曾經收穫過。但是，爲什麼所有的水果都已經腐爛，並且變成了棕色呢？昨天晚上邪惡的月亮到底掉落到哪裡去了呢？

我們所做的任何工作都是徒勞的，我們的酒水變成了毒藥，散播厄運的眼睛讓我們的田地和內心變得焦黃。

我們所有人都變得乾癟了。倘若烈焰降臨在我們的身上，那我們就會像灰燼一樣變成塵土，是的，我們也讓火焰變得疲倦了。

我們所有的泉水都變得乾涸了，即使是海洋也退潮了。整個大地都裂開了，但是深淵並不願意將我們吞噬！

唉！能夠將我們淹死的海水究竟在什麼地方？我們的抱怨如是說，但是這樣的抱怨只是在淺淺的沼澤裡淹沒。我們甚至會對死亡感到過於厭倦；現在我們仍舊保持著清醒的狀態，並且繼續在死穴裡生活。」

查拉圖斯特拉聽到一個預言者如是說。而故事的預言深深地觸動了查拉圖斯特拉的內心，並且改變了他。他悲傷地、疲倦地走著。他成了預言者所說過的人們之一。

他對徒弟們說道：「過不了多久，這裡就會迎來漫長的黎明。唉，在這漫長的黎明裡，我應該如何保存我的光亮呢？

我該如何讓它不在這樣的悲痛中窒息？它還要成爲遙遠的世界和夜晚的光亮呢！」

心情無比悲痛的查拉圖斯特拉就這樣在這裡走著。在接下來的三天時間裡，他既沒有吃飯也沒有喝水，他沒有休息，也不說話。最終，他陷入了深深的沉睡當中。然而，他的門徒們，圍著他坐成一圈，整天整夜地守護著他，他們充滿焦慮地等待著，看看他是否會醒過來，然後再次說話，並且從他遭受到的磨難中澈底康復。

這就是查拉圖斯特拉從睡夢中醒來之後，對他的門徒們所進行的說教。但是，他的門徒們覺得他的聲音似乎來自遠方。

我的朋友們，請傾聽我所做的夢吧！我懇請你們幫助我猜測這些夢境的含義！

這個夢對於我來說，仍舊是一個謎團；它的含義就隱藏在那裡面，而且不能夠用自由的翅膀在那上面飛翔。

我做夢夢見我將全部人生澈底拋棄了。我在死亡堡壘的孤獨群山裡成了守夜者和守墳者。

我就在這裡看守著死神的棺材：黑暗的墓穴裡充滿了死亡的戰利品。消逝的生命透過玻璃棺材注視著我。

我呼吸著永恆的、夾雜著灰塵的氣味：我狂躁的塵封的靈魂被重壓著。有誰能夠在這個地方讓他的靈魂透透氣？

午夜的光亮總是圍繞在我的身邊；孤獨也坐在她的身邊；第三個是時斷時續、喘著粗氣的死神之沉默，她是我的異性朋友當中最壞的一個。

我隨身帶著鑰匙，它是所有鑰匙當中最鏽跡斑斑的一把；我知道該如何用它打開所有門中最會吱吱作響的大門。

當門扇被打開的時候，它的聲音就像悲痛的蛙鳴一樣，傳遍了整個長長的走廊：這只夜鳥憤憤地鳴叫著，它是多麼不願意被叫醒。

但是，當四周的一切都開始變得寧靜，而我獨自一人坐在這充滿惡意的寂靜當中時，讓我的內心更加恐怖、更加悲苦。

時間就這樣悄然逝去，倘若還有時間的話。我又怎麼會知道呢？但是讓我幡然醒悟的事情最後還是發生了。

大門被敲響了三次，就像是閃電雷鳴一樣，黑暗墓穴的回聲也出現了三次，於是，我來到了大門口。

嚇！我大喊道，究竟是誰把他的灰燼帶到山上來了？嚇！嚇！究竟是誰把他的灰燼帶到山上來了？

我轉動著手中的鑰匙，推著大門，我拼盡全力地推著，疲憊不堪。但是那扇門沒有絲毫被推開的跡象。

就在這時候，一陣咆哮的風暴推開了兩扇門的門葉：它瘋狂地呼嘯著、嘶吼著，並且扔給我一個黑色的棺材。

在瘋狂地呼嘯、嘶吼中，棺材被打開了，上千聲大笑從那裡噴湧而出。上千個孩子的、天使的、貓頭鷹的、愚蠢之人的以及孩子般大小的蝴蝶的醜陋之臉對著我邊笑邊罵。

因此，我非常害怕，我被推倒在地，被嚇得號啕大哭，就好像我以前從來都沒有哭過似的。

我被自己的哭聲驚醒了，我終於恢復了意識。

查拉圖斯特拉講述完了他做的夢，他開始默不作聲，因爲他根本就不知道應該如何解釋這個夢。但是，在眾多的門徒當中，最被查拉圖斯特拉看中的那個門徒很快就站了起來，他一把抓住了查拉圖斯特拉的手，然後說道：

你的人生已經向我們解釋了你的夢境，噢，查拉圖斯特拉！

難道你不是打開死神堡壘之門的瘋狂呼嘯的風暴嗎？

難道你不是裝滿了五彩斑斕的惡意，以及天使醜陋面孔的那個黑色棺材嗎？

說真的，查拉圖斯特拉就像一千個孩子的歡聲笑語一樣，走到每一個逝去者的房間裡，去笑看那些守夜者、守墳者以及掌管著罪惡鑰匙的管理員。

通過你的笑聲，你可以讓他們感到恐懼，從而推倒他們：頭暈目眩和幡然醒悟能夠向他們展示凌駕於他們之上的力量。

當漫長的黎明和致命的疲倦到來的時候，你不會從我們的蒼穹中消失，你這個生命的宣導者！

你讓我們看到了新的行星以及夜間新的光輝：說真的，你就像五顏六色的帳幕一樣，在我們的頭上張開。

現在，孩子們的笑容會從棺材裡傳出來；現在，一股強猛的風暴朝這裡襲來，它克服了所有致命的疲倦：你自己就是它的保證者！

毋庸置疑，你的敵人在你的夢境中出現了：這是最令你感到痛苦的夢境。

但是，既然你已經從他們那裡醒了過來，並且恢復意識，那麼，他們自己也應該醒過來——並且來找你了！

查拉圖斯特拉的門徒們如是說。其他的門徒們隨後也來到了查拉圖斯特拉的身邊，他們紛紛用手牢牢地抓住他，並且試圖勸說他離開床以及悲傷的情緒，讓他回到他們當中來。但是，查拉圖斯特拉卻筆直地坐在他的床上，臉上一副心不在焉的樣子。他就像是一個久未謀面的人一樣，意味深長地看著門徒們，然後仔細查看他們的面部表情。他還是沒有認出他們。一直到他們把他從床上扶起來，等他站定之後，眼睛突然發生了變化，他弄明白了剛才發生的所有事情，捋著鬍鬚，用非常洪亮的聲音說道：

「好吧！所有的一切都來得太恰到好處了。我的朋友們，請留心好好地給我們做一頓豐盛的美食吧！請不要耽擱！我想通過這樣的方式，為我的噩夢贖罪！

但是，那位保證者應該坐在我的身邊陪我共用美食，說真的，我會向他展示一個可以將自己淹死的海洋！」

查拉圖斯特拉如是說。然後，他久久地凝視著那個解釋夢境的門徒的面孔，隨後搖了搖頭。

42 救贖

有一天，當查拉圖斯特拉途經一座大橋的時候，許多瘸子和乞丐們紛紛上前將查拉圖斯特拉圍住，其中一個駝背的人對他說道：

「快看啊！那人是查拉圖斯特拉！一般的人們都從你這裡學習知識，從你的說教中獲得信仰，但是如果想讓他們完全信任你的話，有一件事情是必不可少的。首先，你必須要說服我們這些殘疾人！現在，你擁有一個非常不錯的選擇，說眞的，這是一個可以多方面把握住的好機會！你能夠讓盲人重見光明，你能夠讓瘸子重新奔跑起來，你能夠幫助肩負沉重負擔的人減輕負擔。在我看來，這是查拉圖斯特拉能夠讓這些殘疾人們相信他的好辦法！」

不過，查拉圖斯特拉對這位講話者如是回答道：當一個人拿走了駝背者身上的駝背，那麼，他就會同樣拿走駝背者身上的精神——一般大眾都是這樣說的。當一個人給予盲人能夠看清世界的雙眼，那麼，那個盲人同樣也會看清這個世界上許許多多骯髒的事情。所以，他會詛咒那個將他眼睛治好的人。然而，那個將瘸子的腿治好，讓他重新奔跑的人，卻給瘸子帶來了莫大的傷害，因爲每次當他開始奔跑的時候，隱藏在他身上的邪惡就會跑出來。這些都是一般民眾對於殘疾人的一些看法。當一般人從查拉圖斯特拉的身上學習東西的時候，爲什麼查拉圖斯特拉就不能從一般的民眾那裡也學習到一些東西呢？

自從我和群眾生活在一起的時候，我就發現：這個人缺少一隻眼睛，那個人缺少一隻耳朵，第三個人缺少一條腿，而其他的人要麼沒有舌頭，要麼沒有鼻子，有的甚至失去了腦袋。不過，在我看來，這些都只是比較小的惡。

我看見並且曾經看見過比這更加糟糕、更加醜陋和恐怖的事情，我並不願意將它們和盤托出，但是又不想一直對此守口如瓶。有的人缺少一切，但是一件東西對於他們來說已經算多了，有的人只有一隻大眼睛、一張大嘴、一個大肚皮，或是其他什麼特別大的東西——我會管類似這樣的人叫顛倒的殘疾人。

當我從自身的孤獨中走出來，並且在人生中第一次走過這座大橋的時候，我都不敢相信自己的雙眼，我看了再看，然後說道：「這是一隻耳朵啊！這是一隻跟人一樣大的耳朵啊！」但是，我更加迫不及待地去查看，沒錯，一個既可憐又衰弱的小東西在這只巨大的耳朵後面緩慢地移動著。說眞的，這只巨大的耳朵就坐落在一個非常瘦小的莖上，這個瘦小的莖竟然是一個人！在眼睛上戴上眼鏡的人，能夠辨別出具有忌妒心的面孔，而且還有一個傲慢的小靈魂在莖上搖晃著、懸掛著。然而，一般的人告訴我，那個巨大的耳朵不僅僅是一個人，它還是一個非常偉大、一個非常有天賦的人。但是，當他們談及偉大者的時候，我是完全不相信他們的。我依舊堅持自己的信念，這就是一個「什麼東西都缺少，一件東西又太多」的反面殘疾人。

當查拉圖斯特拉跟那個發表了言論的駝背者和駝背者所代表、所辯護的人說完這些話的時候，他非常沮喪地轉向他的門徒們，然後說道：

說眞的，我的朋友們，我在人群之中行走的時候，就好像走在人類的碎片和四肢當中！我發現人類是支離破碎的、四肢被拋撒，就好像在戰場和屠宰場裡面一樣，這些場景對於我的雙眼來說，是非常恐怖的事情。

當我的雙眼從當前逃離到過去的時候，就會發現事實都是一樣的：破碎的斷片、四肢和恐怖的機遇——但是，沒有人類！

大地的現在和過去啊！唉！我的朋友們！這就是最令我難以容忍的困難，而且如果我不能提前看到即將到來的東西，我就不會知道應該如何生活下去。

預知者、有意志的人、創造者以及未來本身和能夠通往未來的大橋——唉！從某種意義上來說，站在這座大橋上的殘疾人，全部都是查拉圖斯特拉。

你們經常自問：「對於我們來說，查拉圖斯特拉是什麼呢？我們應該如何稱呼他呢？」你們會不會像我一樣把問題作爲自己的答案？

他是一個愛承諾的人嗎？或是一個履行諾言的人？一個征服者？或是繼承者？一個收穫者？或是一把犁頭？一個醫生？或是一名大病初愈的人？

他是一位詩人？或是一個眞誠的人？他是一個解放者？還是一個征服者？他是好人嗎？還是壞人？

我走在人群當中，就好像走在未來的碎片之中。那個未來是我能夠看到的未來。

我所有的想像和渴望是組成斷片、謎團以及恐怖的機遇的統一體。

假如人類不是詩人、不是猜謎者以及機遇的救贖者，那麼，我又怎麼能忍受成爲人類呢！

去拯救過去的人們，將「已如是」改變爲「我曾要它如是」。這就是我所說的救贖！

意志——這就是解放者和傳播幸福快樂者的名字。朋友們，我曾經如是教過你們！但是，現在你們也要好好地學學這個啊！意志本身仍舊是一名囚犯。

意志能夠解放一切，但是，如果解放者仍舊被禁錮在鎖鏈之中，那麼我們應該怎麼稱呼這樣的行爲呢？

「已如是。」意志的咬牙切齒和最孤獨的苦難如是稱道。對於所有的既定事實它根本無力改變，所以，對於過去的一切來說，它就是一個充滿惡意的觀察者。

意志不能改變過去，它沒有辦法擊敗時間和時間的渴求。這就是意志最孤獨的苦難。

意志能夠解放一切，但是，它究竟要怎麼做才能從苦難中自救，並且嘲笑它的監獄呢？

唉，所有的囚犯都變成了瘋子！被囚禁的意志也開始進行瘋狂的自我救贖。

那段時光是無法倒退的，這就是它的憤怒，「已如是者」就是那塊意志不能一腳踢開的石頭。

因此，意志因爲無比的憤怒和惡劣的情緒踢走了很多石頭，它在找尋那些能夠感受到憤怒和壞脾氣的人，並且伺機報仇。

因此，意志這個解放者成爲一名歹毒之人，它對於任何能夠忍受痛苦的事物都實施報復，因爲，它自身不能回到過去。

是的，這就是報復，這就是意志對於時間以及時間的「已如是」的憎惡。

說眞的，我們的意志裡存在著一個偉大的瘋狂：這是種獲得了精神的瘋狂，它成了所有人類的詛咒。

我的朋友們，報復的精神是人類直到現在最優秀的思考和沉思：

只要是苦難存在的地方，就必定存在相應的懲罰。

「懲罰」，這是報復的自我稱謂。它用謊言掩蓋善意的良心。

因爲，意志者不能向後運用意志而感到無比苦惱，所以意志和生命應該被看作懲罰。

現在，一朵又一朵的雲彩積在精神之上。直到最後，瘋狂開始說教：

世間萬物都是會消亡的，因此，世間萬物都擁有消亡的權力！

這是時間的定律。時間必須吞噬掉它的孩子們，這卻是所謂的正義。」瘋狂如是說教道。

「世間萬物都是按照正義和懲罰的道德秩序進行安排的。啊，究竟哪裡才是萬物之潮和生存懲罰之潮裡面的救贖呢？」瘋狂如是說教道。

「假如永恆的正義眞的存在，那麼，拯救是否有可能呢？唉，『已如是』這塊石頭是無法被推開的。一切的懲罰也必須是永恆的！」瘋狂如是說教道。

「任何的行爲都不能被摧毀，它又怎麼能夠被懲罰解除呢！『生存』懲罰裡面的永恆，必須也要永恆地再現行爲和罪過！」

除非意志本身能夠在最後關頭實現自救，並且讓意志成爲無意志。但是，我的朋友們，你們都知道這個瘋狂的寓言故事！

當我告訴你們「意志是一個創造者」的時候，我曾經引領你們遠離這些瘋狂的寓言故事。

所有的「已如是」就是一塊殘缺的碎片、一個謎題以及恐怖的機遇——直到具有創造性的意志說道：「但是我曾要它如是！」

直到具有創造性的意志說道：「但是我要它如是！我將要它如是！」

它不是已經如是說過了嗎？這樣的如是說究竟是在什麼時候發生的呢？意志已經從它自身的瘋狂之中得到自我救贖了嗎？

意志成爲讓自己得到救贖，並且帶來歡聲笑語的人嗎？它是否已經忘記了復仇的精神和所有的咬牙切齒呢？

究竟是誰在教他同時間進行和談，究竟是誰把比和談還要高尚的事物教給了他呢？

這種權力意志必定會追求比和談還要高尚的東西：但是，它如何成爲可能呢？是誰教它向後運用意志的呢？

但是，當查拉圖斯特拉說到這的時候，他突然變成了一位看似受到了非常大驚嚇的人，令他停止了說教，他凝視著門徒們，眼睛裡帶著恐懼；他的目光就像弓箭一樣刺穿了他們的想法以及思想之後的想法。但是，過了一段時間之後，他再一次笑了起來，並且異常平靜地說道：

「在人類當中生活是非常困難的事情，因爲保持寂靜是非常困難的——尤其是對於一個特別喜歡說話的人來說。」

查拉圖斯特拉如是說道。然而，那個駝背的長者時不時地捂著臉傾聽著他的講話。當駝背的長者聽到查拉圖斯特拉開始哈哈大笑的時候，充滿好奇地抬起了頭，並且緩慢地說道：

「爲什麼，當查拉圖斯特拉跟我們說話的時候，他講話的內容和他跟門徒們所說的有所不同呢？」

查拉圖斯特拉回答道：「這有什麼好奇怪的呢！我們本來就應該用駝背的方式跟駝背的人說話啊！」

「回答得非常好，」駝背的人說道，「我們也應該向學生們傳授學校裡講的內容。」

但是，爲什麼查拉圖斯特拉跟他學生們談話的內容，和跟自己說話的內容不一樣呢？

43 人類的智慧

高處其實並不可怕，眞正讓人感到害怕的是斜坡！

當你站在斜坡上，兩眼向下張望的時候，此時，你的雙手卻在向上攀爬。這樣的雙重意志會讓人頭暈目眩、眼花繚亂。

唉，我的朋友們，你們是否也能猜測到我內心的雙重意志呢？

這就是我的斜坡和危險！向上張望頂峰，我的雙手卻要向深處尋求支撐！

我的意志依附於人類；我用鎖鏈將自己捆綁在人類的身上，因爲我是被吸引尋找超人的：因此，我的其他意志也會往那裡去。

所以，我盲目地生活在人類當中，就好像我根本不了解他們一樣：我這樣做的目的就是不想讓自己的雙手失去對於堅硬物體的信仰。

我並不了解你們這些人：這樣的黑暗和慰藉經常圍繞在我的身邊。

我爲了每一個流氓坐在門廊邊，然後我問道：「你們當中有誰想要欺騙我？」

這是我人生中第一種處事之道：我允許自己受到他人的欺騙，而不是讓自己時刻提防著欺騙者。

唉，如果我爲了對抗衆人，而進行自我防衛的話，那麼，人們還怎麼做我皮球的鐵錨啊？我將會很容易被他人奪去或者被吸引到高處！

這種天意在控制著我的命運，我不能擁有先見之明。

那個不願意在人群中因爲口渴而憔悴的人一定能學會飲用所有杯子當中的水；那個想在衆人當中保持乾淨的人，一定會去學該如何用汙水來清潔自己。

我經常會說一些安慰自己的話語：「鼓起勇氣來！振作起來！老當益壯的內心！苦惱和

憂愁不會降臨在你的身上。享受你的快樂吧！」

但是，這是我第二種處事之道：我容忍愛慕虛榮之人更甚於驕傲自負之人。難道滿是傷口的虛榮不是所有悲劇之母嗎？但是，在傲慢受到傷害的地方，必定會長出比傲慢更加高級的事物。

如果生活要成爲一齣精彩絕倫的好戲，那麼，它就必須擁有好的表演；但是，要想達到這樣的目的，它還需要非常好的演員。

我發現所有愛慕虛榮的人們都是非常偉大的演員。他們進行表演，並且希望其他人喜歡看他們的表演，他們的整個精神全都存在於這樣的意志裡。

他們互相表演，互相創造。我就喜歡待在他們的旁邊，注視著生命——它能夠治癒悲傷的情緒。

因此，我要容忍虛榮，因爲，他們都是我憂鬱的內科醫生，他們把我和人類維繫在一起，就像把我和戲劇維繫在一起一樣。

究竟有誰能夠猜測出虛榮之人謙遜態度的整個深度呢！我非常喜歡他，並且對他的謙遜感到同情。

他可以從你們這裡學到信仰，他用你們的目光進行滋養，他從你們的手心裡採集可以食用的讚美。

只要你們說一些誇讚他的謊言，他就會相信：因爲他的內心在深處歎息道：「我究竟是什麼呢？」

倘若眞正的道德是沒有意識的——那麼，愛慕虛榮的人就不會發覺他身上的謙遜！

這是我第三種處事之道：不會讓你們的擔驚受怕令我對於惡人的表演感到厭倦。

我非常樂意看到溫暖的太陽孕育著奇跡：老虎、棕櫚樹和響尾蛇。

在茫茫的人海中，溫暖的陽光也會孕育出很好的種族，在邪惡之人當中也有很多不可思議的人。

事實是，對於我來說，在你們當中最聰明的人，並不是眞正的聰明，而且，我也覺得在人群中的智者，也沒有他名譽那般令人感到驚異。

我經常搖晃著腦袋問自己：響尾蛇，爲什麼你們仍舊要搖響你們的尾巴呢？

就算是惡魔也有屬於自己的未來！即便是人類也有尙未找到最溫暖的南方。

現在，很多已經被稱爲最糟糕的邪惡之物也不過只有十二英尺寬，出生才三個月而已！

然而，更加龐大的巨龍光臨這個世界的一天終究會到來。

爲了使超人也有屬於自己的巨龍，跟超人匹配的「超龍」，必須有溫暖陽光照耀的潮溼原始森林！

你們這些狂野的野貓必須要進化成老虎，你們這些充滿劇毒的蟾蜍必須要進化成鱷魚：因爲好的獵人必須要有好的獵物！

說眞的，善良者和正直者啊！在你們的身上有太多可以被嘲笑的東西了，尤其是你們對於所謂的「惡魔」的恐懼！

你們的靈魂對於偉大的事物過於陌生了，因此，你們會認爲即使是善意裡的超人也是非常嚇人的。

你們這些智者和有學識的人啊！你們將會逃離智慧的炙熱光芒；超人則光著身子在那裡面快樂地享受日光浴！

你們是我所見過最高等的人！這是我對於你們的懷疑和我的神祕微笑：我猜想到你們仍會把我的超人叫作惡魔吧！

唉，我已經開始對那些高等的人和最出色的人感到厭倦了：我非常期望能從他們的「高度」爬升得更高、更遠，一直上升到超人那裡去！

當我看到那些最出色的人全都赤身裸體的時候，一股恐懼感向我襲來：於是，我的翅膀帶著我直沖雲霄，飛向遙遠的未來。

飛向更加遙遠的未來，飛向對於藝術家來說從未幻想過的更南的南方去：在那個地方，神靈們會因爲穿上衣服而蒙羞！

啊，我的鄰居們啊，我的同胞們啊，我希望看到你們能夠僞裝起來，變得虛榮而令人尊敬，就像那些善良者和正直者一樣。

我也要將自己僞裝起來，坐在你們中間——讓我無法認出你們或是自己：而這是我最後一個人間的智慧。

44 最寂靜的時刻

我的朋友們，在我的身上究竟發生了什麼事？你們看到我被煩惱困擾，被驅使著向前進，極不情願地服從著，並且隨時準備離開——唉，從你們的身邊離開！

是的，查拉圖斯特拉必須重新回到他的寂靜中去。但是，這一次重返洞穴的灰熊卻不高興！

我的身上究竟發生了什麼事？到底是誰命令著我呢？唉，我那怒不可遏的情婦要我如是。她問我，我曾經把她的名字告訴過你們嗎？

就在昨天的夜晚，沉默的時刻跟我說道：這就是我那令人毛骨悚然的情婦的眞實姓名。

事情就是這樣發生的。我必須要把事情的經過全都告訴你們，好讓你們這些人對於突然離開的人們不至於太心狠手辣！

你是否了解睡著的人們的恐懼呢？

睡著的人從頭到腳都感到害怕，因爲大地在他的腳下塌陷，他的夢境開始了。

這就是我爲你們講的寓言故事。昨天，在沉默的時刻，夜來了，夢境開始了。時針在轉動著，我的生命之鐘正在大口地呼吸。我從來沒有在周圍聽到過類似這樣的沉默，所以，我的內心開始害怕了。

隨後，一個無聲的聲音跟我說：「查拉圖斯特拉，你知道那個嗎？」

當我聽到這個在我耳邊的輕聲細語時，我出於恐懼而尖叫起來，我的面龐毫無血色，然後我默不作聲。

緊接著，那個無聲的聲音再一次在我的耳邊說道：「查拉圖斯特拉，你知道那個的，你只是不說罷了！」

最終，我用目中無人的輕蔑態度回答道：「是的，我知道那個，但是我就是不想說出來！」

然後，那個無聲的聲音又一次對我說道：「查拉圖斯特拉，你不想說出來嗎？這是眞的嗎？請你不要把自己隱藏在這種蔑視的態度背後吧！」

我就像一個小孩子一樣，哭泣著、顫抖著，然後我說道：「唉，是的，我的確很願意，但是我應該怎麼做呢？請將我從這裡免除吧！它已經超過了我的力量！」

那個無聲的聲音又說了：「查拉圖斯特拉，你自己有什麼關係呢？說出你內心的話語，然後就消逝吧！」

然後，我回答道：「唉，那是我說的話嗎？我究竟是誰？我在等候一個比我更加具有價值的人，我的價值還不足以因爲它而死去呢。」

隨後，那個無聲的聲音又開始說了：「你自己有什麼關係呢？在我看來，你不足夠卑微，謙卑可是最堅硬的皮膚。」

然後，我回答道：「我謙卑之皮膚還眞是什麼都無法忍受啊！我就居住在高峰的腳下，我的峰頂究竟有多高呢？還沒有人告訴過我。但是，我對深谷非常了解。」

那個無聲的聲音再一次說道：「噢，查拉圖斯特拉，那個移動山峰的人，同樣也會移動山谷和平原吧？」

然後，我回答道：「但是，我的說教還沒有移動過山峰，我的說教還從未觸及過人類。的確，我曾經去找過人類，但是，我還從未達到人群。」

隨後，那個無聲的聲音又開始對我說道：「你都知道些什麼呢？當夜晚到了最沉默的時刻，露珠就會落在青草地上。」

我回答道：「當我找到了，並且走在我自己的道路上時，他們開始嘲笑我；那麼我的雙腳必然會顫抖。

因此，他們跟我說：之前，你忘記了道路，現在你甚至忘記了該如何走路！」

隨後，那個無聲的聲音再一次對我說道：「他們對你的嘲笑又有什麼關係呢！你們是那些忘記服從的人。現在，該是你們進行發號施令的時候了！

難道你不清楚究竟誰才是最被需要的人嗎？那就是能夠號召偉大事業的人。

完成偉大的事業是非常困難的，但是比這更加困難的任務是號召這些偉大的事業。

這就是你們最不可饒恕的固執。你們擁有力量，但是你們卻不願意去統治。」

然後，我回答道：「要想發號施令，我缺乏的是獅吼。」

那個無聲的聲音又一次在我的耳邊輕聲說道：「沉默的語言能夠帶來風暴。用鴿子的腳行走的想法可以引導世界。

噢，查拉圖斯特拉，你應該像到來之物的影子一樣前行：你將會發號施令，在你下命令的時候，你將成爲先驅者。」

然後，我回答道：「我很羞愧。」

之後，那個無聲的聲音又對我說道：「你必須要成爲一個孩子，而且不能有慚愧之感。你的身上仍舊有著青春的傲慢，你最近變得年輕了。想要成爲孩子的人，必將超越他的青春。」

我考慮了良久，渾身震顫著。不過，最終我還是說了我最初就說過的話。「我不樂意。」

隨後，在我的周圍爆發出了一陣笑聲。唉，那陣笑聲是如何撕裂我的內臟，並且刺穿我的心臟啊！

那個無聲的聲音最後一次對我說道：「噢，查拉圖斯特拉，你的果實已經成熟了，但是，對於那些果實來說，你還不夠成熟！

所以，你必須再一次進入到你的孤獨當中：讓你變得甘甜而成熟。」

笑聲又一次出現了，隨後，它又逃走了：於是，我的四周安靜下來，這就像是一種雙重的安靜。但是，我躺在地面上，汗液開始從我的四肢不斷地流下來。

——現在，你們已經聽到了一切，你們知道我爲什麼要回到孤獨裡去。我沒有向你們隱藏任何的祕密。我的朋友們。

我已經把這些全部都告訴給你們了，我這最緘默的人，願意永遠保持緘默的人！

唉，我的朋友們！我還有一些話想跟你們說！我還有些東西想給你們！但是，我爲什麼不把它給你們呢？難道我是吝嗇的小氣鬼嗎？

但是，當查拉圖斯特拉說完這些話的時候，他渾身劇烈的疼痛以及想到即將從他的朋友身邊離去的緊迫感向他襲來，於是，他開始號啕大哭；沒有人知道應該如何安慰他。但是，在夜晚的時候，他仍舊會離開他的朋友們，獨自一人走掉。

第三部

45 漫遊者

當時間已經到了午夜，查拉圖斯特拉越過了小島上的山脊，以便他能夠在第二天的早上到達另一邊海岸，因為，他想在那裡登船。那裡有一個非常理想的停泊處，即便是來自海外的船隻也喜歡在這裡停泊：那些船隻乘載著很多人，他們都是想離開幸福之島、渡海出去的人。所以，當查拉圖斯特拉攀登山峰的時候，他回想起了很多從年輕時代到現在的孤獨旅行以及許許多多曾經攀登過的山峰、山脊和峰頂。

他對自己說：我是一個熱愛旅行的人，也是喜歡攀爬山峰的人。我不喜歡平原，看起來，我好像並不太習慣長時間坐著。

不管我會碰上什麼樣的命運和經歷，旅遊和攀登山峰都是不可缺少的因素，到最後，一個人的經歷只是他自己的。

降臨在我身上的機遇早已過去了。究竟有什麼事情能夠降臨在我的身上，而且不曾屬於過我呢？

我的那個「我」，它向我走來。它和它四處漂泊、散播在萬物和機遇裡的各個部分，終於回家了！

此外，我還知道一件事情：我現在就站在我最後的峰頂之上，面對著一直為我保留著的事物。唉，我一定要走上最困難的道路！我已經開始了我最孤獨的旅程！

然而，跟我擁有同樣個性的人並不會躲避這樣的時刻：這個時刻在對他說：「現在，你已經無路可走，只好走在通往偉大的道路之上！峰頂和深淵，現在已經組合到一起了！

你走在通往偉大的道路之上：它曾經是你最後的危險，現在，它卻成了你最後的避難所。

你走在通往偉大的道路之上：它必須要成爲你最大的勇氣，因爲在你身後已經無路可走了！

你走在通往偉大的道路之上：在這裡，沒有人會悄悄地跟在你的背後！你自己的腳步會抹去你後方道路上寫著「不可能」的字樣。

如果所有的梯子想讓你失敗，那麼你必須要學會在你的頭頂上進行攀登。要不然，你怎麼才能向上爬呢？

在你的頭頂上，在你的內心裡學習攀登吧！現在，你內心當中最溫和的已經變成最堅強的了。

那些總是對自己過度驕縱的人，到了最後，必定會因他的過度驕縱而得病。讚美那些能夠讓人堅強的一切吧！我是不會去讚揚流淌著牛奶和蜜的國度的！

學會從遠處觀看，是了解周圍事物必不可少的環節。這是每一個攀爬山峰的人所必須具備的堅強特質。

那些求知欲強和瞪大著眼睛的人，除了表面顯著的東西以外，還能看到什麼嗎？

噢，查拉圖斯特拉啊！你能夠觀察到任何事物的顯著特徵和背景，所以，你必須不斷攀登到你的頭頂之上——一直向上、向上，直到發現星星都在你的腳下！

是的！向下注視著你自己，甚至是注視著你的星星。只有那被我稱爲自己的峰頂，亦是爲我保留到最後的峰頂！」

查拉圖斯特拉一邊攀登，一邊說著，並且用嚴酷的格言撫慰著自己的內心，因爲他心中的劇痛是以前從未感受過的。當他爬到山峰的頂端，向四周張望的時候，他看到另一片海洋就在他的眼前伸展開來。然後，他安靜地站在那裡，默不作聲。但是夜晚，站在這個高度可是非常寒冷的，這裡的天空澄淨、星辰密布。

我看出我的命運了，他最後傷心地說道，好吧！我已經準備好了。現在，屬於我的最後的孤獨終於要開始了。

唉，這片憂鬱的、悲傷的海洋就在我的腳下！唉，這陰沉的、夜間的苦惱！唉，命運啊！唉，海洋啊！現在，我必須要向你們下降！

我站在我最高聳的山峰面前，我面對著最遙遠的旅途：我必須首先下降到比之前還要深的地方去：

我要下降到更深的痛苦裡去，甚至下降到最黑暗的深淵之中！我的命運要我如此。好吧！我已經準備好了。

那些最爲高聳的山峰都是從哪裡來的？我曾經這麼問道。然後，我才知道，它們是從海洋中升起來的。

這樣的證詞都銘刻在了它們的石頭之上以及它們峰頂的石壁上。要想到達這樣的高度，必須要從最深處開始。

查拉圖斯特拉在冰冷的山峰上如是說。但是，當他來到海洋附近，並且終於獨自一人站在懸崖峭壁之上的時候，才開始對他的旅途感到疲倦，渴望的情緒充斥著他的內心。

世間萬物都已經睡著了，他說道。連海洋都進入夢鄉。迷離的眼神充滿好奇地看著我。

但是，我可以感受得到，它的呼吸是溫暖的。而且我還感受到了它的夢境。在睡夢之中，它在枕頭上來回翻滾著。

聆聽吧！聆聽吧！它是如何獨自抱怨種種不幸的回憶！或是不幸的預期？

唉，你這個暗淡的怪物，我爲你感到悲痛，我甚至因爲你的原因而怨恨自己。

唉，我的雙手根本就沒有足夠的力氣！說眞的，能夠把你從不幸的夢境之中解救出來，我感到非常高興！

查拉圖斯特拉一邊說著這些話，一邊憂鬱地、苦澀地笑著自己。怎麼樣！查拉圖斯特拉，他說道，你會向著大海歌唱撫慰人心的曲子嗎？

你這個友善的白痴，查拉圖斯特拉，你眞是過度盲目、輕易相信他人啊！但是，你向來如此，你經常會充滿自信地接近任何可怕的事物。

你會去撫摸所有的怪物。一點點溫暖的呼吸，一點點柔軟的爪子上的毛——而你馬上就準備開始愛它，誘惑它。

愛，只要是熱愛一切事物的，都是最孤單者的危險，說眞的，我愛裡的瘋狂和謙卑眞是讓人捧腹大笑！

查拉圖斯特拉如是說，他第二次笑了起來。但是，在那個時候，他想到了那些被拋棄的朋友們，就好像他在思想中對他的朋友們做出了不好的事情，他因爲自己的思念而責罵自己。但是，當他正在微笑的時候，他卻突然開始啜泣起來。查拉圖斯特拉因爲生氣和渴求而傷心地哭泣。

46 幻覺與謎題

(1)

當查拉圖斯特拉登上船的消息被船員們知道，並且還得知有一個來自幸福之島的人跟著他一同上船之後，這些船員便產生極強的好奇心和期望。但是，查拉圖斯特拉一連兩天都沒有開口說話，加上，他因爲悲痛而渾身冰涼，耳朵也聽不見聲音。他既不會對其他人的目光做出反應，也不會回答船員們所提出的任何問題。但是，到了第二天晚上，他開始聽到聲音了，儘管他仍舊保持沉默，因爲在這艘從遠方而來，並且朝更遠的方向駛去的船上，能聽到許許多多令人感到好奇和充滿危險的故事。然而，查拉圖斯特拉特別喜歡那些進行遠航程的海上航行的人，他不喜歡充滿平淡的生活。快看啊！當他正在聆聽的時候，他的嘴巴終於鬆弛下來，他那冰冷的內心終於被打破了。然後，他開始說道：

你們這些無所畏懼的冒險者和探險者啊！你們這些在令人聞風喪膽的海洋上和狡猾的船帆共同出海的人們啊！

你們這些沉醉於謎題和樂於享受黃昏的人們啊！你們這些被充滿魔力的笛聲吸引到海灣的人們啊！

你們討厭用膽怯的雙手抓住一根繩子進行摸索；因爲，你們但凡可以進行猜測，都絕不會去歸納測算。

只有當我面對你們的時候，我才會說出我親眼所見的謎團——最孤獨者的幻象。

最近，我緊咬著嘴唇，面色憂鬱地走在灰色的黎明之中。在我面前沉落的不僅是一個太陽。

我的道路是在被腐蝕的泥土中向上攀爬的山路，那是一條充滿惡意的、無比孤獨的、沒有小草和灌木的道路，那是一條山間小路，它在我的腳下發出咯吱咯吱的刺耳聲音。

我的腳不聲不響地在發出輕蔑響聲的石頭上走著，踩踏那些溜滑的小石頭，我的腳迫使自己向上升。

向上升——不管那個強行把我向下拉動的精神、奔向深淵的精神、帶來壓力的精神，我的惡魔和敵人。

向上升——儘管精神就那樣癱坐在我的旁邊，既像小矮人，又像鼴鼠。他的癱坐讓我的四肢也感到無力，他把鉛滴注進我的耳朵裡面，類似鉛滴的思想進入了我的大腦。

「啊，查拉圖斯特拉，」他一字一句充滿諷刺地低聲說道，「你這智慧之石！你把自己高高地拋了起來，但是，每一塊被拋向空中的石頭，都一定會再掉落下來！

啊，查拉圖斯特拉，你這智慧之石、被拋起來的石頭、星星的毀滅者！你將自己高高地拋了起來，然而，每一塊被拋向空中的石頭，都必定會掉落下來！

啊，查拉圖斯特拉，你被認定是被自己的石頭置於死地，你把石頭高高地拋了起來——但是它必定會降落在你的頭頂之上！」

所以，當小矮人安靜下來，他沉默了很久。但是，這種安靜的氛圍壓迫著我，說眞的，雖然我跟他是兩個人，但是當獨自一人的時候，他比我還要孤單！

我不斷地攀登著，不斷地攀登著，我夢想著，我思考著——但是所有的一切都壓迫著我。我就像一個生了病的人，剛剛被痛苦折磨得入睡，卻又被一個噩夢驚醒。

但是，我的身上還有一些東西，我管它叫做勇敢。一直以來，它都是所有沮喪的殺戮者。最終，這種勇敢命令我安靜地站在原地，然後它說：「小矮人！你或是我！」

因為勇敢，在發動進攻的時候，勇敢是最好的殺戮者：因為在任何的戰鬥之中，都會有取得勝利的凱歌。但是，人類是最有膽量的動物：人類已經征服了所有的動物。在凱歌的音樂背景下，人類征服了所有的傷痛；但是，人類的傷痛是所有疼痛中最痛苦的。

勇敢同樣也會在深淵的旁邊殺戮暈眩。人類不都站在深淵之上嗎？難道他不是四處張望一下，就能看到深淵嗎？

勇敢是最出色的殺戮者，它同樣也會扼殺憐憫之心。但是，憐憫是最深的深淵。它的深度就跟人類觀察生活的深度一樣，它對磨難觀察得更深入。

但是，勇敢，在發動攻擊時是最出色的殺戮者。它甚至會去殺戮死亡，因為它說道：「這就是曾經的生命嗎？好吧！那就再來一次吧！」

在這樣的演說當中，存在著許許多多的勝利戰歌。那些能夠用耳朵傾聽的人，就讓他們盡情地聆聽吧！

(2)

「停下來，小矮人！」我說道，「是我還是你，我是我們當中最強大的，你並不了解我猶如深淵般的想法！你是無法容忍它的！」

緊接著，出現了一下子讓我身上負擔減輕的事情：那個小矮人從我的肩膀上跳下去，這個疏忽大意的小傢伙！然後，它蹲坐在我面前的一塊石頭上。就在我們兩個站著的地方，恰好有一扇大門。

「快看看這扇大門啊！小矮人！」我繼續說道，「這扇大門有兩個面。兩條道路在此處匯集一起，但是還沒有人曾經走到它們的盡頭。

那條往後長長的道路，延伸至永恆。而那條向前的通路，則延伸至另一個永恆。

這兩條通路是彼此對立的，彼此緊密地靠在一起，而這裡的大門就是它們交會的地方。這扇大門的名字被刻在了上面——『刹那』。

但是，倘若有人沿著這兩條通路的其中一條向前走——並且一直走，永遠地走著，小矮人，你仔細想一想，這兩條通路最終會產生衝突嗎？」

「任何的事物都是筆直向前的，」小矮人輕蔑地喃喃自語道，「所有的真相都是虛假的，時間本身就是一個圓圈。」

「你，重壓之魔，」我惱羞成怒地說道，「不要如此草率地答覆我！要不然，我就會把你這個小瘸子扔到你應該坐的地方去——記住，我可是把你帶到高處的那個人！」

「好好觀察觀察這個『刹那』吧！」我繼續說道，「從這一刹那的大門起，一條長長的、永恆的通路開始向後延展：一個永恆就矗立在我們的背後。」

在世間萬物之中，能夠奔跑的人，不是應該都已經跑完了那條道路了嗎？在世間萬物之中，能夠達到的人，不是應該都已經完成且過去了嗎？

倘若世間萬物都已經存在過了，那麼，小矮人，你又對這樣的「剎那」做何解釋呢？這扇大門不是應該也已經存在過了嗎？

世間萬物難道不是緊密地連在一起，爲了讓這剎那拖拉著未來的一切嗎？並且決定了它自己嗎？

所以，世間萬物之中能夠奔跑的人，必須再一次走過面前這條長長的路！

這只在夜光下緩慢爬動的蜘蛛，明媚的月光本身以及在這扇大門旁輕聲訴說永恆事物的你和我——我們不是應該也早已存在過了嗎？

我們不應該重新回來，跑完擺在我們面前的那條道路，那條伴有古怪事物的長路——我們不應該永恆地再次歸來嗎？

我用非常輕柔的聲音如是說，因爲，我非常懼怕我的思想和思考之後的思想。突然之間，我聽到有一隻狗在靠近我的地方吠叫。

我曾經聽到過一隻狗在我的身邊吠叫嗎？我的思想開始往回跑了。是的！當我還是個孩子的時候，在我最遙遠的童年時期。

在那個時候，我確實聽到了一隻狗在吼叫。我同時還看到牠的毛髮和豎起的頭部在顫抖著，在安靜的午夜，就算是狗也會相信鬼魂。

所以，這只狗激起了我的憐憫之心。就在那個時候，一輪滿月悄無聲息地爬上了屋頂，它就那麼一動不動地站著，猶如一個閃閃發亮的球體——安靜地停留在屋頂之上，就好像它是某人的私有財產。

所以，這讓狗開始擔驚受怕起來：因爲，狗相信這個世界上存在小偷和鬼魂。當我再一次聽到類似這樣的吼叫的時候，我的憐憫之心再一次被激發出來。

那個小矮人現在到哪裡去了？那扇大門現在到哪裡去了？還有那只蜘蛛呢？所有的耳邊細語呢？難道是我的夢境？我眞的醒過來了嗎？我突然發現自己正獨自站在粗糙的岩石中間，在這最憂鬱的月光之下。

但是，這裡躺著一個人！就在這裡！那只豎起毛髮的狗跳著、嘶吼著——現在，牠看見我正朝牠這邊走來，牠開始再一次吼叫了起來，我曾經聽到過一隻狗爲了尋求幫助而這樣的吼叫嗎？

說眞的，我所看見的東西都是我在以前從未見過的。我看到了一個年輕的牧羊人，他喘著氣，面部因爲痙攣而扭曲，一條黑色的毒蛇就懸在他的嘴邊。

我曾經見到過一個面孔上擁有如此之多的悲痛和蒼白的恐懼嗎？或許，他曾經睡著了，然後，那條黑色的毒蛇爬進了他的喉嚨，然後迅速地咬住了他。

我用自己的雙手使勁拽那條蛇，用力拽：但這一切都是白費力氣！我並沒能把那條黑色的毒蛇從他的喉嚨裡拽出來。叫喊聲從我的嘴巴裡發出來：「咬牠！咬牠！咬掉牠的頭！咬牠！」

我的恐懼、我的仇恨、我的痛恨、我的可憐如是喊道，我所有的善與惡不約而同地從我的嘴裡喊了出來。

勇敢的追尋者圍在我的身邊！探險者啊！你們這些在令人膽寒的海洋上和狡猾的帆上一同探索尚未被發現的海洋的探險者啊！你們這些謎一樣的探險者們！

快快解決掉我親眼所見的謎團吧，快快解釋一下最孤獨者的幻象吧！

因為這就是一種幻象，是一種預見：那麼，我在這些寓言之中都能看到些什麼東西呢？究竟誰是那個終究會在某一天到來的人？

誰是那個懸在蛇口之外的牧羊人呢？那個能夠容忍最沉重、最黑暗的事物的人是誰？

不過，那個牧羊人還是像我告誡他的叫喊那樣咬下去，他使勁地咬！他將蛇頭扔到了很遠的地方，然後，自己跳了起來。

他不再是一個牧羊人，他不再是一個人——他是一個已經改變了外形的物體，籠罩在亮光之中的物體，他笑了起來！在這片大地之上，還從來都沒有一個人像他那樣笑過！

噢，我的兄弟們，我聽到了一陣笑聲，那不是人類的笑聲，而現在，一種饑渴、一種從未緩和過的渴望正在吞噬著我。

我對於那笑聲的渴求正在吞噬著我：噢，要我活下去，我怎麼能受得了呢？但現在去死，我怎麼能受得了？

47 違背意願的幸福

查拉圖斯特拉的內心隱藏著這樣的謎團和苦難，漂洋過海。在查拉圖斯特拉離開幸福之島和他的朋友們第四天，他已經克服了自己身上種種的痛苦，他那堅定的、勝利的腳掌再一次站在了他的命運之上。所以，查拉圖斯特拉對他欣喜若狂的良心說：

我又一次孤身一人，我心甘情願如此，獨自一人和純粹的藍天以及自由的大海在一起：而下午再一次圍繞在我的身邊。

有一天下午，我第一次找到了朋友們；同樣也是一天的下午，我第二次找到了他們——當所有的光亮都變得無比寧靜的時候。

因爲任何幸福都在藍天和大地之間進行旅行，它們在尋求一個閃閃發亮的靈魂：作爲它的住所，幸福會讓所有的光亮變得更加寧靜。

啊，我的生命之下午啊！我的幸福也曾經下降到山谷裡找尋住所：然後，它發現了那些自由的、環境舒適的靈魂。

啊，我的生命之下午啊！我放棄了所有，就爲了能夠有機會得到那個唯一的東西——我思想生動的花園和我最高希望的黎明啊！

有那麼一次，創造者找尋同伴和希望的孩子們，但是後來他才明白，如果不首先創造他們的話，他就沒法找到他們。

因此，我在工作中，向那些孩子們走去，並且回到他們中間：爲了這些孩子們著想，查拉圖斯特拉必須保護他自己。

因爲一個人的內心當中只會深愛自己的孩子和自己的工作，偉大的自愛所在的地方，就是孕育生命的徵兆：所以，我發現了這些。

我的孩子們在微風的吹拂下，彼此緊挨著站在一起，在他們的第一個春天裡顯出無比翠綠的顏色，這就是我的花園和我最肥沃土壤裡的樹木。說眞的，這種樹密集生長的地方就是幸福之島！

但是，總有一天我會將它們從土壤裡連根拔起，並且分別栽種它們：以便讓它們都能夠學到孤獨、傲慢和謹愼。

我要它們長出多節的樹枝，彎曲著，剛柔並濟地矗立在海洋之上，一個無法征服生命的生動燈塔。

就在那風暴沖向海洋的地方，在那山峰的長鼻痛飮海水的地方，每一棵樹木都擁有值白班和夜班的時候，以便讓它被測試、被認知。

它必定會被測試、被認知，讓人們知道它是否是我的族類和後代：讓人們知道它是一個長久意志的主人，即使在它說話的時候也是無比安靜的，給予的時候就像不得已而取得一樣：

因此，總有一天它會成爲我的同伴，一個和查拉圖斯特拉在一起的共同創造者同伴：它是一個能夠將我的意志，讓世間萬物得到進一步完善的意志，寫在我的桌子上。

爲了它和它的同類著想，我必須好好保護自己。所以，我現在要躲開我的幸福，並且將自己呈現在所有的災禍面前，作爲我最終的測試和認知。

說眞的，我到了該離開的時間了。旅途者的影子、最長久的居住和最沉悶的時刻異口同聲地告訴我：「現在是最佳的時刻了！」

話語像風一樣穿過鑰匙孔向我襲來，它說道：「快來吧！」大門被巧妙地開啓了，並且說道：「快走吧！」

但是，我被我對孩子的憐愛所禁錮，對於愛的渴望爲我布置了這個陷阱。我成爲孩子們的犧牲者，並且因爲他們而失去自己。

渴望對於我而言，就是迷失自我。我占有著你們，我的孩子們！在這樣的占有中，任何的事物都是安全且沒有任何渴望的。

但是，我的愛之太陽就在我的頭頂上徘徊，不肯離去。查拉圖斯特拉在自己的灼熱中飽受煎熬——就在那個時候，陰影和懷疑從我的身邊飛過。

我現在開始渴望寒冷和冬季的到來：「噢，那寒冷和冬季會再一次讓我瑟瑟發抖，渾身打顫吧！」我歎了口氣說道。那時候，冰冷的迷霧從我的身上油然而生。

我的過去打破了它的墳塋，許多被埋葬的痛苦甦醒過來：它們隱藏在屍體的裹布裡，美美地睡上了一覺。

所以，一切的事物都用信號向我說道：「現在是時候了！」但是我並沒有聽到這個聲音，直到最後，我的深淵開始動盪，我的思想開始啃咬我。

噢，我的思想啊，我那猶如深淵般的思想啊！我什麼時候能夠具備聽到你們的挖掘和不再顫抖的聲音的能力呢？

當我聽到他們在挖掘的時候，我的喉嚨在猛烈地顫動我的心臟！你那猶如深淵般的無言，你那令我窒息的無言！

我從來都沒有勇氣呼喚你到上面來；我已經受夠了將你藏匿起來；我還不夠強大，沒有獅子最終的放縱和勇敢。

你的重量足夠讓我感到敬畏，但是，我總有一天會找到勇氣，並且用獅子的聲音呼喚你！

倘若我能夠在這些方面征服自己的話，那麼，我同樣可以在更加偉大的事情中征服自己；一場轟轟烈烈的勝利就是我的完美的印記！

與此同時，我會航行在充滿未知和變數的海洋之上，機遇和甜言蜜語在討好我，我開始瞻前顧後地張望，可是，我仍舊看不到終點。

我最後的決鬥時刻還沒有到來——又或許它現在正在往這裡趕來呢？真的，充滿陰險狡猾的、美的海洋和生命凝視著我。

啊，我的生命之下午啊！啊，黃昏之前的下午啊！啊，大海之中的停泊處啊！啊，不確定之中的平靜啊！我是多麼不信任你們啊！

我對你們這種陰險狡猾的美持不信任的態度！我就像一個情人一樣，不信任一個過於圓滑的微笑！

我就像這位忌妒者溫柔地、認眞地推開他的摯愛一樣，推開了幸福的時刻。

幸福的時刻啊！請你們離開我吧！你們出人意料地爲我帶來了幸福，而我現在卻要準備好接受最深的痛苦，你們來得實在太不是時候了！

幸福的時刻啊！請你們離開我吧！你帶著孩子們去那裡找尋住所吧！快點啊！用我的幸福在黃昏之前祝福他們吧！

夜晚已經悄然臨近了，太陽正在下落。快點離開我吧，我的幸福！

查拉圖斯特拉如是說。他一整夜都在等待他的不幸到來，但是他的等待卻是徒勞。夜晚仍舊是清晰的、寧靜的，而幸福離他越來越近。但是，黎明將至的時候，查拉圖斯特拉發自內心地笑了起來，他嘲笑地說道：「幸福在追趕著我。那是因爲我不追逐婦人的緣故。但是，幸福就是一個婦人。」

48 日出之前

啊，在我頭頂之上的天啊，純粹並且深沉的天啊！光亮的深淵啊！當我注視著你的時候，我因爲神聖的渴望而瑟瑟發抖。

跳上你的高度——這才是我的深度！我將自己隱藏在你的純淨之中——這就是我的天眞無邪！

上帝被他的美貌掩蓋了：同樣地，你也掩蓋了你的星星。你不說話：你向我宣告了你的智慧。

今天，你一言不發地在驚濤駭浪之中向我走來，你的愛和謙遜在向我憤怒的靈魂昭示眞相。

你優雅地向我走來，隱藏在你的美貌之下，你用沉默跟我談話，用你的智慧展示著自己。

啊，我怎麼能猜不透你靈魂的謙遜呢！在太陽的面前，你向我走來，向這裡最孤獨的人走來。

我們從一開始就是好朋友：我們有著共同的悲痛、恐懼和深度；甚至太陽也共同屬於我們。

我們彼此之間根本不說話，因爲我們都太了解對方了：我們彼此之間保持沉默，並且用微笑同對方交換知識。

難道你不是我的火焰之光嗎？難道你對於我見解的洞察力不是如同姊妹的靈魂嗎？曾經，我們兩個在一起學習了一切，並且學到應該如何超越自我、升華自己和不加懷疑地微笑。

從遠處用散發著光芒的眼睛向下微笑著，抑制、意圖和錯誤在我們的下面像雨水一樣冒著蒸汽。

當我獨自一個人散步的時候，在夜晚，在錯綜複雜的小路上，我的靈魂到底需要什麼來塡飽饑餓呢？當我在攀登山峰的時候，如果我不是在尋找你的話，那麼我是在山峰上尋找誰呢？

我所有的散步和所有攀爬的山峰，那僅僅是笨拙者的必要和權宜之計而已。我整個意志要獨自飛翔，它要朝你的方向飛翔！

究竟是什麼東西要比那些從身邊飛過的雲朵以及玷汙你的一切都更加讓你感到痛恨呢？我甚至會痛恨自己的仇恨，因爲它也同樣玷汙了你！

我厭惡那些從身邊飛過的雲朵，我厭惡那些悄悄爬過的野貓。它們奪走了我們共有的東西——一個不受限制、無限的肯定和祝福。

我們都痛恨這些中間介入者和好事者——從身邊飛過的雲朵。它們是不澈底的事物，它們既沒有從心底裡學會祝福，也沒有學會詛咒。

我寧願坐在一個安放在藍天底下的浴盆裡，我寧願坐在沒有藍天的深淵裡，也不會去看你，你這個散發著光芒的藍天，被飛過的雲朵玷汙的藍天！

我經常設想用鋸齒形的閃電金絲快速地將雲朵繫在一起，而我或許會像一道閃電一樣，在它們瓦罐似的肚子上擊鼓：

一個惱羞成怒的鼓手，因爲它們從我這裡偷走了你們的肯定和祝福！那個在我的頭頂之上的藍天啊！那個純粹的、散發著光芒的藍天啊！純粹的光之深淵啊！因爲它們從我這裡偷走了你們的肯定和祝福！

我喜歡雜訊、雷電和肆虐的暴風雨，而不喜歡這種謹愼的、充滿疑慮的貓的安息，同樣地，在人群當中，我最討厭所有悄悄走路的人，不澈底的人，充滿疑慮、猶豫地飛過之雲。

「如果他不會祝福，那就去學詛咒！」這個清晰的教言從藍天降臨到了我的頭上，這個行星便是在黑暗的深夜也會在我的藍天裡閃閃發亮。

但是，我是一個祝福者、一個肯定者，倘若是你，純粹地、散發著光亮藍天的你圍繞在我的身邊！你這光之深淵啊！我將會把我的祝福和肯定一併送到所有的深淵裡面去。

我成了一位祝福者、一位肯定者，而且，我曾經爲此奮鬥過，我曾經是一名奮鬥者，讓我終於擁有一雙自由自在的手去祝福。

然而，這就是我的祝福：站在世間萬物之上，就好像那是它的藍天、圓屋頂、湛藍的鐘和永恆的安全似的。祝福者也會受到祝福的！

世間萬物都會在永恆的洗禮盤裡接受洗禮，超越善與惡；但是，善與惡本身不過就是逃亡的影子、潮溼的苦難和飛過的雲朵而已。

說眞的，當我說道：「在世間萬物之上矗立著機遇的天、天眞無邪的天、偶然的天以及放肆的天。」這不是一種褻瀆神明的行爲，而是一種祝福。

「偶然」——這是世界上最古老的貴族稱號，我將它歸還給了世間萬物，我將它們從目的地奴役中解放了出來。

當我說：「無論是在世間萬物之上，還是在世間萬物本身之中，都不存在『永恆的意志』。」我把這個猶如蔚藍色的鐘一樣的自由和天空的寧靜放在了世間萬物之上。

當我說：「世間萬物之中有一件事是永遠也不可能的——合乎理性。」我把這種放肆和瘋狂放在了這個「永恆的意志」的位置之上。

毋庸置疑，一點點的理智，一個智慧的萌芽，從這個星球撒播到另一個星球之上，這種酵母被混入了世間萬物之中：爲了瘋狂著想，智慧也被混進世間萬物之中！

的確，一點兒小小的智慧是很有可能的；但是在世間萬物中，我發現了受到祝福的安全，也讓它們寧願選擇在機遇的腳上跳舞。

啊，我頭頂之上的藍天啊！你這純粹的、高聳的藍天啊！現在，對於我來說，你是純淨的，這裡沒有永恆的理智之蜘蛛，也沒有理智之網——因爲，你對於我來說就是一個爲神聖的機遇準備的跳舞場；因爲你對於我來說就是爲神聖的骰子和玩骰子的人準備的神桌！

你了嗎？但是你臉紅了嗎？難道我說了不該說的東西了嗎？當我打算祝福你的時候，我難道褻瀆

或者是因爲我們兩個人的緣故讓你感到羞愧而臉紅嗎！是你命令我離去，並且保持安靜，就是因爲白晝就要來臨了嗎？

這個世界是深邃的，它遠比白晝所能想像的深邃。並不是所有的事物都能在白晝的面前說出來的。但是，這一天終究會到來：所以，就讓我們在此分別吧！

啊，我頭頂之上的藍天啊！謙遜並且閃閃發光的藍天啊！啊，你，我日出之前的幸福啊！這一天終究會到來的。就讓我們在此分別吧！

49 萎縮的德行

(1)

當查拉圖斯特拉再一次來到大陸上的時候，他並沒有徑直走向他攀爬的山峰和他的洞

穴，而是到處遊走、漫步，並且經常問一些這樣或者那樣的問題。他自我嘲諷道：「看啊！這是一條擁有很多曲線、回流到源頭的小河！」因爲他想知道，在他不在的這段時間裡，人們到底都發生了些什麼事情：人類究竟是變大了，還是變小了呢？當他再一次看到一排嶄新的房屋的時候，他無比震驚地說道：

「這些房子是幹什麼用的？說眞的，任何偉大的靈魂都不會將自己當作一種象徵而建造起來！

或許是一位愚蠢的小孩子將它們從他的玩具盒子裡拿了出來？如果是那樣的話，那麼另一個小孩子肯定會把它們放回到玩具盒子裡面去！

還有這些房間和大廳——人們眞的能在那裡頭來去自如嗎？它們看起來像是絲綢製作的娃娃，或是爲了貪吃的貓準備的。」

而查拉圖斯特拉安靜地站在那裡，他在沉思。最後，他悲傷地說道：「這裡的任何事物都變小了！

無論我走到任何地方，我都能看到非常矮小的門。和我有同樣身高的人還能過去，但是他必須得彎著腰過去！

啊，究竟要到什麼時候我才能再一次回到我的家鄉，再也不用彎著腰穿過去，回到再也不用對侏儒彎著腰的家鄉！」查拉圖斯特拉歎了口氣，隨後，他開始眺望遠方。

但是，就在同一天，他講了侏儒的道德。

(2)

我從這個人的身邊走過，我一直讓我的眼睛張開著：因爲我沒有忌妒他們的道德，所以，他們是不會原諒我的。

他們啃咬我，因爲我對他們說，侏儒必須擁有屬於侏儒的道德——我始終很難理解侏儒存在的必要性！

我仍舊像一個古怪農場裡面的雄雞，即使是母雞也會啄我，但是，這並不能說明我對母雞們是不友好的。

我對待它們非常有禮貌，就如同對待一個小小的麻煩一樣，我認爲對於渺小的事物豎起尖刺，那是刺蝟的智慧。

到了夜晚，當他們圍坐在篝火面前的時候，他們都在談論我——他們都在反覆談論著我，但是，在他們當中沒有一個思索著我！

這是我剛剛經歷過的全新寧靜：他們的喧鬧在我的周圍爲我的思想披上了一個斗篷。

他們彼此叫喊著：「這充滿憂鬱的雲朵到底想向我們索取什麼呢？我們要小心提防別讓它給我們帶來一種傳染病吧！」

最近，一個女人抓住了她的孩子，讓他不要向我靠近，「快讓孩子們都避開吧！」她大喊道，「這樣的眼睛會燒毀孩子們的靈魂。」

當我說話的時候，他們開始咳嗽：他們認爲咳嗽是對猛烈風暴的抵抗，他們根本無法猜測到我幸福的歡悅！

「我們沒有多餘的時間留給查拉圖斯特拉了。」他們開始如是反對著，不過，「沒有時間」留給查拉圖斯特拉的時間，又能具有什麼價值呢？

即便是他們聚在一起誇獎我，那麼，在他們的誇獎之下，我又怎麼能睡得著呢？對於我來說，他們的誇獎就是一條腰帶。即使我將它拿掉，它還是在用刺扎我。

而這些也是我從人們當中學到的：稱讚者假裝想得到回報的樣子，但是，事實上他想要的回報比假裝索要的更多！

你可以問問我的腳，看看它們是否喜歡他們的讚美和充滿誘惑的音樂！說眞的，它並不願意在那樣的節拍下跳舞，也不想安靜地站在原地。

他們會向我讚美他們自己小小的道德，並且誘惑我；他們喜歡用小幸福的節拍說服我的腳。

我從這個人身邊走過，並且讓我的眼睛張開著；他們已經變得越來越小，而且還將繼續變得越來越小——他們變得越來越小的原因是由於他們幸福的教條和道德。

因爲在道德中，他們同樣保持謙虛——因爲他們要尋求舒適安逸。但是，只有謙遜的道德，才能跟舒適安逸和睦共處，協調一致。

毋庸置疑，他們也在用他們自己的方式學習前進的腳步：我管這叫跛行。因此，他們變成了所有匆忙者的障礙物。

他們當中的許多人在向前走的時候，還會梗著僵硬的脖子回頭看：我非常願意碰見這樣的人。

腳和眼睛是不會說謊的，也不會互相拆穿謊話。但是，在侏儒當中卻有相當多的謊言。

他們當中的有些人是有意志的，不過，他們當中絕大多數的人是「被意志」的。他們當中的有些人是誠實正直的，但是，他們當中的絕大多數是惡劣的表演者。

在他們當中有一些非自覺的、不是出於本意的表演者，那些誠實正直的人永遠都是稀缺的，特別是誠實正直的表演者。

他們很少具有男性的特點：因此，婦人們會將自己男性化。只有男人味十足的人，才能夠拯救婦人。

而這是我在他們中間發現的最糟糕的偽善，即使是命令者也會假裝服務者的道德。

「我服務，你服務，我們大家都服務。」統治者的偽善也如是歌唱著，倘若最高的領主僅僅是頭等的奴僕，那該有多好啊！

唉，我那冒著好奇之光的眼睛能夠看見他們的偽善，我很好地猜到了他們的蒼蠅幸福和面向陽光的玻璃窗。

在充滿仁慈和善意的地方，我同樣看到了同等的軟弱。在充滿爭議和憐憫的地方，我同樣看到了同等的軟弱。

他們會用圓滑的、公平公正的、愼重的態度對待彼此，有如圓滑、公平和愼重的沙粒一樣。

謙遜地擁抱小小的幸福——這就是他們所謂的「順從」！並且與此同時，他們早已謙遜地偷偷觀察到了新的、小小的幸福。

在他們的內心當中，他們非常渴望一件事：那就是不能讓任何人傷害他們。因此，他們對所有人都非常體貼，並且擅長隨機應變。

但是，這就是懦弱的行爲，儘管這被人們稱爲「道德」。

而當他們偶然嚴厲地說話的時候，我唯一能聽到的只有他們刺耳的叫聲——因爲每一陣風都會讓他們感覺到喉嚨嘶啞。

的確，他們是無比狡猾的，他們的道德擁有靈巧的手指。但是，他們沒有拳頭：他們的手指不知道該如何彎曲形成一個拳頭。

在他們看來，道德能夠讓世間萬物謙遜而順服：就這樣，他們把狼變成了狗，將人變成了最好的家畜。

「我們將椅子放在了正中間」。他們傻笑著對我說道，「快要死去的角鬥士和滿足的豬的距離是相等的。」

但是，這就是平庸，儘管人們稱它爲「節制」。

(3)

我從這些民眾身邊走過，並且拋擲了很多話語：但是，他們並不懂得該如何獲取，也不懂得該如何保留它們。

他們好奇的是爲什麼我會來這裡，而不咒罵縱欲和惡意；說眞的，我來到這裡也不是爲了警醒別人時刻提防扒手！

他們在好奇爲什麼我沒有準備好教唆和刺激他們的智慧：就好像他們中間還沒有足夠多自作聰明的人，但是，那些自作聰明者的聲音就像石筆一樣在我的耳朵中響著！

當我大聲吼道：「我詛咒在你們身上所有懦弱的惡魔，它們鍾愛嗚咽，雙手交叉著崇拜。」然後他們開始叫喊道：「查拉圖斯特拉是無神論者。」

教他們順從的教師叫喊得尤其響亮——但是，我非常喜歡對著他們的耳朵叫喊：「是的！我就是查拉圖斯特拉，我就是無神的！」

那些教人順從的教師啊！凡是擁有卑鄙癬疥與疾病的地方，他們就會像蝨子一樣爬行；並且只有我的厭惡才會阻止我去壓碎他們。

好吧！這就是我對他們的耳朵進行的說教：我是無神論者查拉圖斯特拉，在這裡說道：「有誰能夠比我還要無神？就讓我盡情享受他的說教。」

我就是無神的查拉圖斯特拉！我的同胞們都在什麼地方？我的同胞們是將他們的意志給

予自己，並且被剝奪了對所謂安命的知情權。

我就是無神的查拉圖斯特拉！我把所有的機遇都放在我的鐵鍋裡烹煮。等到那些機遇被烹煮完畢後，我才會歡迎它們成爲我的養料。

說眞的，許多機遇都會傲慢地向我走來，但是我的意志會用更加傲慢的姿態對他們說話——然後，他們立刻會跪倒在我的面前。

他們懇求我能夠在這裡找到住所和熱切的心，他們討好地對我說道：「看啊！查拉圖斯特拉，只有朋友才會前來拜訪朋友啊！」

但是，當所有人都不聆聽我講話的時候，我何必要說話呢？所以，我對所有的風喊叫道：

你們這些侏儒們，你們會永遠變小，你們這些貪圖舒適安逸的傢伙們，你們會被剝得乾乾淨淨，你們的意志會因爲你們許多小小的道德、小小的省略以及小小的順從而消逝！

你們過於脆弱，過於屈服了：這裡本來是你們出生的土地，但是如果一棵樹要想長高，它就必須用強韌的樹根緊緊抱住堅硬的岩石！

你們所遺漏的東西正在給所有的人類未來編織著蜘蛛網；即使你們的無能也是一個蜘蛛網以及一個生活在未來的血液之上的蜘蛛。

小小的有德之人啊！當你們獲取的時候，就好像偷竊一樣；但是，即便是對於偷竊者來說，榮譽也有權力說話：「只有在不能搶劫的地方，才允許偷竊。」

「這是被給予的。」這同時也是順從的教條。但是，我要告訴你們，你們這些貪圖舒適安逸的傢伙們，這些都是拿來的，它還將會在你們的身上拿走越來越多的東西！

啊，你們爲何不丟棄所有的「半意識」呢，你們爲什麼不決定將懶惰作爲你們抉擇的行動呢！

啊，你們理解我的話語的含義：「去做你們想做的事情吧！但是，你們首先要做一個有意志的人。

熱愛你們的鄰居就像熱愛你們自己一樣！但是，你們首先要成爲能夠自我憐愛的人——成爲用偉大的熱愛和偉大的輕蔑憐愛自己的人！」無神的查拉圖斯特拉如是說道。

但是，當沒有人聆聽我話語的時候，我爲何要開口說話！這個時刻對於我來說，實在是太早了。

在這個人民當中，我是自己的先驅者，在黑暗的道路之上，我是黑夜裡的破曉。

但是，屬於他們的時刻到來了！同樣地，屬於我的時刻也來到了！時間一分一秒地過去，他們變得越來越小，越來越落魄，越來越無法繁殖——可憐的雜草和可憐的土地啊！

很快，他們就會像乾燥的草地和大草原一樣站在我的面前，說眞的，他們對於自己也產生了厭倦——他們更加需要的是火而不是水！

啊，受到祝福的閃電時刻啊！啊，矗立在正午之前的謎團啊！——終有一天，我會讓他們成爲奔跑的烈焰，成爲舌頭冒火的預言家。

近。

終有一天，他們會成爲舌頭冒火的預言家。那偉大的正午就要來了，它離這裡越來越近。

50 在橄欖山上

冬天，一個邪惡的客人，跟我一起坐在家裡；我的雙手因爲他那友好的握手而變得毫無血色。

我尊敬他，那個邪惡的客人，但是我喜歡他獨自坐在一個地方。我特別喜歡從他的身邊跑開；當你跑得足夠快的時候，你就能離開他！

我用溫暖的雙腳和溫暖的思想跑到了風平浪靜的地方——跑到了我的橄欖山之上被太陽照射的角落。

在那裡，我嘲笑著我嚴肅的客人，我仍舊非常喜歡他；因爲他幫忙清理掉了我房子裡的蒼蠅，並且幫我平息了許許多多的小雜訊。

一兩隻蒼蠅的嗡嗡聲並不會讓他感到遭受苦難，他讓所有的道路變得孤獨寂寞，因此，在那裡，夜晚的月光也會感到害怕。

他是一個非常強硬的客人，但是我尊敬他，並不是像虛弱者之對於大肚腩的火神那樣崇拜他。

即便是小小的唇槍舌劍也要比崇拜偶像什麼的強得多！我的天性讓我如是。特別是我非常討厭所有熱情的、蒸汽的火神。

那個我所摯愛的，我在冬季要比在夏季更加熱愛的他，我現在嘲笑我的敵人們，而且當冬天在我的房子裡坐下的時候，我的嘲笑要比之前更加劇烈。

眞的，要更加劇烈一些，甚至是當我爬上床之後——甚至於我隱藏的幸福仍舊在嘲笑和嬉戲打鬧，即使是我的具有欺騙性的夢境也會嘲笑。

我，難道是一個爬行者嗎？在我的人生當中，我還從來都沒有在力量的面前爬行過；而且如果我躺下來的話，那麼，我是爲了愛情而選擇躺下來。因此，當我冬天躺在床上的時候，我還是非常高興的。

一個破舊的床要比奢華的床更能溫暖我。因爲我總是忌妒我的貧窮。在冬季，它對我是最忠誠的。

每一天的開始，我都會做一件非常邪惡的事情：我用冰冷的淋浴嘲笑冬季：爲此，我的嚴肅的客人曾經抱怨和怨恨過。

同樣地，我還喜歡用一個細蠟燭哄它開心，所以，到了最後，它讓藍天從灰色的曙光之中展現了出來。

特別是在早晨的時候，我會做壞事，在清晨的時候，水桶在井裡面發出聲響，馬匹則在灰色的道路上喘著熾熱的粗氣：

我開始煩躁地等待，直到最後明朗的藍天出現在我的面前，鬍鬚雪白的冬季天空、默不作聲的冬季天空——

甚至經常使冬天的太陽默不作聲的冬季天空！

或許可以從中學習長久、明朗的沉默？抑或讓它從我這裡學習嗎？或是我們各自發明？

任何事物都有著上千種來源——所有的惡作劇都會爲了快樂而存在，它們又何止僅僅做一次呢！

長久的沉默同樣也是一件任性的好事，正如冬天裡的天空一樣，在散發著光亮的、圓圓的眼睛裡窺視著：

猶如冬季的天空一樣，懲悶了自己的太陽，懲悶了自己不屈的太陽的意志。說眞的，我已經將這種技藝和這種冬天的惡作劇學習得很透徹了！

那是我最鍾愛的惡作劇和技藝，我的寂靜已經學會了不因沉默而暴露自己。

用措辭和骰子的喋喋不休，我以機智戰勝了莊嚴的助手：我的意志和目的會躲避所有那些嚴肅的觀看者們。

沒有任何人能夠窺探到我的內心深處，窺探到我的終極意志——正是出於這個目的，我爲自己創造了長久、清澈的寂靜。

我發現了很多精明的人：他們蒙住了自己的面孔，並且讓他們的水變得渾濁，讓人們無法從那裡看到下面。

但是那些更加精明的不信任的人以及敲碎堅果的人們，正向他走來：他們正要從他那裡釣上最隱密的大魚！

不過，在我看來，最聰明的寂靜者們就是那些清澈的、誠實的以及坦率的人們：在他們的內心深處是那麼深沉，即便是最清澈的水也不能將它暴露出來。

啊，鬍鬚雪白的冬季天空、默不作聲的冬季天空，擁有圓圓的眼睛的沉默的人啊！啊，你就是我靈魂快樂的神聖預言啊！

我不得不將自己隱藏起來，就像吞噬金子的人一樣——唯恐我的靈魂被他們撕碎嗎？

我不得不踩著高蹺走路，讓我周圍的那些忌妒者和受傷者不去注視著我長長的腿嗎？

那些骯髒的、煙熏的、疲憊不堪的、發黴的、惡意的靈魂——他們的忌妒又怎能忍受我的幸福呢！

我只願意向他們展示我峰頂之上的冰雪和寒冬——而不願意向他們展示太陽圍繞著的山峰！

他們只能聽到我寒冬風暴的呼嘯聲：但是他們並不知道我同樣還會穿越溫暖的海洋，就像充滿渴望的、沉重的、炙熱的南風一樣。

他們同樣會同情我的不幸和機遇，但是我說道：「讓機遇來到我的身邊吧！它就像一個小孩子一樣天眞無邪！」

倘若我不散播不幸、寒冬的苦難、熊皮的帽子以及包裹在它周圍的雪花之外套，他們又怎麼能夠忍受我的幸福呢！

倘若我不同情這些忌妒者和受傷者的慈悲！

倘若我不在他們的面前歎息，與寒冷交談，並且耐心地讓自己被他們的慈悲所包圍！

這就是我靈魂明智的意志和善意的意志，它並不會隱藏自己的寒冬和冰川風暴；它同樣也不會隱藏自己的凍瘡。

對於一個人來說，孤獨是身體虛弱者的避難所，而另外一種孤獨則是遠離疾病的安全住所。

所有那些貧窮、圍在我身邊的斜眼無賴們，讓他們聆聽我和冬天寒冷的談話以及歎息吧！在這樣的歎息和交談之中，我逃離了他們那炎熱的房間。

讓他們同情我的凍瘡，並且爲我歎息吧：「我們將會看著他凍死在知識的冰窖裡！」他們如是悲歎道。

與此同時，我用溫暖的腳掌在我的橄欖山上到處奔跑，我會在我的橄欖山上被太陽照射的角落裡歌唱，並且嘲笑所有的慈悲。

查拉圖斯特拉如是唱著。

51 路過

查拉圖斯特拉緩慢地穿過許多民眾中間，穿過各種各樣的城市，然後他採取繞道的方式回到了他的山峰和他的洞穴。不過，快看啊！在查拉圖斯特拉行走的時候，他不知不覺來到了偉大城市的大門口。然而，這裡有一個滿嘴吐著泡沫的傻子，將兩隻手伸開，朝他跑了過來，擋住了查拉圖斯特拉的去路。這個傻子和被人們稱爲「查拉圖斯特拉之猿」的傻子是同一個人。因爲他曾經從查拉圖斯特拉那裡學過一些語言的表達和腔調的調整，他還借用了查拉圖斯特拉的智慧寶藏。那個傻子對查拉圖斯特拉如是說：

「啊，查拉圖斯特拉，這裡就是偉大之城：在這裡你將會一無所有，同時也會一無所失。

爲什麼你會涉過泥沼？請愛惜你的腳掌吧！寧肯唾棄偉大之城的大門，並且轉身離去！

這裡是所有隱士的思想地獄：這裡所有的思想都會被活生生地煮沸。

在這裡，所有偉大的情感都會腐朽：在這裡只有骨頭的哀號！

你有沒有聞到精神的屠宰場和肉食店的腐臭味道呢？這個城市裡不是彌漫著被殺戮的精神氣味嗎？

難道你看不到那些像乾癟和骯髒的破布一樣懸掛起來的靈魂嗎？——並且他們會在這樣的破布中製造出新聞！

難道你聽不到嗎？在這裡，精神是如何成爲一個口頭的遊戲？精神吐出了令人厭惡的言語的汙穢，同樣，他們會從這樣的言語汙穢中製造出新聞！

他們彼此互相追逐，卻不知自己身在何處！他們互相激怒，卻不知原因何在！他們敲擊著他們的金幣，把金幣敲得叮噹響。

他們是冰冷的，從蒸餾水中尋找溫暖，他們渾身炙熱，卻在冰冷的精神當中尋找清涼，在大眾言論的影響下，他們會生病和受傷。

這裡是所有的欲望和罪惡的家園；但是這裡同時也是道德的家園；擁有很多實用的、有用的道德。

很多有用的道德都擁有抄寫員一樣的手指和強壯的臀部肌肉，可他們的子女瘦弱而無生氣。

這裡，在軍隊之上帝的面前，也有很多虔誠、諂媚的人。

動章和恩賜的唾沫從高處掉落下來，因此，那些沒有動章的人們都會抬起頭仰望著天空。

月亮有屬於它自己的朝堂，而朝堂也擁有它自己的月牙兒，所以，那些乞討食物的人們，懷著行乞道德的人們，祈禱著所有從朝堂裡掉落下來的東西。

「我服務，你服務，我們大家都服務」。所有實用的道德之士都對王子祈求，最終，這個應得的動章就會戴在瘦瘦的胸膛之上！

但是，月亮始終圍繞著一切世俗的東西旋轉：王子也會圍繞著一切世俗的東西旋轉——那就是小商販的金子。

戰爭軍隊之神並不是金塊之神；王子在謀劃，但是小商販在做事！

啊，查拉圖斯特拉啊！你身上的一切都是那麼的燦爛、強壯和善良！唾棄這座偉大之城的小商販們，然後轉身離去吧！

這裡所有的血液在血管裡流淌著，它腐爛、微溫，並且輕薄；唾棄這座偉大之城，這裡就是所有的廢棄之物彙聚在一起的巨大的貧民窟！

唾棄這被壓縮的靈魂和細長的胸脯之城，這擁有尖尖的眼睛和黏黏的手指的城市。

唾棄這流氓的城市，這個厚臉皮、筆之煽動者和舌頭之煽動者，這太過於激動的野心勃勃者。

這裡的一切都是殘缺、畸形、貪欲、不被信任、爛熟、黃病、膿潰而有毒的。

唾棄這座偉大的城市，然後轉身離開吧！」

然而，就在這個時候，查拉圖斯特拉打斷了那個口吐泡沫的傻子談話，並且讓那個傻子閉上嘴巴。

「快點停下來吧！」查拉圖斯特拉大喊道，「你的講話和你的同類，在很長一段時間內都讓我感到非常噁心！

爲什麼你要在沼澤裡住這麼長的時間，直到你自己都變成了一隻青蛙或一隻蛤蟆呢？

你自己的血管裡不是流淌著汙染的、冒著泡的沼澤之血嗎？所以，你才學會了咯咯地鳴叫嗎？

爲什麼你不去森林裡呢？或是爲什麼你不耕種土地呢？難道大海當中不是充滿了綠意蔥蔥的島嶼嗎？

我鄙視你們的輕蔑，當你們在警告我的時候——你們爲什麼不警告你們自己呢？

僅僅是因爲愛，我的輕蔑和我的警告之鳥才會展開翅膀翱翔，而不是在沼澤裡翱翔！

人們都說你是我的猴子，你這個口吐白沫的傻子：但是，我要將你稱作我愛發牢騷的豬——由於你愛發牢騷，甚至破壞了我對於傻子的讚揚。

最早能夠讓你發牢騷的是什麼呢？因爲所有人都不討好你——因此，你坐在了汙水的旁邊，你還會有更多發牢騷的理由。

那樣的話，你也就有了更多報復的理由！你這個沒用的傻子啊！你的報復就是你所有的嗔怒，我已經澈底猜透了你！

但是，你那種傻子的話語傷害了我，即便你說的話是對的！而且，即使查拉圖斯特拉話語的眞實性被檢驗了上百遍，可你還是錯用了我的話語！

查拉圖斯特拉如是說道。然後，他抬起頭看著這座偉大的城市，歎了口氣，並且在很長的時間裡一言不發。最後，他如是說道：

「我不僅僅是討厭這個口吐白沫的傻子，我還討厭這座偉大之城。無論是在何處，什麼都不可能改善，什麼也不能惡化。

我眞替這座偉大之城感到悲哀！——但願，我能夠看到被烈火呑噬的石柱啊！

即便是這樣的石柱也必須要在偉大的正午之前來到這裡。但是，它有一定的時間以及一定的命運。

傻子啊！在分手道別的時候，我對你進行了這樣的說教：對自己不能再愛的地方，就應該離開！」

查拉圖斯特拉如是說，然後他離開了那個傻子和那座偉大之城。

52 叛教者

(1)

唷！在這片最近還綠意蔥蔥的青草地上，如今一切都已經枯萎和凋零了！我從這裡將多少的希望之蜜帶回到我的蜂房裡！

那些年輕的心靈都已經開始變老了——甚至都沒有變老！只是變得厭倦、變得平庸、變得舒適安逸。他們宣稱：「我們再一次開始變得虔誠。」

近來，我看到他們在清晨用勇猛的腳步奔跑：但是，他們的知識之腳開始變得疲倦，現在，他們甚至開始誹謗晨間的勇猛！

說眞的，他們當中的大多數人都曾經像舞蹈者般舉起他們的腿，我的智慧向他們送去微笑，可是他們開始思考。現在，我甚至都能看到他們彎下身子，向十字架爬去！

他們曾經圍繞著光亮和自由，像撲火的飛蛾和年輕的詩人一樣。但他們漸漸變老，漸漸變冷。現在，他們已然成爲神祕者、含糊其詞的人以及儒夫。

或許，他們的內心會讓他們喪失勇氣，因爲孤獨寂寞就像一頭鯨魚一樣呑噬了我？或許，他們的耳朵已經渴望已久，卻沒有聆聽我的聲音、我吹響喇叭的聲音和我作爲先驅的吶喊。

啊！在這裡只有極少數的人擁有堅韌不拔的勇氣和神清氣爽的快活，在這些極少數者的精神當中同樣也有十足的耐心。但是，剩下的人都是儒夫。

其餘的人：他們永遠都是占大多數的人，他們是平庸的、多餘的、嚴重過剩的人——他們全部都是儒夫！

跟我是同類的人，也同樣會遇到我相類的經驗：所以，他的第一個同伴必定是屍體和傻子。

但是，他的第二個同伴，是自稱爲他信徒的人們，是帶著很多的愛、很多的傻氣、受人尊敬且富有生氣的大眾。

我在人類當中的同伴，絕對不能讓他的心靈依附於那些所謂的信徒們的身上；無論是誰，認識了浮躁而膽怯的人類這種族之後，他們都不會相信這樣的春光和五顏六色的草地！

他們可以做別的事情，那麼就讓他們做別的事情吧。一個一半毀壞了一個整體。葉子開始變得枯萎——爲什麼要悲歎那個啊？

啊，查拉圖斯特拉啊，讓他們死掉並且消亡吧！不要悲歎！最好要用沙沙作響的風猛吹它。

啊，查拉圖斯特拉啊，猛吹那些樹葉吧，讓世間凋零的萬物飛快地離開你吧！

(2)

「我們再一次變得虔誠。」那些叛教者這樣坦白道，他們當中的某些人甚至還會膽怯於這樣的坦白。我看著他們的眼睛，我對著他們的臉和他們紅紅的面頰說道：「你們是再一次祈禱的人們！」

但是祈禱非常可恥！當然，不是對於所有人來說都是可恥的，而是對於你，對於我以及腦海裡存留著良知的人們來說。對於你來說，祈禱就是非常可恥的！

你很清楚：膽小、懦弱的惡魔就隱藏在你的體內，他寧願袖手旁觀，雙手合十——這個膽小、懦弱的惡魔在說服你：「在這個世界上存在上帝！」

但是，你是屬於那種非常害怕光亮的人，屬於在光亮下永遠也無法休息的人。現在，你每天都必須將自己的頭插到更深的陰暗和蒸汽之中！

說眞的，你選擇的時刻非常恰當：因爲就在現在，夜裡出沒的鳥兒們開始再一次在外面翱翔了。所有懼怕光亮的人們的時刻就要來臨了，黃昏的時刻和休閒的時刻就要來臨了，但是他們並沒有休閒的時光。

我聽到，並且聞到了：這個時刻馬上就要來了——他們捕獵和列隊行進的時刻來了，那並不是追捕野獸的捕獵，而是對於馴服的、跛足的、抽著鼻子的以及輕聲祈禱者的捕獵。

一種追逐靈魂的僞善者之獵手：所有打擊要害的捕鼠陷阱都已經安置好了！無論我從哪裡拉起一扇窗簾，總會有夜間的飛蛾突然從裡面飛出來。

難道它跟另一隻夜間的飛蛾蹲守在這裡？因爲，我在任何地方都能夠嗅到隱密的小團體，只要是有密室的地方，就必定會有新的皈依者到來以及皈依者的氣味。

在漫漫的長夜裡，他們彼此挨著坐在一起，然後說道：「讓我們再一次成爲小孩子，並且嘟囔著『親愛的上帝！』」虔誠地製造著糖果的人，毀掉了他們的嘴和胃。

或是，他們在漫漫的長夜中注視著一隻狡猾的、潛伏的十字蜘蛛，這只蜘蛛會對它的同伴們進行審愼的說教，並且說著「在十字架的下麵是最適合編織蛛網的地方！」

或者，他們一整天都拿著釣竿，坐在沼澤邊，他們因此認爲自己高深莫測；但是，無論是誰在沒有魚出沒的地方釣魚，我都會稱他爲膚淺的人！

或是他們歡快地、虔誠地在唱聖歌的詩人那裡學習如何彈奏豎琴，那個唱聖歌的詩人最喜歡彈奏他的豎琴以俘獲少女的芳心——因爲他已經厭倦了老女人以及她們的讚美。

或是，他們從博學多才的魯莽之人那裡學會該如何發抖，這個魯莽之人在黑暗的房間裡等待著神靈來到他的身邊——然而，他的神志先跑掉了！

或是他們聆聽年老的流浪漢模仿悲傷的微風和發出悲傷之聲的風笛手；現在，他如同微風一樣在吟唱，在憂傷的調子中進行悲傷的說教。

他們之中的一些人甚至成了夜間的看守人：他們現在知道該如何吹奏號角了，並且知道在夜間的巡遊中，喚醒所有已經沉睡了很久的老東西。

昨天晚上我在花園的圍牆那裡，聽到了關於老東西的五句話：這些話是從年邁的、悲傷的、沉悶的夜間看守人的嘴裡說出來的。

「作爲一個父親來說，他並沒有很好地照顧他的孩子們：人類的父親在照顧孩子這方面要比他強得多！」

「他實在是太老了！他現在已經不再照顧他的孩子們了。」另一個夜間的看守人回答道。

「那麼，他有孩子嗎？除非他自己證明，其他人都沒法證明！很久以來，我一直期盼著他能夠澈澈底底地證明一下自己。」

「證明？就好像他已經證明了所有的事情一樣！證明對於他來說是非常困難的。他討厭證明，他只是在強迫別人相信他而已。」

「唉！信仰拯救了他，他的心中有信仰。那就是老人的道路，也同樣是我們的道路！」

這兩個年邁的夜間看守人和光之恐怖者在如是交談著，然後他們憂傷地吹奏了號角：以上就是昨天晚上在花園的圍牆邊發生的事情。

但是，對於我來說，我的內心因爲笑容而感到絞痛；我的心好像要碎掉一樣；它早已迷失了方向，並且沉到了橫隔膜裡。

說眞的，那幾乎要了我的小命——因此，當我看到驢子喝得酩酊大醉的時候，我忍住了笑，而且，我聽到了夜間的看守人如此地懷疑上帝。

一切所謂的懷疑不是都已經過去了很長的時間嗎？現在，還會有誰膽敢在白天吵醒這樣古老的、沉睡的、避光的東西呢！

古老的諸神早就已經死去了——說眞的，他們擁有了一種善良的、歡快的、神聖的善終！

他們並沒有像「纏綿的黎明」那樣死去——儘管人們說了謊話！與之正好相反，他們卻因爲大笑死掉了！

最不信奉神靈的言論出自上帝——他說道：「在這個世界上只存在一個上帝！除了我之

外，你們不應該有其他的上帝！」

一個有著鬍子、面目猙獰的老上帝，一個忌妒之人，他如是遺忘了自己。

於是，所有的上帝都笑了起來，他們在自己的寶座上搖晃著，並且大聲地叫喊道：「難道那不正是神聖的嗎？擁有諸神，卻沒有上帝？」

讓所有擁有耳朵的都仔細聆聽吧。

查拉圖斯特拉在他熱愛的、被人們稱爲「心愛的花牛」鎮裡如是說道。要想從這裡走到他的洞穴和動物們那裡去，需要至少兩天的時間；他的靈魂因爲重返家園的日子越來越近，而不間斷地歡呼慶祝。

53 歸鄉

啊，孤獨！孤獨啊！我的家園！我在陌生而遙遠的地方生活了太久，以至於我重返家園的時候，一滴眼淚也沒有流出來！

現在，你就像母親一樣，用手指輕柔地撫摸著我；現在，你就像母親一樣，沖著我微笑；現在，你剛好說道：「曾經就像一陣龍捲風一樣從我的身邊離開的人到底是誰啊？」

他在離別的時候大叫道：「我和孤獨在一起坐了太長的時間；所以，我都已經忘記了沉默！」那麼，現在你已經學會了沉默了吧？

啊，查拉圖斯特拉啊！這個世界上的所有事情我都知道。你這獨特的人，我知道你在人群之中的時候，要比跟我在一起的時候，更加孤獨！

現在，你已經學會了吧！寂寞是一回事，孤獨是另外一回事！你在人群當中永遠都是狂野的、陌生的：

甚至當他們愛你的時候，你仍舊是狂野和陌生的：總而言之，他們要被縱容對待！

但是，在這裡，在你的房子和你的家裡；你在這裡可以想說什麼就說什麼，釋放所有的動機；在這裡，任何隱藏的、凝固的情感都不是可恥的事情。

在這裡，任何的事物都會輕柔地來到你的身邊，跟你談話並且討好你，因爲他們要騎在你的背上馳騁。而你也在這裡騎著所有的寓言和眞相。

在這裡，你可以誠實地、公開地對任何的事物談話：說眞的，當一個人能夠直接跟任何的事物進行交流，聽起來就像是他們耳中的讚美！

要不然的話，那就是寂寞了。啊！查拉圖斯特拉，你還記得嗎？當你的鳥兒在頭頂上尖叫的時候，當你站在森林裡，站在死屍的旁邊，爲了該向何處走而猶豫不定、惱羞成怒的時候：

你說道：「讓我的動物們給我指路吧！我發現，身處在人群之中，要比身處在動物們當中危險得多，」這就是寂寞！

啊！查拉圖斯特拉，你還記得嗎？當你坐在你的島嶼之上，把酒泉向一只空空的水桶倒進去，在口渴的人群中分發。

直到最後，口渴的你獨自一人坐在痛飲且大醉的人們中間，並且在夜晚嚎啕大哭：「獲取不是要比給予更加幸福嗎？偷盜不是要比獲取更加幸福嗎？」這就是寂寞。

啊！查拉圖斯特拉，你還記得嗎？當你在寧靜的時刻來到這裡，並且激勵自己前行的時候，它會用邪惡的低聲細語說道：「說話並且毀滅！」

這時，它就會讓你對所有的等待和沉默感到噁心，並且挫敗你卑微的勇氣：「這就是寂寞。」

啊！孤獨！孤獨啊！我的家園！你跟我說話的聲音是如此地甜美和柔和啊！

我們並不會彼此質疑，也不會彼此抱怨，我們會眞誠地對待彼此。

你的一切都是那麼開朗，那麼清澈，在這裡，即便是時光也會用更加輕快的步伐奔跑。因爲，時光在黑夜裡要比在光明中承擔更多的負擔。

在這裡，所有的言語和言語的寶藏，全都突然向我飛來。在這裡，任何的事物都想成爲言語，在這裡，任何的事物都想從我這裡學習到說話的本領。

不過，在山的下面，所有的談話都是毫無用處的！在這裡，遺忘和離開才是最好的智慧。這是我現在已經明白了的道理！

能夠理解人類心中所有事物的人，必須能夠駕馭一切。但是，我的雙手又不屑於駕馭一切。

我甚至不喜歡呼吸他們的呼吸。唉！我在他們的雜訊和惡劣的呼吸當中生活太久了！啊，幸福的寧靜圍繞在我的身邊！啊，純粹的香氣圍繞在我的身邊！這寧靜是如何從深深的胸膛裡呼吸著純淨的空氣啊！這幸福的寧靜是如何進行聆聽的啊！

但是在山的下面──那裡正在講述著一切，那裡的一切都會被誤解。那裡的人們用鐘聲來宣稱他們的智慧，市場裡的小商販們會用銅錢的叮噹響聲來擾亂它！

在他們當中，一切都在說話；但是沒有人知道該如何去理解。那裡的一切都掉入了水中；但是沒有任何事物掉落到了幽深的泉水裡。

在他們當中，一切都說話，但是沒有任何事物可以取得成功和成就。一切都會發生咯咯的聲音，但是，安靜地坐在巢中，孵出小雞的是誰呢？

在他們當中，一切都在說話，一切都在沒完沒了地說話。就在昨天，時間和時間的牙齒還是堅硬的，而到了今天，它們已被嚼碎，到了今天，它們已經被人們含在嘴裡。

在他們當中，一切都在說話，一切都被揭露了。曾經所有都被稱作祕密，被稱爲深奧的靈魂的祕密，到了今天，全都屬於大街上的喇叭吹奏者和其他的小飛蟲。

啊，令人感到驚奇的人類啊！你那黑色街道裡的雜訊！現在，你又一次來到了我的後面——我最偉大的危險就隱藏在我的身後！

在縱容和憐憫之中，永遠隱藏著我最偉大的危險，所有人類的喧囂都希望能夠被縱容和容忍。

擁抱著被抑制的眞相，以笨拙的雙手和愚笨的心靈，滿嘴富有憐憫之心的小謊言——我如是生活在人類當中。

我曾經將自己僞裝起來，坐在他們的中間，隨時準備反抗自己而容忍了他們，並且心甘情願地說服自己：「你這個傻子，你根本就不了解人類！」

當他生活在人們中間，他不認識別人，在人當中擁有太多的背景——那些可以高瞻遠矚的眼睛又有什麼用處呢！

曾經我也是個傻子，當他們錯認了我的時候，我縱容了他們，多過於縱容我自己，我經常爲了這種縱容而替自己報仇。

從頭到腳全都被有毒的蠅子螫了，並且就像許多邪惡蝕空了的石頭一樣：因此，我坐在了他們的中間，並且對我自己說道：「一切微不足道的東西都是無辜的！」

特別是那些將自己稱爲充滿善意的人，我發現是擁有最致命的毒液的蠅子。他們會叮咬所有無辜的人，會玷汙一切的純潔。他們怎麼能夠公平公正地對待我呢！

生活在善意和憐憫之中的人，慈悲教會他如何撒謊。慈悲會爲所有自由自在的靈魂帶走令人無法呼吸的空氣。因爲善意的愚蠢是深不可測的。

我曾經在這裡學會了如何隱藏我自己和我的財富：我發現所有的人都是心靈比較匱乏的人，那是我的慈悲謊言，我了解了所有的人。

我看到並且聞到每一個人具備充足的精神，或是擁有過多的精神！

他們是拘謹的聰明人，我叫他們爲聰明人，而不是拘謹——所以我已經學會了輕描淡寫的語言。

挖掘墳墓的人，我叫他們爲研究者和實驗家，所以我學會了用語言做遊戲。

那些挖掘墳墓的人爲自己挖出了疾病。隱藏在古老垃圾之下的是惡劣、糟糕的蒸氣。他們不應該攪動沼澤。他們不應該生活在山上。

我用受到祝福的鼻孔呼吸著山風——自由。最終，我的鼻子從一切世人的氣味中獲得了自由！

劇烈的風就如同釀的酒一樣，我的靈魂打了一個噴嚏，打了一個噴嚏，並且在自我的祝賀之中大聲叫道：「願你健康！」

54 三件惡行

(1)

在我的夢境之中，在清晨最後的夢中，我站在一座島嶼之上——置身於世界之外，我手裡拿著一架天平，稱量著這個世界。

唉，紫色的黎明曙光到來得實在是太快了。她用明亮的光芒把我喚醒，這忌妒的人！她總是忌妒我清晨之夢的光輝。

我的夢境覺得世界就是如此：它可以被擁有時間的人測算，可以被精確的儀器稱量，可以被堅硬的羽毛觸碰到，可以被神聖的猜謎者猜透。因此，我的夢境發現了世界。

我的夢想就是一個大膽的水手，一半是船，一半是龍捲風，猶如蝴蝶一樣安靜，猶如獵鷹一樣急躁。今天的它怎麼有耐心和餘暇來稱量世界呢？

那個嘲笑著「無限世界」的我的智慧，我微笑的、白天的智慧偷偷地跟他說道：「凡是力量所在的地方，必將有統治者，因爲她擁有更加強大的力量。

我的夢境不喜新厭舊、不膽怯、不哀求，它是如何自信地沉思這個有限的世界呢：

——就好像一個巨大的蘋果呈現在我的手上，一個熟透的、金燦燦的蘋果，它有著柔軟光滑的果皮：世界如是將自己呈現在我的面前。

——就好像一棵樹沖著我點頭，那是一棵擁有寬大樹枝、堅強意志的樹，將自己彎曲起來，爲疲倦的旅行者們提供倚靠的椅和足凳：世界如是將自己呈現在我的島嶼面前。

——就好像一對纖細的雙手將一個珠寶箱帶到了我的身邊——讓謙遜、崇拜的眼光、愉悅的珠寶箱：今天，世界如此將自己呈現在我的面前。

——它並不是一種足以將人們給予它的愛嚇走的謎團，不是一種解決方案，足以讓人們的智慧休眠，今天對於我來說，世界上被人們稱爲惡事的其實就是善事、人間的善事！

我是如何在今天的破曉時分，感謝我的清晨之夢境，並且稱量世界？這個夢境和安撫心靈的東西就像人間善意的事情一樣來到我的身邊！

在白天我可以做到同樣的事情，並且模仿和複製它的優點！現在我要將三種最惡的事物放在天平之上，我會用極其人道的方式對它們進行稱量的。

說教祝福的人同樣也會說教詛咒：那麼，世界上最好的三大詛咒之物究竟是什麼呢？我要把它們全都放在天平之上。

縱欲、追求權力的熱情以及自私：從古至今，這三種事物就是最被詛咒的、擁有最糟糕和最虛假的名譽——我將會用非常人道的方式對它們進行稱量。

好吧！這裡就是我的島嶼，這裡就是海洋——它無比歡樂愉悅地向我翻滾而來，這個我愛的、年老而且忠誠的千頭怪獸！

好吧！我將在翻滾的海洋之上抱著那個天平：我會挑選一個目擊者注視著你，你，你這海上的孤樹，我所熱愛的濃香四溢且枝葉繁盛的樹！

現在，要怎樣從橋上去到未來的世界呢？究竟是什麼壓迫著居高者屈服於卑微者？究竟是什麼命令著最高者繼續上升？

現在這個天平穩定且安靜：我在一端擲下了三個非常沉重的問題，在另一端我則放下了三個沉重的答案。

(2)

縱欲：對於所有穿著懺悔服的肉體的鄙視者是一根毒刺、一根木樁，並且被所有的遁世者詛咒為「這個世界」，因為縱欲嘲笑並且愚弄了所有迷途和詭辯的說教者。

縱欲：對於烏合之眾來說，就是煎烤的溫火；對於腐朽的木頭和散發著臭氣的破布，就是熾熱的熔爐。

縱欲：對於自由的心靈來說，就是天真無邪、自由自在，是地上的快樂花園，是未來對於現在源源不斷的感謝。

縱欲：僅僅對於憔悴的人是一種甜蜜的毒藥；但是對於擁有獅子意志的人來說，則是一種偉大的慰藉，是小心謹慎、保存著的美酒。

縱欲：一個更高的幸福和最高的、希望的、偉大的幸福標誌。因為對於許多人來說，結婚是約定，有比結婚更重要的東西。

——對於許多比一般男女更不了解結婚的男女——沒有人能夠澈底明白男人和女人之間的彼此互不相知！

縱欲：但是我要用藩籬保衛我的思想，甚至保衛我的話語，以防止卑鄙者和浪人闖進我的花園！

追求權力的熱情：這就是鐵石心腸的人熾熱的皮鞭，亦是最爲冷血的人爲殘酷者保存著的苦難，這就是焚屍場陰暗的烈火。

追求權力的熱情：在最繁重的民族身上積聚令人憎惡的牛蠅，所有不堅定的道德謾晰者，它駕馭在所有的馬匹和所有的自豪之上。

追求權力的熱情：這毀壞並且粉碎了所有腐朽和空洞的地震，這純白棺槨的毀滅者，這抗擊不成熟的答案散發著光芒的疑問。

追求權力的熱情：在它炯炯有神的眼睛之前，人類在地上爬行、屈辱並且受到奴役，他們甚至變得比豬和蛇還要卑賤——直到最後他們的心裡發出了神聖的輕蔑。

追求權力的熱情：神聖輕蔑的恐怖說教者，它在所有的城池和國王的面前演講：「給我滾遠點兒！」直到一種回聲從他們的嘴裡叫喊出來：「給我滾遠點兒！」

追求權力的熱情：它的甘甜甚至上升到了純潔、孤獨以及自我滿足的高度，如同偉大的愛一樣熾熱地在地面上塗繪紫色的幸福天堂。

追求權力的熱情：但是當最高的統治者想要屈服於偉大的權力之下，誰還能稱它爲狂熱呢？說眞的，在類似這樣的渴望和屈辱之中，不會存在身體的虛弱和疾病！

孤獨的高處並不會總是保持著孤獨和自給自足；山峰可以來到山谷，高處之風可以吹到平原——

啊，究竟有誰能夠知道這種渴望的恰當名稱呢！查拉圖斯特拉曾經稱這個沒有名字的渴望爲——「給予的道德」。

隨後就發生了這件事，說眞的，類似這樣的事還是第一次發生！——他將自私稱作是可被祝福的，那個從強大的靈魂之中流出來的乾淨並且健康的自私——

從強有力的、美麗的、勝利的，創造了肉身所附屬的強大靈魂，在它的四周，任何事物都成了一面透明的鏡子。

這種輕柔動人的肉身，這跳舞之人，他的標本和特徵就是自己享受快樂的靈魂。這樣的肉身之軀和這樣的自我享受快樂的靈魂稱自己爲「道德」。

這樣的自我享受利用善惡之言論隱藏自己，就像神聖的叢林一樣；用自己的幸福名義從自身放逐了所有可被蔑視的事物。

他從自己身邊放逐了所有膽怯的人。他說，膽怯——就是一種邪惡！對於他來說，那永恆的悲痛者、歎息之人、遭受不幸之人、貪圖小利之人都是可被蔑視的。

他同樣也蔑視了任何在不幸之中注視著的智慧：說眞的，也有在黑暗的夜晚盛開出智慧的花朵，那是一種黑色的智慧，它經常歎息道：「一切皆虛空！」

他以令人感到羞愧的懷疑爲可鄙，它以那些承認誓言卻不承認人類者爲可鄙：它也以過分地懷疑智慧爲可鄙，因爲這就是膽怯的靈魂的通路。

他以阿諛奉承、像狗一樣的、降服的、順從的人爲卑下；也以有著降服的、像狗一樣的、虔誠的，以及阿諛奉承的、順從的智慧爲卑下。

他忌妒、憎惡並且痛恨那些永遠不進行自我保護的人，那些吞噬了劇毒的唾液和仇視的人，那些太過於容忍的人，那些長期受到苦難折磨，太過於柔順之人。

因爲，這就是奴隸的態度。

這可被祝福的自私，它唾棄所有種類的奴隸：不管他們是在諸神、在神祇之前卑躬屈膝，還是在人類、在並不聰慧的人類的言論之前卑躬屈膝！

任何屈辱的，任何卑躬屈膝的，受到束縛、遭受壓縮的，眨著眼睛的，有著沮喪的內心的，那些虛僞的、粗俗的種類，那以龐大並且膽怯的嘴唇親吻的，它都稱爲作惡。

所有的奴隸和年邁並且疲倦的人們之智慧：特別是說教者全部惡劣的、狂妄自大的、太過於狡猾的聰敏都稱之爲虛假的智慧！

但是這樣的虛假之哲人，這樣的說教者，這樣的憤世嫉俗之人以及天性陰柔、奴性的人們——唉，他們究竟是如何錯誤地使用了自私啊！

他們甚至把濫用自私稱作是道德！並且名爲道德——所以，所有的憤世嫉俗者、膽怯者以及十字架之上的蜘蛛們，他們會用充分的理由如是盼望著「大公無私」！

不過，對於那些人來說，現在，那樣的時刻已經來到了，這個巨大的變革，這個裁判之刃，這偉大的正午：往往在這個時候，很多的事情會被昭示出來！

說眞的，那些宣稱我是健康的、神聖的，並且爲自私的人帶來祝福，這預言家，他也同樣演說著他所知道的東西：「快瞧啊！那個時刻已經到來了，它已經在逼近了，這偉大的正午！」

55 重力之精靈

(1)

我的舌頭——就是人民大眾的舌頭，粗糙地、誠摯地跟安哥拉的兔子們進行談話。但是對於所有的墨水之魚以及鋼筆之狐來說，我的話語仍舊顯得格外奇怪。

我的雙手——就是一個傻子的雙手。悲哀啊！所有的桌子和牆壁，爲傻子提供繪畫以及塗鴉的地方！

我的雙腳——就是一匹馬的雙腳。所以，我能夠在木棍和石頭之上踐踏和慢跑，在田地裡上下遊蕩，我是一個極度熱愛飛速行走的魔鬼。

我的胃——毋庸置疑，就是一隻老鷹的胃！因爲它傾向於啃食羊羔的肉身，說眞的，它的確是一隻老鷹的胃。

我受到天眞無邪的東西的滋養，並且迫不及待隨時準備飛走，找尋一切，這就是我的天性。難道在這樣的本質當中，不存在老鷹的本質嗎！

特別是我是重力精靈的敵人，那就是老鷹的本質：說眞的，這是致命的敵人、崇高的敵人、先天的敵人！啊，我的敵意不是已經飛遍了所有可到之處了嗎？

因此，我能夠唱一首歌——我會唱一首歌。儘管我孤身一人在一棟非常空虛的房子裡，我必須要爲了我自己的耳朵獻唱。

說眞的，這裡還有其他的歌手，只有在屋子裡面全都是人的時候，他們的嗓音會變得輕柔，手指具有說服力，眼睛富有表情，心臟甦醒：但是，我和那些人並不是同類。

(2)

終有一天，那個教會人類飛翔的傢伙，會轉移所有的地標，所有的地標將因爲他的關係而飛向天空。他會給它們命名爲「輕靈者」。

鴕鳥奔跑的速度要比最快的野馬奔跑之速度還要快，但是，它同樣會把自己的腦袋深深地插進大地裡面，不能自由翱翔的人類同樣如此。

重力之精靈想要這樣，對於他來說，大地和生活是沉重的，我如是教導，但凡能夠成爲輕靈者的人，都必須懂得自愛。

說眞的，不能讓生病的人和受到感染的愛同在，如若與他們同在的話，甚至連自愛也會散發出臭氣！

一個人必須熱愛自己，用全身心的、健健康康的愛去熱愛自己，我如是教導：只有這樣，人們才會懂得容忍，而不會神魂顚倒。

這樣的神魂顚倒稱自己爲「兄弟般的愛」。從古至今，類似這樣的話語一直都是最好的謊言和欺詐，尤其是在那些覺得世界是無比繁重的人們中間。

說眞的，懂得學習自愛，這並不是今天和明天的戒律。它是所有的藝術當中最精緻的、最巧妙的、最新的以及最堅韌的。

這就是重力之精靈所要做的工作：將財產占有者所有的財寶妥善隱藏起來，最後所有的財寶都是它擁有者自己挖掘的。

幾乎是在搖籃裡的時候，他們就已經將沉重的話語和評價施加在我們的身上，他們將這樣的禮物稱爲「善」和「惡」。正因爲它的緣故，我們的生命被饒恕了。

這就是重力之精靈所要做的工作：把小孩子們聚在一起，禁止他們自愛！

我們——我們忠貞不渝地站在苦難的肩膀之上，走過崎嶇的山峰！當我們汗流浹背的時候，人們會跟我們說道：「是的，生活是讓人難以承受的！」

但是，只有人類本身才是難以承受的！這樣說的原因就在於在自己的肩膀之上，他肩負了許多彼此沒有關聯的事物和評價，他就像駱駝一樣跪了下來，並且讓自己好好地馱上重載。

特別是能夠肩負重載的性格剛毅的人，他的腦中滿是尊嚴。他將太多彼此不相干的話語和評價肩負在自己的肩膀之上：現在，生命對於他來說，就是一片沙漠！

說眞的，甚至於許多屬於我們的事物也是難以承受的，人類內心當中的很多事物都跟牡蠣一樣，令人反感、滑膩，並且非常難以捕捉。

因此，必須要有帶著珠光寶氣的貝殼爲他們進行辯護。甚至於這種藝術也必須去學習：擁有一個貝殼、一種惹人憐愛的外表以及聰慧的盲目！

其次，在人們的心中存在著很多的欺詐，許多貝殼都是微不足道、不中用，這樣的貝殼太多了。很多被隱藏起來的善意和權力永遠也不會被人們夢到。最精緻的美味佳餚難道還找不到美食家嗎？

唯獨女人當中的卓越者知道這些：一丁點兒的肥以及一丁點兒的瘦——啊，在這一丁點兒之上究竟懸掛著多少命運啊！

這就是重力之精靈所要做的工作：讓人類很難被發現，讓人類之中的自己尤爲難以發現；精神往往會欺騙靈魂。

但是，凡發現了自己的人會說：這就是我的善與惡：所以，他讓談論「一切皆善，一切皆惡」的鼴鼠和侏儒們沉默不語。

說眞的，我討厭稱世間萬物爲至善、稱這個世界爲至善的人們。

我稱他們爲「一切之滿足者」。

「一切之滿足者」，他們知道該如何賞識世間萬物——這並不是最好的賞識，我的敬重曾經學會說：「我」和「是與否」的那些倔強的、挑三揀四的舌頭和胃。

咀嚼並且消化所有的事物，但是，這就是眞正「豬」的本質！也只有驢子以及跟驢子同屬一個種類的生物永遠懂得說：「是呀！」

我的品位如是要求：深黃色和熱紅色——混合了血液和所有的顏色。然而，粉刷了房屋的人，必定會向我顯露被粉刷過的靈魂。

有些人喜歡僵屍，有些人喜歡鬼魂：這兩者都是肉身和血液的敵人——啊，這兩者是如何地違背了我的品位！因爲我非常熱愛鮮血。

我不喜歡居住在被人們唾棄、令人作嘔的地方：這就是我現在的品位，我寧願居住在小偷和僞證者中間。沒有人會在他的嘴巴裡塞黃金。

但是，所有的吐痰者更是讓我感到厭惡。我找到了人類當中最令人厭惡的東西，我給它起名爲「寄生蟲」。它不願意擁有愛，卻願意寄生於愛。

我會稱那些只有一種選擇的人爲不快樂：他們要麼成爲邪惡的野獸，要麼成爲邪惡的野獸馴服者。我可不願意在他們之中建立我自己的神龕。

我同樣也會稱那些需要永遠等待的人們爲不快樂的人：他們全都違背了我的品位——所有的稅吏、小商販、國王以及所有的地主和店主們。

同樣地，我也學會了期待，徹底的期待，但是我只會期待我自己。同時我也學會了在一切之上站立、行走、奔跑、跳躍、攀爬以及跳舞。

這就是我的教導：要想有一天在天空翱翔的人，必須首先學會如何站立、行走、奔跑、攀爬以及跳舞：因爲人們不能一下子學會飛翔！

我學會了踩著繩梯，來到許多的窗戶面前，並且通過敏捷的雙腿攀爬到了高聳的桅杆之上：坐在高聳的知識的桅杆上，對於我來說似乎不是小小的祝福。

如同小小的火焰一樣在高聳的桅杆上閃爍：說眞的，這只是小小的光亮，但是它對於那些遭遇苦難的船員和因船隻失事落水的人們來說，卻是莫大的安慰！

通過不同的方式和途徑我來到了我的眞理的面前；我不是僅僅通過一個階梯攀登上我可以眺望遠方的高處。

我不願意跟別人請教我的道路——因爲，那總是違背我的品位！我寧願提問並且檢驗道路本身。

一種試驗、一種質疑就是我旅行的全部——說眞的，一個人必須要學會回答類似這樣的問題！這就是我的品位：

不是善意的品位也不是邪惡的品位，而是我自己的品位，在那裡面，我不再擁有羞愧或是祕密。

「這裡，現在這裡就是我的道路——那麼，你的道路在哪裡呢？」我如是地回答了那些向我問路的人們，因爲這條道路，根本就不存在！

56 舊秩序與新秩序

(1)

我坐在這裡靜靜地等待，老舊的、破損的舊秩序以及寫完一半的新秩序圍繞在我的身邊，我的時刻究竟何時才能到來呢？

我的下降時刻，我的毀滅時刻，我樂意再一次走向人間。

因爲，我現在正在等待著那個時刻的到來，一開始一定是我的時刻的跡象的到來——換句話說就是，這個跡象就是跟鴿子群一起歡聲笑語的獅子。

與此同時，我就像悠閒懶散的人一樣自言自語。沒有人給我講新鮮事，所以，我只好對自己說起自己。

(2)

當我來到人群當中的時候，我發現他們全都居住在古老的痴心迷醉之上：他們所有人都想著他們很久之前就已知道什麼才是人類的善與惡。

對於他們來說，所有有關道德的談論都好像是一種古老的令人感覺乏味的事情；想安心睡覺的人，在休息之前先談談有關善與惡的事情吧！

我攪亂了這種困倦，當我教導人的時候說沒有人知道什麼是善與惡——除非它是創造者。

然而，創造者就是創造人類的目標，並且給予大地含義和未來的人：只有他才能有效地創造善與惡。

我命令他們掀翻他們古老的學術之椅，所有古老的傲慢所坐過的地方；我命令他們嘲笑偉大的道德家、偉大的聖人、詩人們以及他們的救世主。

我命令他們嘲笑他們憂鬱的哲人，嘲笑那些猶如黑色的稻草人一樣坐著的人，讓他們遠離生命之樹。

我坐在他們偉大的墳墓道路之上，甚至於坐在死屍和鷲鳥的旁邊——我嘲笑他們所有的過去以及過去腐爛衰敗的光輝。

說眞的，我就像懺悔的說教者以及傻子一樣，我惱羞成怒，並且毀壞了他們所有的偉大和渺小！他們的善意也是如此渺小！啊，他們的極惡也是如此渺小！所以，我哈哈大笑起來。

因此，我那誕生於群山之上的聰慧渴求，對我連哭帶笑；說眞的，這是一種非常粗獷的聰慧——這是一種拍打著翅膀的渴望。

她總是帶著我向天空翱翔，夾在歡聲笑語的中間！因此，我就像一支對太陽感到如痴如醉的箭一樣，搖晃著飛翔！

我飛到就連夢想都觸及不到的未來，飛到就連藝術家都無法想像、更加熾熱的南方。在那裡，所有的諸神全都光著身子跳舞，他們以所有的衣服爲恥辱。

我如是說著寓言，就像詩人一樣木訥、結巴。說眞的，我以我仍舊是一位詩人感到羞恥！

對於我來說，那裡的一切都成了跳舞的諸神，成了諸神的嬉戲打鬧，世界變得自由並且不受限制，所有的一切全都返璞歸眞——

那裡的一切就像是無量神祇的一種永恆的自我逃脫以及自己的返璞歸眞；好像是無量神祇的一種能夠被祝福的自我衝突、自我和解、自我重新創造——

對於我來說，那裡一切的時間，就像是能夠被祝福的瞬間之嘲弄，在那裡，自由是必需品，幸福快樂地跟自由的毒螫一起嬉戲打鬧。

在那裡，我再一次發現了古代的惡魔和大敵，重力之精靈以及他的創造品：約束和戒律、必需品和後果、意圖和意願以及善與惡。

在那裡，跳舞之人能夠在它的上面翩翩起舞，凌駕於它所能觸及的地方，難道這不是理所當然的嗎？在那裡，為了敏捷和美麗的緣故，鼴鼠和愚笨的侏儒難道不是必不可少的嗎？

(3)

同樣地，我還在那裡的大道之上撿起了「超人」這兩個大字，同時我也看出了人類是必須要超越的一種東西。

人類是一座橋梁，而不是一個目標——那些喜歡他的正午時分和夜晚的人，把它當作通向嶄新的、熾熱的黎明的通路：

喜歡偉大正午時分的查拉圖斯特拉之名言，喜歡我如同高懸在人們頭頂之上的紫色夕陽餘暉一般。

說真的，我能夠讓他們看到嶄新的星星以及陪伴著它們的嶄新黑夜；在白天和夜晚以及雲朵之上，我開懷大笑就如同色彩斑斕的蒼穹一樣。

我將我所有的夢想以及我所有的渴望全都教給了它們：將人們心靈當中的碎片、謎題以及令人畏懼的巧合組合在一起，形成一個整體。

就好像一個詩人、一個解決謎題的人、一個巧遇的救世主，我教導他們創造未來，教導他們在這樣的創造之中救贖過去，救贖人類的過去，改變所有的「過去是如此」，一直到意志開口說道：「但我願意它如是！我將願它如是！」

我管這個叫作救贖。我教他們只能管這個叫作救贖。

現在，我所期待的是屬於我自己的救贖——那樣，我就可以最後一次向人們當中走去。

我要再一次向人群中間走去：我的太陽會在他們中間沉落和消亡，我要給他們我最珍貴的禮物！

我要從沉落的太陽當中學習這些，那充實淵博的太陽啊！就在它沉落的時候，它將自己數不盡的金銀財寶統統傾瀉到了大海之中。

所以，最貧窮的漁民，現在都搖晃著金燦燦的船槳划著水。我曾經看到過這樣的情形，我不知疲倦地啜泣起來。

查拉圖斯特拉也跟那個太陽一樣開始沉落：現在，他就坐在這裡，靜靜地期待著，在那破碎的舊秩序和半寫的新秩序中間。

(4)

快看啊！這裡就是一張新秩序，但是跟我一起將它帶到山谷和血肉之軀心裡去的兄弟們都是誰呢？

所以，我對於距離遙遠的人們深厚的愛如是要求：「千萬不要對你們的鄰居留有情面！人類是必須要被超越的一種東西。」

所以你看：在這個世界上存在著許許多多、各不相同的征服道路和模式！但是，只有一個傻子才會想道：「人類同樣也會被越過。」

超越你自己，即使是在你的鄰居當中。擁有力量奪取的你絕不能容忍被給予，這就是你的權力！

你對別人所做的事情，其他人是無法對你做到的。看呀，這裡並沒有報答和酬謝。

無法命令自己的人就應當服從。在這個世界上有很多人能夠命令自己，但是，他們仍舊缺乏自我服從！

(5)

高貴靈魂的族類如是希望：他們希望帶著感恩的心去接受一切事物，至少是生命。

只有惡棍才會想要得來全不費工夫的生命：但是，對於我們來說，生命是需要自給的——我們能夠想到的總是我們能夠給予的最高回報！

說眞的，那是一句高尙的人生格言：「生命爲我們帶來的允諾，我們願意對於生命維持著那份允諾！」

一個人不應該在不能夠爲享樂做出貢獻的地方渴望著享樂！一個人不應當渴望著享樂！所以，享樂和天眞無邪是最無恥的事情，這兩者都不願意被人們追求。自己可以擁有它——但是自己寧肯選擇尋求罪惡和痛苦！

(6)

啊，我的兄弟們，頭一胎出生的兒子往往是被犧牲的。但是，現在我們就是那頭一胎出生的兒子！

我們在祕密的、獻祭的神壇上流淌著鮮血，我們都被焚燒著去祭奠古代的偶像。

我們最出色者仍舊非常年輕，這也激起了年邁者的味覺。我們的肉身是柔軟的，我們的皮膚猶如羊羔的皮——我們又怎麼能不激起古老偶像之崇拜者的垂涎呢！

這古老的偶像之崇拜者，仍舊居住在我們自己的心目當中，他烘烤了我們當中最出色的人，以此來作爲他的盛宴。啊，我的兄弟們啊！頭一胎的兒子怎能不做犧牲啊？

但是，我們的同類如是意願：而且我熱愛著那些不想將自己保存下來的人，我會用我全部的愛去熱愛那些下沉並且毀滅的人們：因爲，他們走向了超越。

(7)

想要眞實，很少有人能夠做到這一點！而且那些能夠做到這一點的人，也不會願意顯露眞實！但是，至少擁有善意的人是能夠做到眞實的。

啊，那些擁有善意的人們啊！擁有善意的人們永遠也不會說出眞相。因爲如是行善就是一種精神的疾病。

那些擁有善意的人們，他們退讓，他們屈服於自己；他們的內心在重複說著之前所說過的話，他們內心深處的靈魂在服從：然而，服從的人，並未聽從於他自己！

擁有善意者所謂的一切的罪惡都必須有秩序地聚集在一起，從一個眞相中誕生。啊，我的兄弟們啊！你們的罪惡也足以產生類似這樣的眞相嗎？

無所畏懼的冒險、長期的不信任、殘忍的否定、憎惡、當機立斷，所有的這些全都沒有聚集在一起！但是，眞理的的確確是從這樣的種子之中培養出來的！

迄今爲止，所有的知識都是從邪惡的良心旁邊產生出來的！你們這些求知者啊！打碎、打碎這陳舊的秩序！

(8)

說眞的，當水面上鋪了木板，當溪流上搭起了浮橋，這個時候，說著「任何事物都是在流動的」的人，是不會被人們所相信的。

甚至於傻子也會反駁他的理論。「你說什麼？」傻子說道，「任何事物都是在流動的嗎？木板和浮橋正在靜靜地躺在溪流的上面呢！」

「在溪流的上面，所有的事物都是固定的，所有有價值的東西，如浮橋、概念，所有的『善』與『惡』：這些東西都是固定的！」

然而，寒風刺骨的冬天來到了，溪流被凍住了，在這個時候，就算是最聰慧的人也會產生懷疑。在這個時候，說出「任何事物難道不會靜靜地停下來嗎？」的人，就不只是笨蛋了。

「任何事物根本就不會靜靜地停下來。」這是一個非常適宜冬天的教條，一種非生產性時代的善，對冬天安眠的人以及在爐火旁邊的懶人的偉大安慰。

「任何事物根本就不會靜靜地停下來。」但是，自古以來的春風，反對了這冬天的教條。

融冰之風就是一頭公牛，一頭不懂得耕犁的公牛——一頭兇悍無比的公牛，一個破壞者，它用它憤怒的牛角粉碎了冰塊！但是這冰塊又破壞了漂浮的橋！

啊，我的兄弟們啊！從現在來看，任何的事物難道不是處於流動的狀態之下嗎？所有的木板不全都掉落到水裡去了嗎？

究竟是誰仍舊固守著「善」與「惡」呢？「悲哉我們！快哉我們！融冰之風在猛烈地吹拂！」我的兄弟們啊，如是說貫穿所有的大街小巷啊！

(9)

在這個世界上有一種古老的幻覺，那就是被人們稱作是善與惡的東西。從古至今，這個幻象之軌道就一直圍繞著預言家和占星家旋轉。所以，人們會相信：「世間萬物都是命中註定的，你應當，因爲你必須！」

然後，人們開始再一次懷疑所有的預言家和占星家，因此，人們開始相信「世間萬物都是自由自在的。你可以，因爲你想要！」

啊，我的兄弟們啊！自古以來，有關於繁星和未來，只有幻象而沒有眞知，所以，有關於善與惡，也只有幻象而沒有眞知！

(10)

「你不應該偷竊！你不應該殺戮！」曾經，類似這樣的告誡被人們稱爲是神聖的；人們在這樣的誡命面前會跪拜在地，低下頭顱，並且脫掉自己的鞋子。

但是，我要問問你們：「在這個世界上，哪裡還有比神聖的告誡還要高明的偷竊者和殺戮者嗎？

在所有的生命之中，不存在偷竊者和殺戮者嗎？而且，如果他們稱這些是神聖的，那麼，他們自己不是也殺戮了眞相嗎？」

那麼，對抗並且勸阻了生命，從而被稱爲神聖的，難道不是一種死之教條嗎？啊，我的兄弟們啊！粉碎，爲了我粉碎這古老的舊秩序吧！

(11)

我對於過去的一切表示同情，我看到它被移交了——

被移交給每一個新世代的憐恤、精神和瘋狂，新時代會重新詮釋一切已存在的來作爲自己的橋梁。

一個偉大的統治者會繼而崛起，他是一個狡猾的奇才，能夠利用好惡壓制和束縛所有的過去，直到它能夠成爲他的一座橋梁、一種前期的徵兆，以及傳令官和雄雞在清晨的鳴叫。

但是，還有其他的危險以及其他的同情——但凡是賤民，他的思想都會追溯到他的祖先，時間早已跟他的祖先斷了聯繫。

所有的過去已經如是被拋棄了：因爲那些惡棍們終究有一天會成爲主人，並且將所有的時間全都淹沒在淺水裡面。

因此，我的兄弟們啊！我們迫切需要一種全新的高貴，它應該成爲所有的惡棍以及暴君的敵人，並且在新秩序上題寫「高貴」這兩個大字。

許多高貴的人們都想擁有一種全新的高貴，因爲，那些高貴的人們需要這種高貴。或者，像我曾經說的那樣：「這就是神性，這裡有諸神，但是沒有上帝！」

(12)

啊，我的兄弟們啊！我將你們神聖化，並且爲你們指向一種新的高貴：你們應該成爲未來的創造者、栽培者以及播種者——

說眞的，你們不能像商人那樣，通過交易黃金的方式購買高貴；但凡是擁有價格的東西，都沒有什麼價值。

你們身上的榮耀並不是你們從何處來，而是你們要往何處去！你們的意志以及你們的腳步想要超越你們，讓它成爲你們的新榮耀吧！

說眞的，你們並不是在伺候王子——現在的王子又算得了什麼呢？——也並不是你們成爲王子的屛障，就能夠讓他的地位變得更加穩固。

說眞的，並不是你們在宮廷裡面成爲非常有禮貌的族群，也不是你們已經了解了奢華的裝扮，就像豔麗的火鳥一樣，能長時間地站立在淺沼之中！（因爲在一般的宮廷侍臣當中，擁有站立的能力是一種恩惠；並且所有的宮廷侍臣都相信：「坐著的許可」是只有當他們死去之後才能夠擁有的祝福！）

也不是被稱爲神聖的一種精靈，領導著你們的先祖來到那個我不會去讚美、充滿希望的大陸！因爲在那裡生長著惡木——十字架——這是一片沒有東西可讚美的地方！

說眞的，不管是在什麼地方，這個「神聖的小精靈」總是如臨大敵，領導著他的騎士——山羊和鵝，而思想扭曲的人以及擁有偏見的人往往會走在隊伍的最前面！

啊，我的兄弟們啊！你們的高貴不應該朝後方凝視，而是應該向外面凝視！你們應當從所有的父母之邦以及先輩的領土中被放逐！

你們應當熱愛著你們孩子們的國土：讓這種熱愛成爲你們的全新高貴——在最遙遠的海洋之上，從未被發現過的國土！我命令你們揚帆啓航，去搜尋它！

爲了你們的孩子，你們應該糾正你們是你們先輩們的孩子的錯誤認識：你們應當如是救贖所有的過去！我將這種新秩序高高地懸於你們的頭顱之上！

(13)

為什麼人類需要生活呢？所有的一切都是非常空虛的！為了生活——就是要鞭打稻草；為了生活——就是燃燒自己，卻無法獲得暖意。

類似這樣古老的胡言亂語，仍舊被人們當作「智慧」而流傳下來；但是，因為它非常古老，並且散發著迂腐的味道，所以，它更加受到了人們的尊重。所以，發黴成了高貴。

孩子們會這樣說道：因為，烈火燒到了他們，所以，他們要躲開烈火！在古老的智慧書中，你能找到很多非常幼稚、孩子氣的地方。

那些總是用鞭子抽打稻草的人，他憑什麼詛咒他們？快快堵住這個傻子的嘴巴吧！

這樣的人坐在桌子的旁邊，他們全都空著手，什麼都沒有拿，甚至於連饑餓都沒有帶來——所以他們開始咒罵：「所有的一切都是非常空虛的！」

但是，我的兄弟們啊，很好地吃喝確實是名副其實的藝術啊！粉碎，為了我粉碎永遠也不快樂的人們的秩序！

(14)

「對於那些乾淨的人來說，世間萬物都是潔淨的」——人們如是說道。但是，我要對你們說：對於那些豬來說，世間萬物都有豬的味道！

所以，空虛主義者，低頭的人們（他們的內心也垂了下來）宣稱：「這個世界本身就是一隻非常汙穢的怪物。」

因爲他們所有人都是非常不乾淨的精神，尤其是那些內心無法平靜的遁世者，除非他們能夠從事物的背面觀看這個世界——這是非常眞實的！

我當著他們所有人的面說，儘管這些話聽起來會讓人感到非常不舒服：但是這個世界就跟人類一樣，它也有屬於自己的背面——這是非常眞實的！

在這個世界上，存在著許許多多的汙穢：這是非常眞實的！但是，這個世界本身並不會因此成爲一隻非常汙穢的怪物！

在這個世界上存在著許許多多的智慧：這是非常眞實的！即便這個世界有著很多腐臭的氣味，但是憎惡本身也能創造出翅膀以及天馬行空之想像力的力量！

在最出色的人們當中，仍舊會存在著一些讓人感到憎惡的東西；在最出色的人們當中，仍舊會存在著一些必須被超越的東西！

啊，我的兄弟們啊！事實上，即便是在那樣的話語裡同樣存在著很多的智慧，那就是在這個世界上有著許許多多的汙穢！

(15)

我能夠聽到那些虔誠的遁世者們對於他們的良知不停地重複著這樣的話語，說眞的，他們並沒有過錯或是沒有犯罪——儘管在這個世界上再也沒有比這個還要惡劣或者更加罪惡的事情了。

「就讓這個世界成爲它一直以來的那個樣子吧！不要伸出手指去反抗它！」

「那些想要阻塞、想要殺戮、想要禍害以及剝削百姓的人，就隨他們去吧：不要伸出手指去反抗他們！百姓們會因此願意學習放棄整個世界。」

「你自己的理由——你應該讓它將自己阻塞並且封閉起來，爲了這個世界的理由——你會因此而願意學習放棄整個世界。」

啊，我的兄弟們啊！粉碎，粉碎了那些虔誠者們破舊的秩序！扯碎這些憤世嫉俗的人們的格言。

(16)

現在，人們在所有的黑暗的道路上低聲細語道：「博學多才的人已經遺忘了所有強烈的渴望。」

我甚至看到這新秩序高高地懸於市場之上：「智慧可以讓人感到厭倦，任何事物都是毫無價值可言的，你不應該有渴求！」

啊，我的兄弟們啊，爲了我粉碎吧，爲了我粉碎這新秩序！厭倦世界的人、死亡之說教者以及監獄看守。因爲，你們看啊！它也是一種對於奴役的說教。

因爲他們學到的是壞東西，而不是好東西，學習任何的事物都太早，太過於快速了；因爲他們吃了糟糕的東西：因此，那些東西損害了他們的胃。

他們的精神就是一種受到傷害的胃：它正勸說著死亡！說眞的，我的兄弟們啊！他們的精神就是一種胃！

生活就是快樂的源泉，但是，對於受了傷害的胃來說，那個苦難之父，在他們內心說話的人，所有的泉水都是有劇毒的。

求知，對於擁有著獅子意志的人，就是一種快樂！但是，對於只不過是被他人驅使的人來說，則會變得厭倦，所有的浪潮都在戲弄他。

通常，這就是弱者的本性：他們在自己的道路上迷失了。最終，他們的厭倦就會發問：「我們這是要往哪裡去呢？一切的一切都是那麼不同！」

人們會在他們的耳邊如此說教，他們喜歡聽的是：「任何事物都是毫無價值的！你們不應該有欲望！」然而，這是一種對於奴役的說教。

我的兄弟們啊，查拉圖斯特拉猶如一陣清新涼爽的風一樣來到了所有疲倦者的道路上：他將會讓很多的鼻子打噴嚏！

我那自由自在的呼吸甚至能夠穿透牆壁，來到牢獄和被囚禁的精神之中！

意願使人獲得解放，因爲意願意味著創造。所以，我如是教育人們。你們唯一應該學習的就是創造！

你們從我這裡一開始學習的應該也只是學習的方法、優秀的學習方法——就讓那些有耳朵的人們聆聽吧！

(17)

這裡停泊著一艘船——它要航行到那裡去，或許，航行到無邊無際的虛無空間——但是，有誰會願意心甘情願地進入這個所謂的「或許」中呢？

在你們這些人當中，沒有一個人會願意乘上這條死亡之船！那麼，你們如何對這個世界感到厭倦呢！

對這個世界感到厭倦的人們啊！你們甚至都沒有從這片大地上撤離！在我看來，我認爲你們更加渴望大地，更加熱愛著屬於你們自己的大地之疲倦！

你們的嘴唇耷拉下來，不是沒有道理的——在嘴唇上，依舊有著一種小小的、塵世的願望！在你們的眼睛裡——難道不是漂浮著無法被忘卻的世俗祝福之雲團嗎？

在這片大地之上，有著許許多多的偉大發明，在這些發明當中，有些是非常有用處的，有些是能夠給人們帶來快樂的：從這些方面來看，這片大地仍是非常可愛的。

在這片大地之上，有著許許多多的偉大發明，它們就像是女人們的乳房：在非常有用處的同時，還能夠給人們帶來快樂。

但是，你們這些對世界感到厭倦的人們！你們這些大地之懶惰者們！應該有人拿著鞭子抽打你們以示激勵！應該有人拿著鞭子抽打你們，讓你們的雙腿煥發青春和活力。

倘若你們並不是被大地所屏棄的殘廢而衰老不幸之人，那麼你們就是狡猾的懶惰者、貪吃者，或是夜行的、靈巧的巡遊者。倘若你們不能再一次快樂地奔跑，那麼你們就應該走向死亡！

查拉圖斯特拉如是教育人們：不應該做一個不能夠治癒疾病的醫生，所以，你們應該走向死亡！

但是，創造一個結束，要比創造一個新的篇章需要更多的勇氣和膽量：這些所有的醫生和詩人們都非常地清楚。

(18)

啊，我的兄弟們啊！這裡的秩序是以厭倦作爲框架建立起來的，是以怠慢，且是腐敗的怠慢爲框架而建立起來的。儘管，他們所說的話是基本是一致的，但是，他們要被人們聽出區別來。

快看啊！這個在這裡坐以待斃的人！他距離他的目標只有一步之遙；但是怠倦的他頑固地躺在灰塵之中，這個英勇無比的人！

他因爲厭倦而在道路、大地、目標以及他自己的身上打起了哈欠，他絕對不會再往前走一步了，這個英勇無比的人！

現在，太陽就在他的頭頂之上燃燒著，小狗們則用舌頭舔舐他身上的汗：但是，他非常頑固地躺在這裡，他寧願選擇忍受被渴死的折磨——

他距離他的目標僅僅只有咫尺之遙，他心甘情願被渴死！你們必須要拖曳著他腦袋上的頭髮，將他拉到天堂裡面去——這位英勇無比的英雄！

但是，你們最好還是應該讓他躺在他應該躺下來的地方，睡眠是個安慰者，它能夠讓冰冷的、淅淅瀝瀝的雨點滴落在他的身上。

讓他就這麼躺著吧！直到他自己從睡夢中醒過來，直到他自己拒絕所有的厭倦，直到他自己的厭倦澈底地教訓了他一番！

我的兄弟們，你們只需將那些小狗們從他的身邊嚇跑，還有百無聊賴的狐群以及所有群居的毒蛇：

——所有接受過「文化教育」的群居毒蛇，牠們飽餐著一切英雄和烈士們的血汗！

(19)

我在我的周圍畫出了一個圓圈以及神聖的邊界線；我攀爬的山峰越高聳，跟隨著我的人就會越少：我建立了由永久神聖群山所構成的山脈。

啊，我的兄弟們啊，無論你們在何處跟我一起攀登，都一定要好好照顧自己，以免讓那些寄生蟲依附在你們的身上，和你們一同攀登！

一種寄生蟲：那是一種爬行類的蛀蟲，那是一種將自己蜷縮起來，在地面上爬行的蛀蟲，它會拼盡全力吸食你們身上脆弱以及疼痛的地方，以此來給自己提供養分。

而這就是它的狡猾之處：它猜測到攀登的靈魂在哪裡會感到厭倦，在你的麻煩以及沮喪裡，在你極其敏感的謙卑裡，它建造了屬於它自己的、令人憎惡的巢穴。

在那個力量強大者虛弱、高雅之人極其紳士的地方——它建造了屬於它自己的令人憎惡的巢穴；那種寄生蟲通常依附在偉大之人身上疼痛並且隱秘的地方。

在這個世界上所有的種群當中，哪個種群是最高級的，而哪個種群是最低級的？那種爬行類的蛀蟲是所有種群中最低級的；然而，在所有種群中最高級的種群供養著數量最多的寄生蟲。

因爲擁有最悠長的梯子的靈魂，能夠下到最深處：他究竟要怎麼做才能避免遭到寄生蟲的依附呢？

——最富足的靈魂，能夠在自己的心中盡情地向前奔跑和遊蕩；最必不可少的靈魂，則會爲了快樂而將自己投擲到機遇當中。

——存在的靈魂會陷入生存之中，而占有之靈魂會尋求獲得渴望和期望的辦法。

——靈魂正在逃離自己，但是，在更加廣闊的道路之中，它又在追趕著自己；對於最聰慧的靈魂來說，它們最容易受到愚蠢的誘惑。

——在最愛自己的靈魂看來，所有的事物都有屬於自己的順流和逆流，有著屬於自己的潮起和潮落——噢，最高的靈魂究竟是如何避免被寄生蟲依附的呢？

(20)

啊，我的兄弟們啊，我眞的非常殘忍嗎？但是我要說的是：本就已經倒下來的東西，就應該把它推落！

現如今，所有的事物一旦倒了下來，就會腐朽；有誰會願意保留它們呢！但是，我同樣非常贊同應該把它推落！

我想你們都知道將石頭滾進陡峭的深谷所帶來的快樂吧？——看看今天的人類吧！他們是如何滾落到自己的深谷中！

啊，我的兄弟們啊，我是更加出色表演者中的一首開場曲！舉一個例子！那麼，就按照我舉的例子做吧！

那個你們不願意教他飛行的人，我在這裡懇請你們教他——讓他用更快的速度墜落！

(21)

我喜歡英勇無比的人：但是僅靠這些還不足以成爲一名劍士——人們還必須需要知道應該在何處使用劍術！

然而，保持安靜並且離開，是更加偉大的勇敢，因此，人們應當爲了更有價值的敵人而保護自己！

你們應該只擁有能夠被仇恨的敵人，而不能擁有能夠被鄙視的敵人：你們必須要爲了你們的敵人而感到驕傲和自豪。我曾經如是教導過你們。

啊，我的兄弟們啊，你們應該爲了更加具有價值的敵人而保護好自己：因此，你們必須從很多的事情旁邊經過——

——尤其是從許多的惡棍身邊經過，他們會用有關於人民和民族的喧囂聲在你的耳邊喋喋不休。

擦亮你們的眼睛好好看看他們的「肯定」和「否定」吧！在那越是正確的地方，就越是有錯誤：無論是誰看了都會暴怒。

觀看以及拔出刀子劈砍——其實這兩者都是同一碼事：所以，趕快動身向森林出發，並且將你們的刀劍收起來吧！

走你們自己的路吧！讓民眾和民族走屬於他們的道路！——說眞的，那是黑暗、憂鬱的道路，是沒有一絲希望的！

就讓那些商人們統治那裡吧，在那裡，商人們的金銀財寶仍舊散發著晶瑩剔透的光。現在，再也不是國王統治的時代了：現在，都是自稱爲民眾，而非應當擁有國王。

你們好好看看這些人民吧！看看他們現在的所作所爲是如何恰似商人們的作爲：他們從所有的垃圾之中撿起了蠅頭小利！

他們彼此互相誘惑，互相欺騙——他們將此稱之爲「美好的鄰人之誼」。啊，遙遠的古代是能夠受到祝福的，在那個時候，人們對自己說道：「我會成爲淩駕於人民之上的主人！」

所以，我的兄弟們啊，只有最優秀的人才能統治，最優秀的人也能夠利用意願進行統治！在教育方式方法不同的地方，必然缺乏最優秀的人。

(22)

倘若他們的麵包分文不值的話，唉！他們到底在哭訴著什麼！他們對於生命的維持——

才是他們眞正的消遣，他們的生活將是異常艱辛和困苦的！

他們是捕獵的怪獸：在他們所謂的「工作」之中——有著搶劫、掠奪，在他們的「收穫」之中——有著欺騙！因此，他們的生活將是異常艱辛、困苦的！

所以，他們會成爲更加優秀、敏銳和聰明善於捕獵之野獸，他們更像是人類：因爲人類就是最優秀的善於捕獵之野獸。

人類曾經搶奪了所有動物的道德：也正是因爲這樣，在所有動物當中，人類擁有最艱辛苦難的生命。

在這些動物當中，只有天上的鳥兒能夠凌駕於人類之上。倘若人類學會了在天空中翱翔，唉，他們的強取豪奪之心究竟能飛到什麼高度呢？

(23)

但是，我希望男人和女人們都能如此：男人非常適合戰爭，女人們則更加適合傳宗接代，而這兩者都適合用腦袋和腿跳舞。

在此期間，沒有舞可跳的日子著實是一種缺失。任何不能夠帶來歡聲笑語的眞理全都是虛假的！

(24)

請多留心你們的婚約：注意別讓它是糟糕的婚約！你們的婚約定得過於倉促了：因此，接下來所發生的後果就是婚約破裂！

但是，婚約的破裂要比婚約的妥協以及婚約的謊言好得多！——一個女人如是對我說道：「的確，我打破了婚約，但是，那是因爲婚姻先打破了我！」

我發現反目的夫妻復仇之心最重的：他們讓整個世界遭受苦難，這個世界上的每一個人都再也不能隻身一人前行。

正是出於那樣的原因，我希望誠實正直的人們可以互相轉告：「我們彼此相愛：讓我們多多留心我們是如何維持愛意的！難道我們的誓言是一種錯誤嗎？」

「請給我們一個期限以及一次試婚，這樣的話，我們就可以看看我們到底適不適合結婚！成雙成對向來都是一件重大的事情。」

所以，我要向所有誠實正直的人們提出忠告；倘若讓我提出忠告並且說些別的什麼東西的話，那麼，我對於超人以及一切來自未來的愛又算什麼呢？

啊，我的兄弟們啊，不僅僅是激勵你們向前進，也激勵著你們向上成長——所以，婚姻的花園或許能夠幫助你們！

(25)

那些在古老的種群當中成長起來的智者，快看啊！最終，他一定會去尋找未來的泉水以及尋找新的族群。

啊，我的兄弟們啊，要不了多長時間，新的族群就會崛起，新的泉水會流進新的深淵。

地震堵塞了很多泉水，它直接導致了人們對於泉水的渴望：但與此同時，它也點燃了內在的力量和祕密。

地震帶來了新的泉水。在古老的族群的大動盪之中，全新的泉水也隨即噴湧而出。

不管是誰大聲叫道：「快看啊！這裡是爲許多口渴的人準備的泉水，是爲許多渴求的人準備的心靈，爲許多工具提供發明的意志。」——在他的周圍，聚集起了很多人，也就是說，很多躍躍欲試、充滿渴望的人。

能夠發號施令的人，同樣也必須服從——這是一種試驗！唉，那麼漫長的尋找、那麼漫長的猜想、那麼漫長的失敗、那麼漫長的學習以及那麼漫長的重複試驗！

我如是教育人們，人類的社會就是一種試驗，一種漫長的尋找。然而，它尋找的是一位統治者！

我的兄弟們啊，一種試驗，沒有任何所謂的「契約」！我懇請你們摧毀，摧毀那些擁有溫柔心靈的人們以及騎牆派的言論！

(26)

啊，我的兄弟們啊，究竟是在什麼樣的人當中會藏有全人類的未來最重大的危險呢？難道不是在那些正人君子和強調公平正義的人們的身上嗎？

因爲那些人的心理有感受，並且他們說：「我們已經知道了什麼是善意和正義了，我們也已經擁有了善意和正義。悲哉！那些仍舊在尋找善意以及正義的人們！」

凡是邪惡的人就能夠做出傷害的事，然而，充滿善意的人造成的傷害卻是最具有致命性的傷害！

凡是惡意誹謗這個世界的人就能夠做出傷害的事，然而，充滿善意的人造成的傷害卻是最具有致命性的傷害！

啊，我的兄弟們啊，曾經有些人看透了擁有善意的人以及正義之人的心靈，他們說道：「他們是法利賽人。」但是，人們並不能理解他們。

充滿善意的人以及正義之人也不能理解他們，因爲他們的精神全都被禁錮在他們的良心之中。此外，充滿善意之人的愚笨是深不可測的聰慧。

但是，這就是眞理，充滿善意的人一定就是法利賽人——他們別無選擇！

充滿善意之人必須要迫害那個創造了自我道德的人！這就是眞理！

但是，第二個人發現了他們的國家——發現了充滿善意之人以及正義之人的國家和心靈——他問道：「哪些人是他們最痛恨的？」

他們最痛恨的是那些創造者，那些創造者毀壞了古老的評價和評價之規範，這個毀滅者、那個法律的破壞者——人們稱他爲罪人。

但是他們無法創造擁有善意的人；他們始終都是終結的開端：他們將在新榜上編寫新的評價的人釘在十字架上；他們爲了自己而犧牲了未來——他們將整個人類的未來全都釘在十字架上！

充滿善意的人——他們始終都是終結的開端。

(27)

啊，我的兄弟們啊，你們全都理解這些話了嗎？理解我曾經談到過的關於「末等人」的話題了嗎？

究竟在什麼樣的人身上藏有整個人類未來最重大的危險？它們難道沒有藏身於那些充滿善意的人以及正義之人的身上嗎？

粉碎吧！粉碎吧！我懇請你們粉碎那些充滿善意的人以及那些正義之人吧！啊，我的兄弟們啊，你們全都理解這些話了嗎？

(28)

你們想要從我的身邊逃走嗎？你們難道害怕了嗎？你們聽到了這些話語之後顫抖了嗎？

啊，我的兄弟們啊，我命令你們粉碎那些充滿善意的人以及正義之人的新模範，只有在這樣的時刻，我才能夠讓人類在遼闊的大海之上漂泊。

到了現在，那些巨大的恐怖、廣闊的景色、嚴重的噁心和暈眩全都降臨到了他的身上。充滿善意的人教會了你們虛假的海岸以及虛假的安全；你們誕生並且孕育於善意之人的謊言中。世間萬物全都遭到了充滿善意之人澈底地歪曲和曲解。

但是發現了「人類」國家的人，同樣也發現了「人類未來」的國家。現在，你們應該成爲我的水手，勇敢並且充滿耐心！

我的兄弟們千萬不要錯失良機啊，你們要學著不要錯失良機啊！海上的風浪大作：許多人都在尋找著你，以求你能夠救助他們！

大海之上刮起了風暴，大海之中包含了世間萬物。好的！前進吧！你們這些無比英勇的海上冒險者們！

讓我們推動舵柄，朝著我們孩子們的國度出發吧！那裡的風暴要比大海裡的更兇猛，我們偉大且充滿渴求的風暴！

(29)

「為什麼要如此堅硬？」有一天，黑炭對鑽石說道，「難不成，我們之間是近親的關係？」

為什麼要如此堅硬？啊，我的兄弟們啊，我如是問問你們：你們難道不是我的兄弟們嗎？

為什麼要如此柔軟、如此順從、如此屈服呢？為什麼在你們的心靈當中，會有如此之多的否定和拒絕呢？為什麼在你們的面孔之中擁有如此之少且絕不屈服於命運的色彩呢？

倘若你們並不想成為宿命論主義者並且不屈不撓，那麼在將來，你們依靠什麼來征服我？

倘若你們的堅硬並不能爆炸、碎裂，粉碎成碎片，那麼在將來，你們要怎麼才能跟我一起創造呢？

因為創造者是堅強的。而且你一定要以那作為你的幸福，你將自己的手按壓在千載重荷之上，就好像按壓在蜂蠟之上一樣。

必須要以那為幸福，在千載重荷的意志之上進行書寫，就好像在銅板上進行書寫一樣——不過它們要比銅板更加堅硬，比銅板更加高貴，只有最高貴者才是完全堅硬的。

啊，我的兄弟們啊，我要將這一新榜掛於你們之上：「成為堅強的人吧！」

(30)

啊，你，我的意志！你，你是所有需求的樞紐，你是我迫切需要的人啊！快將我保存起來以避免所有的小型勝利吧！

你，就是我所謂的命中註定，我的靈魂之命運啊！你就在我的體內啊！爲了一種偉大的命運，請你好好保護我啊！

我的意志啊！爲了你的最後，眞愛著你的最後的偉大——能夠讓你在勝利之中不屈不撓！唉，誰不是爲了自己的勝利去征服呢？

唉，在昏暗的破曉時分，有誰的眼睛沒有變得模糊和昏暗呢？唉，在取得勝利的時候，有誰的雙腳沒有蹣跚、踉蹌著行走——無法站立呢？

——終有一天我能夠在偉大的正午時分完備而成熟：就像閃著耀眼的光芒的礦石、就像孕育閃電的烏雲，就像膨脹的乳房一樣完備而成熟——

——爲了我自己以及我最爲隱密的意志而做好準備：一張弓無比渴望它的箭，而一支箭則無比渴望它的星星——

——一顆行星在正午時分能夠達到完備和成熟，被毀滅的太陽之弓箭灼燒、射穿並且受到祝福——

——一個太陽，一種不屈不撓的太陽之意志，已經準備好在勝利的時候毀滅！

啊，意志啊，你就是所有需要的樞紐，你是我迫切需要的人啊！爲了一種偉大的命運，請你好好保護我啊！

查拉圖斯特拉如是說。

57 新愈者

(1)

就在查拉圖斯特拉重新回到他的洞穴不久，一天清晨，查拉圖斯特拉就像一個瘋子一樣從他的沙發上跳了起來，他用令人膽寒的聲音大喊起來，就好像一個仍舊躺在沙發上、絲毫沒有起來的打算的人一樣。查拉圖斯特拉仍舊繼續地叫喊著，因此，他的老鷹和蛇全都無比驚恐地看著他，在他周圍的洞穴和比較隱密的地方裡的動物們——飛的飛、走的走、爬的爬或是跳的跳，全都溜走了，但是，查拉圖斯特拉如是說道：

快起來，我深不可測的思想啊！從深處起來啊！你這個貪睡的大爬蟲啊！我就是你的雄雞以及清晨的曙光：起來！起來！要不了多久，我的叫喊聲就能把你吵醒！

解開束縛著你耳朵的鎖鏈：仔細傾聽吧！因爲我想讓你聽到！起來！起來！這裡擁有足以讓所有的墓穴均傾聽的驚雷！

擦拭掉你們眼睛裡的睡意以及所有的昏暗和盲目吧！也用你們的眼睛傾聽我：對於那些生來就看不見的人來說，我的聲音也可以帶來光明的藥物。

一旦你醒過來，你應該永久地保持著清醒的狀態。叫醒還在熟睡的我的老祖母們，然後再吩咐她們接著睡覺，並不是我的習慣！

你自己攪動、伸展四肢，並且喘息了嗎？起來！起來！你不應該喘息的——你應該只對我說話！查拉圖斯特拉在叫你，查拉圖斯特拉這個無神者！

我，查拉圖斯特拉，我是生命的辯護者、苦難的辯護者、迴圈的辯護者。我呼喚著你，我這最深不可測的想法啊！

快樂啊！你來了啊！我聽到你的聲音了！我的深淵在說話，我把我最深的深淵轉移到了光明之中！

快樂啊！快來我這裡吧！把你的雙手給我！哈，啊哈哈！哈哈，憎惡，憎惡！唉！悲哀啊！

(2)

但是，就在查拉圖斯特拉剛說完這些話的時候，他立即像一個死人一樣一頭栽倒在地，而且像死人一樣在地上躺了好久好久。然而，當他再一次恢復意識之後，他的臉色蒼白，渾身顫抖，並且仍舊保持躺著的狀態，在很長的一段時間之內，他既不吃飯也不喝水。類似這樣的情況一連持續了七天；但是他的動物們無論白天還是夜晚，全都寸步不離地守候在他的身邊。除了老鷹會不時地尋找食物，並且會把牠抓到的和掠奪的食物放在他的床榻之上：就這樣，到了最後，查拉圖斯特拉躺在黃色以及紅色的漿果、葡萄、紅紅的蘋果、散發著甜美芳香的牧草以及松球的中間。就在他的腳邊，放置著兩隻小羊羔，這兩隻小羊羔是那只老鷹費了很大的力氣才從他們的牧羊人那裡搶過來的。

最終，到了七天之後，查拉圖斯特拉從他的床榻上起來了，他用手拿起了一個紅紅的蘋果，放在鼻子邊聞了聞，發現這個蘋果散發著令人愉悅的芳香。緊接著，他的動物們開始認爲是時候跟查拉圖斯特拉聊聊天了。

「啊，查拉圖斯特拉，」它們說道，「你已經緊閉雙眼在這裡躺了七天七夜了；難道，你自己不再打算重新站起來了嗎？

從你的洞穴中出來：這個世界就像是一個花園般等候著你的到來。散發著濃郁的芳香的風在尋找著你；所有的小溪全都喜歡跟隨在你的身後。

自從你在這裡連續躺了七天七夜，世間萬物全都期盼著你——快從你的洞穴中走出來吧！世間萬物都想要成爲你的醫生呢！

或許你已經有了一種全新的自知，一種苦澀的、痛苦的自知？你就像被發酵過的麵團一樣躺著，你的靈魂被喚起，並且膨脹到超出了自身的範圍。」

——啊，我的動物們啊，查拉圖斯特拉回答道，你們如是說下去，讓我好好聽一聽！聽你們說話眞是讓我感到神清氣爽：對於我來說，只要是有談話的地方，就會有如同一個花園一樣的世界。

這些話語和這些腔調是多麼有魅力啊：難道這些話語和腔調不是架在永遠被隔離的事物之間的橋梁嗎？

不同的靈魂歸屬於不同的世界，任何一個靈魂都是其他靈魂的另一個世界。

在彼此最相似的事物當中，錯覺訴說著最歡快的謊言：因爲最小的鴻溝是最難跨越的。

對於我來說——我的身體之外怎麼能夠存在另一個我呢？這裡根本就不存在我身體之外的地方！當我們聽著音樂的時候，我們全然忘記了這些；這是多麼令人感到欣喜的遺忘啊！

人類可以在其中恢復精神的萬物，不是都被給予了名稱和腔調了嗎？說話就是一種非常了不起的蠢事，所以人類能夠在世間萬物之上舞蹈著。

所有的談話以及所有虛假的腔調是多麼可愛啊！我們的愛意在音調的伴奏之下，開始在五彩繽紛的彩虹之上翩翩起舞。

「啊，查拉圖斯特拉，」他的動物們說道，「對於那些像我們一樣進行思考的人而言，世間萬物都在跳舞：它們走出來、伸出手、歡笑、奔跑——並且如此迴圈。」

「世間萬物消亡了，世間萬物又重獲新生了：存在之車輪，在永恆地輪迴著。世間萬物凋零了，世間萬物又再一次重獲新生；存在之時間，永恆地奔走著。」

「世間萬物都會破碎，世間萬物又會重獲新生；存在之本身會永恆地建造相同的存在之房屋。世間萬物都會彼此分開，世間萬物還會再一次重逢，存在之輪迴對於自身來說會永恆地保持著眞實。」

「存在每時每刻都在開始，星球在『這裡』永恆地圍繞著所有的『那裡』旋轉，任何的地方都是宇宙的中心。永恆的道路是扭曲不平的。」

啊，你們這些喋喋不休的人和手風琴！查拉圖斯特拉回答道，並且他再一次微笑起來，你們怎麼會知道那些必將會在七天之內完成的事情呢？

——你們怎麼會知道那頭怪獸會悄然爬進我的喉嚨裡，並且讓我窒息的呢？但是我把那頭怪獸的頭咬了下來，並且將它從我的嘴巴裡吐了出去。

你們——你們已經以它創作出了一首抒情詩了嗎？現在我就躺在這裡，仍然被那些撕咬和唾棄弄得疲憊不堪，仍然爲了我自身的救贖患上疾病。

你們難道已經徹底地觀察這些了嗎？啊，我的動物們啊，難道你們也這麼殘酷和冷血嗎？你們喜歡注視著我遭受到的巨大痛苦，就像是人類做的那樣嗎？因爲人類就是殘忍的動物。

從古至今，人類把觀察悲劇、決鬥以及酷刑看作這個世界上最幸福的事情。看啊，當人類發明了地獄的時候，那就是人類在這片大地之上的天堂。

當偉大之人開始叫喊：那些渺小的人就會立即跑到那裡去，並且從嘴巴裡面伸出最具貪婪欲望的舌頭。但是，他稱之爲「憐憫」。

那渺小之人，尤其是詩人——他是如何充滿激情地用話語來控訴自己的生命！好好聽一聽他說的話吧！但是千萬不要遺漏他的所有的控訴之中貪婪的欲望！

生命僅僅用注視的雙眼就征服了這些控訴生命的人們。「你愛我嗎？」這個傲慢無禮之人說道，「稍等一會兒吧，我目前還沒有時間回答你。」

人類對於自己來說就是殘忍冷血的動物；在所有稱自己爲「罪人」、「背負十字架之人」以及「懺悔者」的心目當中，千萬不能忽略他們在訴苦和控訴當中所流露出來的貪婪之欲望！

我，我自己——所以，我想要成爲人類的控訴者嗎？唉，我的動物們啊，自古以來，我只知道人類心中的邪惡對於他們內心當中的善意來說，是必不可少的——

——所有的邪惡就是他們最強大的力量，那是最高等創造者最堅硬的石頭；因此，人類必須變得更好，但也更壞——

不是因爲我被捆綁在了這個苦難的火刑柱上，我才知道人類是最邪惡的——而是我叫喊著，發出人類從未發出過的聲音：

「唉，人類的邪惡實在是太微不足道了！唉，人類的善意也同樣非常渺小！」

對於人類的偉大憎惡——它將我緊緊地勒住，爬進了我的喉嚨：預言家所預示過的：「世間萬物都是相似的，任何事物都是毫無價值的，知識能夠讓人窒息。」

在漫長的黑夜當中，一種致命的厭倦，致命並且迷醉的悲哀邁著踉蹌的腳步來到了我的面前，它用打著哈欠的嘴巴說起了話。

「你所厭倦的渺小之人永恆之回歸」——我的悲哀如是說道，它拖曳著自己的腳，已經不能安心沉睡。

對於我來說，人類的大地已經成爲一處墳墓；它的胸部在下沉，對於我來說，任何存在著的事物都成了人類的骸骨，成爲一種腐朽的過去。

我的歎息坐在所有人類的墳墓之上，它再也無法站起來了：我的悲傷之哀歎以及我的質疑沒日沒夜發著牢騷，哽咽著、啃咬著以及抱怨著：

「唉，人類永久地回歸了！渺小之人永久地回歸了！」

我曾經看到過這兩者赤身裸體的狀態，最偉大之人以及最渺小之人。這兩者都過於相似，太像人類了，甚至於最偉大之人也太像人類了！

這兩者都太過於渺小了，甚至於最渺小之人也太過於渺小了！這就是我對於人類的憎惡！即便是最渺小之人也同樣是永久地迴圈！這就是我對於所有的存在的憎惡！

唉，憎惡！憎惡！憎惡！查拉圖斯特拉如是說，然後他歎了口氣，並且顫抖了起來，因爲他想起了他的疾病。因此，他的動物們開始阻止查拉圖斯特拉，不讓他再繼續說下去。

「你不要再繼續說下去了，你這個還處於恢復期的病人！」——他的動物們如是回答道，「快點出去吧，那個猶如花園一般的世界正在等待著你。

快快去玫瑰花叢、蜜蜂之群以及鴿子之群裡！特別是到能夠歌唱的鳥兒那裡去吧，從牠們那裡學習唱歌的本領！

因爲唱歌對於還處於恢復期的病人來說是非常合適的；只有身心健康的人才可以說話，當身心健康的人想要唱歌的時候，他會比還處於恢復期的病人更加有唱別的歌曲的欲望。」

「啊，你們這喋喋不休之人和手風琴，你們要保持安靜！」查拉圖斯特拉回答道，然後他開始沖著他的動物們微笑，「你們是如何知道我在這七天七夜裡，爲我自己所創造的安慰呢！

我還要再一次歌唱——我爲我自己創造了安慰以及康復的方法：所以，你們願意創作一首抒情詩嗎？」

——「你不要再說話了，」他的動物們再一次回答道，「你這個還未恢復的病人啊！你自己最好預先準備一架豎琴！」啊，查拉圖斯特拉，因爲你的全新的詩歌需要新的豎琴進行伴奏。

啊，查拉圖斯特拉啊，縱情高歌，用新的詩歌治癒你的靈魂：可以讓你承擔起所有人都沒有的、屬於你的偉大命運！

啊，查拉圖斯特拉啊，你的動物們對你非常了解，他們知道你是什麼樣的人，知道你必將成爲什麼樣的人：快看啊！你就是那永恆的迴圈的說教者——現在，這就是你的命運！

你必定是說教這一理論的第一人——這一偉大的命運怎麼能不成爲你最偉大的危險和疾病呢！

快看啊！我們都知道你在說教什麼：世間萬物都在永恆地迴圈，我們和世間萬物是一樣的，我們存在的次數已經不能用數字來計算了，我們和世間萬物合爲一體的。

你教育人，在這個世界上有一種「轉生的偉大之年」，存在著一種偉大的年當中的奇觀，它必定會像一個沙漏一樣永久地翻新，永久地運轉。

——因此，所有那些歲月在最偉大之處類似，同樣也在最渺小之處類似，所以，我們自己在所有偉大之年中的最偉大之處類似，同樣也在最渺小之處類似。

啊，查拉圖斯特拉啊，倘若你現在就死去了，快看啊，到了那個時候，我們仍然知道你是如何跟你自己進行對話的——但是，你的動物們懇求你現在還不能死去！

希望你開口說話，無所畏懼且自滿，因爲一種極大的苦悶和擔憂都想從你的身上脫離出來，你這最能夠容忍的人！

現在，我會死去，並且消失，你會說，過不了多久，我就會變成虛無。靈魂就像人類的軀體一樣終有一死。

但是，我所纏繞的因果關係如是迴圈著——它會再一次創造我！我自己屬於永恆之迴圈的因果關係。

我同這裡的太陽、這片大地、這裡的老鷹、這裡的毒蛇一起，從頭來過——但是這並不是什麼新的生命，不是什麼更美好的生命，也不是什麼相同的生命：

我再一次重新成爲這一相同且同一的生命，在最偉大和最渺小的事物當中，重新教育人們世間萬物的永恆之迴圈。

——再一次談及這片大地的偉大正午以及人類，並且重新向人類宣講超人。

我已經說過了我該說的話。我被我自己的說教擊倒了：我永恆的命運如是意欲——我就像宣講者一樣，就此死亡！

現在已經到了下沉之人爲自己祝福的時候了。因此，查拉圖斯特拉的下沉如是結束了。

當他的動物們說完這些話的時候，牠們全都默不作聲，靜靜地等待著，牠們心裡想著查拉圖斯特拉或許會跟牠們說些什麼話；但是查拉圖斯特拉並沒有意識到他的動物們全都默不作聲。正好相反，查拉圖斯特拉閉上了雙眼，安靜地躺了下來，就像是一個正在沉睡的人，儘管他並沒有睡覺；因爲在這個時刻，他的靈魂正在思考。但是，當毒蛇、老鷹發現查拉圖斯特拉是如此安靜的時候，爲了對他周圍偉大的寧靜致以崇高的尊敬，牠們全都小心翼翼地離開了。

58 偉大的渴望

啊，我的靈魂啊，我已經跟你說過了「今天」就是「曾經的過去」和「以前」，估量所有的這裡、那裡以及遙遠的天邊，和你一起共舞。

啊，我的靈魂啊，我帶你離開了你那偏僻的地方，我將你從塵土、蜘蛛以及黎明裡拍打下來。

啊，我的靈魂啊，我從你的身上沖刷掉了微不足道的羞恥以及偏僻狹隘之地的道德，並且說服你在太陽的眼睛面前赤裸裸地站立著。

我用被人們稱爲是「精神」的風暴吹襲那洶湧澎湃的大海；我將你頭頂之上的所有雲朵都吹走了，我甚至緊緊勒住了被稱作是「罪惡」的扼殺者。

啊，我的靈魂啊，我給予你大聲說出不可以的權力，就像大風暴一樣，並且向開放的天堂說出可以。你還保持著猶如光亮一樣的寧靜，現在，你走入了否定的風暴之中。

啊，我的靈魂啊，我在有創造力和沒有創造力當中恢復了你的自由；究竟有誰能夠像你所了解的那樣，知道什麼才是未來的縱欲嗎？

啊，我的靈魂啊，我曾經跟你說過一種蔑視，它並不會像吞噬蟲子、偉大的、充滿愛意的蔑視一樣到來，它最喜歡的正是蔑視最猖獗肆意的地方。

啊，我的靈魂啊，我曾經跟你說過說服，你可以說服這片大地來到你的身邊：就像太陽一樣，它能夠說服大海攀升到它所在的高度。

啊，我的靈魂啊，我已經從你的身上拿走了所有的服從、屈膝跪拜以及盲目崇拜；我自己已經給你起了名字，「需求的改變」以及「命運」。

啊，我的靈魂啊，我已經給予你新的名字以及五彩斑斕的玩物，我稱你爲「命運」、「迴圈之迴圈」、「時間的臍帶」以及「蔚藍色的鐘」。

啊，我的靈魂啊，我已經將我全部的智慧都給予你了，以此來暢飲所有新的酒水以及所有無法追憶的、古老的智慧之烈酒。

啊，我的靈魂啊，我將所有的太陽以及夜晚、寧靜和所有的渴望之光亮全都照射在了你的身上——然後，我就會讓你像藤蔓一樣爲我生長。

啊，我的靈魂啊，現在，枝繁葉茂的你生氣勃勃地、莊重地站在這裡，一棵擁有膨脹的乳房以及滿滿的金棕色的葡萄叢藤蔓：

——被你的幸福充滿並且加重負擔，等待著富足之多餘，但是對你的等待感到羞愧。

啊，我的靈魂啊，在這裡根本就不存在更加受人愛戴、更加博大、更加廣闊深遠的靈魂！未來和過去要在哪裡才能比跟你在一起的時候，彼此距離的更近呢？

啊，我的靈魂啊，我已經把世間萬物全都給你了，因爲你的緣故，我的雙手已經變得空無一物。現在，你面帶微笑、一臉憂鬱地跟我說道：「在我們兩個人當中，誰更應該虧欠感謝呢？

——難道給予者不虧欠感謝是因爲接受者接受了來自給予者的餽贈嗎？難道給予不是一種必不可少的東西嗎？難道接受不是一種慈悲嗎？」

啊，我的靈魂啊，我非常能夠理解你那面帶憂鬱的微笑。現在，你那過度富足的自我開始向外伸展充滿渴望的雙手了！

你那注視著前方洶湧澎湃的大海，尋找著、等待著，過度渴望地注視著你的眼睛之微笑的天堂！

啊，我的靈魂啊，說眞的，有誰能夠看到你的微笑，而不會流下淚水？那些天使們就因爲你的微笑而化成了淚水。

啊，我的靈魂啊，你的親切以及你的過度親切，是不會抱怨也不會低聲啜泣的。但是，它渴望你那流淚的微笑，渴望你那因爲啜泣而顫抖的嘴唇。

「是不是所有悲傷的哭泣都會抱怨？是不是所有的抱怨都會控訴？」你對自己如是說道。啊，我的靈魂啊，所以，你寧願微笑也不願意傾吐你的悲痛。

——也不願意在痛哭流涕的情況之下，傾吐所有有關於你的悲痛，就像葡萄樹渴求採摘者拿著剪刀來收穫的苦痛！

但是，你並不願意悲傷地哭泣，並不願意用悲傷的哭泣來傾吐你那紫色的憂鬱，那麼，你就放聲高歌。啊，我的靈魂啊，快看啊！我在對自己微笑，那個對你提前預言了這些的人：

——你會放聲高唱充滿激情的歌曲，直到所有的大海都安靜下來，仔細地聆聽你的渴望——

——直到渴望在平靜的大海之上滑行，那金燦燦的傳奇周圍有善與惡，以及令人感到不可思議的事物——

——同樣地，許多體型巨大的以及體型微小的動物們，還有世間萬物都擁有輕便的、令人感到不可思議的雙腳，正因爲這樣，它們才可以在紫羅蘭色的道路之上縱情地奔跑——

——接近金光閃閃的奇跡、漂泊的小船以及它的主人：然而，他是那個拿著鑲嵌著鑽石的剪刀苦苦等待的採葡萄的人——

——啊，我的靈魂啊，你這偉大的遞送者，你這沒有名字的人——那些只有未來的歌曲才能找到名字的人！說眞的，你已經呼吸到了未來歌曲的濃烈芳香——

你已經開始散發出光芒，並且做起了美夢，無比饑渴的你已經在所有幽深的、安慰之泉裡暢飲，你的憂鬱已經在未來歌曲的祝福當中休眠靜養了！

啊，我的靈魂啊，現在，我已經把我的全部都給你了，我甚至把我最後的私有物品也給你了，所以，因爲你的緣故，我的雙手已經變得空無一物——我命令你歌唱，快看啊！這是我最後一件要給予的東西了！

我命令你歌唱——現在說吧：現在，我們二人當中——到底是誰虧欠誰感謝呢？——但是，比這更好的是，你爲我唱歌，放聲高歌，啊，我的靈魂啊！讓我感謝你吧！

59 另一支舞曲

(1)

最近，我凝視著你的眼睛，啊！生命：我看到金子在你那猶如黑夜一般的眼睛裡閃耀著光芒，我的心靈快樂地站立在那裡：

我看到一條閃亮的小船在奇黑無比的水裡散發著耀眼的光芒，一條下沉的、浸在水裡的、閃光的、搖擺不定的小船！

在我無比瘋狂的舞步之中，你投來了注視的目光，一種充滿笑聲的、充滿質疑的、溫柔的、被投擲過來的目光。

你只是喋喋不休地用你的小手移動了兩下，然後，我的雙腳開始用狂熱的舞步來回搖擺。

我的後腳跟懸在空中，我的腳指頭在聆聽著——他們肯定都認識你：舞蹈者的耳朵是長在他的腳指頭上面的！

我爲了你而跳躍：然後我會從我這裡快速地跳到你的背後；你那稍縱即逝的、在風中飛舞的女性之長髮，向我這邊舞動著！

我跳躍著從你的身邊離開，離開你那猶如蛇一般彎曲的長髮：然後在你那眼睛的愛撫下，半轉著身子站在你的面前。

你利用彎曲的注視教導我不平坦的路線，在這些不平坦的路線之下，我學習那靈巧、夢幻的舞步！

我害怕你靠近我的身邊，我喜歡你離我遠遠的；你的飛行在誘惑著我，你的尋找在保護著我——我爲了你，忍受那些我並不願意去承擔的苦難！

對於你而言，誰的冷淡會燃起熊熊烈火，誰的仇恨會偏離了方向，誰的飛行會被緊緊地束縛起來，誰的嘲笑會苦苦辯護？

——有誰會不憎惡你？你這偉大的束縛，在微風之中、在誘惑之中、在探索之中以及在尋找之中！有誰會不喜歡你？你這天眞無邪的、沒有耐心的、迅疾如風的、有著孩子般眼睛的罪惡之人！

現在，你是要把我拖到哪裡去？你這個野丫頭！現在，你欺騙了我，然後就突然消失了；你這個可愛的頑皮女孩實在讓人討厭！

我在你的身後跳舞，我甚至獨身一人追隨著逐漸消逝的足跡。你到底在哪裡？快把你的雙手給我吧！或是只給我你的手指！

這裡有洞穴和錯綜複雜的灌木叢，我們一定是偏離了正確的道路！——快停下來吧！安靜地站在那裡！難道你們沒有看到撲閃著翅膀打架的貓頭鷹和蝙蝠嗎？

你的蝙蝠！你的貓頭鷹！你想纏住我嗎？我們這是在什麼地方？你從那些狗的身上學會

了嚎叫和咆哮。

你用潔白的小牙齒溫柔地咬著我；你那邪惡的眼睛將目光射向了我，你這個來自地下的、捲曲的小鬃毛！

這就是一種在儲備物和石頭上的舞蹈。我就是獵人——你就是我的獵犬，或是我的麂皮？

現在來到我的身邊！快一點兒，居心叵測地跳起來吧！現在跳起來！哎！就連我自己也一塊跟著過度搖擺了！

啊，你看著我躺在這裡，你這個傲慢的傢伙，懇求慈悲！我很高興能跟你一起走——一起去一些令人心曠神怡的地方！

——在愛情的道路之上，靜悄悄地修剪五顏六色的灌木叢！或是金色的魚在小湖邊跳舞和游泳！

你現在沒有感到疲倦嗎？那邊有羊群和晚霞：難道這裡不是適合睡覺的地方嗎——還能聽到牧羊人的風笛聲？

你現在是不是感到非常疲倦？我把你帶到這裡來；讓你把手放下來！你一定渴壞了——我這裡應該有一些東西；但是，你的嘴巴似乎並不願意喝類似的東西！

——啊，那條被詛咒的、靈活的、極其柔軟的毒蛇，潛伏的巫師！你到底去哪裡了？在我的臉上，我能夠感受到你的雙手留下的兩塊斑以及紅色的汙漬！

說眞的，我已經對你這個無比懦弱的牧羊人感到疲倦了。你這個巫師，倘若我要對你歌唱，現在，你就應該大聲地向我哭訴！

你就應該在我的鞭子的韻律之下，盡情地跳舞和哭訴！難道我忘記帶我的鞭子了嗎？——不，我沒有忘記！

(2)

接著，生命如是回答了我，並且立刻塞住自己那小小的耳朵：

「啊，查拉圖斯特拉！你鞭子的鞭打聲實在是太刺耳了！毋庸置疑，你知道雜訊能夠殺死思想——而且，就在現在，一種非常細膩的思想來到了我的腦海裡。

我們倆都是非常誠實正直的人，從來不做好事，也從來不做壞事。我們發現我們的小島以及綠意蔥蔥的牧場已經超越了善與惡——我們二者是多麼的孤獨寂寞！因此，我們必須非常友好地對待彼此！

甚至我們都不應該在我們的內心深處愛著彼此——倘若我們不能全身心地愛著彼此，那麼，我們必將會對彼此懷恨在心？

我對待你是非常友好的，在通常的情況下，我對待你是過於友好的，我了解你：我這樣對待你的理由就是因爲我忌妒你的智慧。啊，這個瘋狂的老傻瓜，智慧！

如果有一天，你的智慧從你的腦子裡逃掉了，那麼，我的愛也會飛快地從你的身體裡逃離出去。」

然後生命細緻入微地環顧了後面以及四周，用非常輕柔的語氣說道：「啊，查拉圖斯特拉，你並沒有對我表現出足夠的忠誠！

你對我的愛並不像你嘴裡說的那樣。我知道，你心裡想要儘早地從我的身邊離開。這裡有一個非常古老、非常沉重的，能夠發出轟隆隆聲的鐘表：到了夜晚，它發出來的轟隆隆聲響能夠直接傳到你的洞穴裡面去：

當你聽到這個鐘表到了午夜敲響自己的時候，你就會想現在的時間肯定介於1點和12點之間。

你就這麼想著，啊，查拉圖斯特拉，我知道的——你很快就要離開我了！」

「一點兒也沒錯，」我猶豫著回答，「但是，你同樣還知道——」我在她的耳邊、在她那充滿疑惑的、黃色的、愚蠢的女性之長髮裡說了一些悄悄話。

「你知道的，啊，查拉圖斯特拉？沒有別人知道。」

緊接著，我們彼此凝視著對方，我們看向寒冷的夜晚剛剛經過的綠色牧場，我們在一起低聲啜泣，但是，對於我來說，生命要比我以前所擁有的智慧要彌足珍貴。

(3)

第一！
一個人！要小心提防！
第二！
那麼，幽深的午夜之聲音到底都說了些什麼？
第三！
我睡過了我的睡眠。
第四！
我從最幽深的夢境之中驚醒——
第五！
這個世界是幽深的，
第六！
它的幽深就連白晝都無法看透。
第七！
幽深就是它的悲痛。
第八！

快樂仍舊要比悲痛更加幽深；
第九！
悲痛說道：從現在起，開始奔跑！
第十！
但是快樂想要的全部就是永恆。
第十一！
它想要幽深的、有深度的永恆！
第十二！

60 七個印記

(1)

如果我是一個預言家，擁有能夠在高聳的山巒上遊蕩的預測精神，在兩片大海之間，就像一個沉重的、與悶熱平原爲敵的雲朵在過去和未來之間盡情地遊蕩，對於那些感到疲倦的事物來說，它們既不能死亡也不能生存：

準備好在黑暗的內心中接受電閃雷鳴，準備好迎接光亮的補償閃光，充滿閃電的它說道：是的！它笑著說道：是的！準備好迎接閃電的神聖閃光吧。

——但是，受到祝福的它已經被閃電充滿了！說眞的，它一定是長時間懸在了高聳的山巒上，就像一陣沉重的暴風一樣，它總有一天會點亮未來的光亮！

啊！我怎麼能不對永恆以及回歸之環的結婚戒指致以最熱情的關注呢？

我從來都沒有找到過那個能夠讓我產生讓她給我生孩子的想法的女人，除非，這個女人是我喜愛的女人：因爲我喜歡你，啊，永恆！

因爲，我喜歡你，啊，永恆！

(2)

如果我的憤怒曾經衝破墳墓，改變地景標識，或是將滾動的、老舊並且破碎的秩序，捲入到險峻的深谷：

如果我的輕蔑曾經將擴散的、腐朽的話語迎風撕碎，如果我能夠像一個長掃帚一樣，清除十字架蜘蛛；像一陣風一樣，清掃陰冷古舊的屍屋：

如果我曾經無比快樂地坐在古老諸神被埋葬的地方，一個祝福的世界、充滿愛的世界，就在古老且憤世嫉俗之人的墓碑旁邊：

——因爲我甚愛那些教堂和諸神位的墳墓，要是天堂用它們純淨的眼睛看向那些破碎的屋頂，我就會像草地和紅色的罌粟花一樣坐在破碎的教堂之上。

啊！我怎麼能不對永恆以及回歸之環的結婚戒指致以最熱情的關注呢？

我從來都沒有找到過那個能夠讓我產生讓她給我生孩子的想法的女人，除非，這個女人是我喜愛的女人：因爲我喜歡你，啊，永恆！

因爲，我喜歡你，啊，永恆！

(3)

如果一種呼吸曾經來到我那創造性的呼吸之中，來到甚至能夠驅散跳星星之舞機會的神聖的必要性之中：

如果我曾經同充滿創造力的閃電的笑聲一起談笑風生，嘲笑那喃喃訴苦但卻無比順從的行動長久之驚雷：

如果我曾經在大地神聖的桌子旁同諸神玩擲骰子的遊戲，大地會顫抖、會破裂，並且噴湧出熊熊的烈火之溪流：

——因爲這片大地就是一張神聖的桌子，並且因爲新的、積極的格言以及諸神的拋擲骰子而顫抖不已：

啊！我怎麼能不對永恆以及回歸之環的結婚戒指致以最熱情的關注呢？

我從來都沒有找到過那個能夠讓我產生讓她給我生孩子的想法的女人，除非，這個女人是我喜愛的女人：因爲我喜歡你，啊，永恆！

因爲，我喜歡你，啊，永恆！

(4)

如果我曾經滿滿暢飲一樽散發著醇香、百味俱佳的佳釀：

如果我曾經用自己的雙手將最遠的距離和最近的距離融合在一起，將烈火和精神融合在一起，將快樂和悲傷融合在一起，將最嚴厲的和最善良的融合在一起：

如果我自己是媒介之鹽，能夠讓世間萬物在樽裡面巧妙地混合：

——因爲這裡的鹽能夠將善與惡聯合在一起，在這裡就連最邪惡的也是有價值的，就好像香料和最後的泡沫一樣：

啊！我怎麼能不對永恆以及回歸之環的結婚戒指致以最熱情的關注呢？

我從來都沒有找到過那個能夠讓我產生讓她給我生孩子的想法的女人，除非，這個女人是我喜愛的女人：因爲我喜歡你，啊，永恆！

因爲，我喜歡你，啊，永恆！

(5)

如果我喜歡海洋以及海洋裡面所有的東西，並且我最喜歡它惱羞成怒地反駁我的樣子：如果我的身上擁有充滿探索欲望的快樂，它能夠驅使我揚起風帆，在大海之上探索從未被人類發現的新大陸，如果我的快樂當中擁有航海家的快樂：

如果我的欣喜若狂曾經大聲喊道：「海岸線已經從我的視線裡消失了——現在，最後一條鎖鏈也從我的身上掉落下去了。

無窮無盡的嘶吼圍繞在我的身旁，空間和時間在遙遠的地方向我閃耀著耀眼的光芒——好吧！快點兒振作起來！古老的心靈！」

啊！我怎麼能不對永恆以及回歸之環的結婚戒指致以最熱情的關懷呢？

我從來都沒有找到過那個能夠讓我產生讓她給我生孩子的想法的女人，除非，這個女人是我喜愛的女人：因爲我喜歡你，啊，永恆！

因爲，我喜歡你，啊，永恆！

(6)

如果我的道德是一個跳舞之人的道德，倘若我經常用自己的雙腳在閃耀的奢華之狂喜中盡情地跳躍：

倘若我的罪惡是一種歡聲笑語的罪惡，暢遊在玫瑰之山谷和百合樹籬之間；——或者說，所有的罪惡全都出現在歡聲笑語之中，卻被自身的祝福淨化和赦免；——

倘若我的「阿爾法」與「歐米茄」，能夠讓所有的沉重變得輕快，讓所有的軀體都變成舞者，讓所有的精神都變成鳥兒：說眞的，這就是我的「阿爾法」與「歐米茄」！

啊！我怎麼能不對永恆以及回歸之環的結婚戒指致以最熱情的關懷呢？

我從來都沒有找到過那個能夠讓我產生讓她給我生孩子的想法的女人，除非，這個女人是我喜愛的女人：因爲我喜歡你，啊，永恆！

因爲，我喜歡你，啊，永恆！

(7)

倘若我曾經是我的頭頂之上鋪展開來的靜謐，並且用我自己的翅膀飛到屬於我的天堂之中：

倘若我在深邃的、散發著光芒的遙遠夜空中嬉戲玩耍，倘若我擁有了自由飛鳥的智慧：——因此，我那自由的飛鳥的智慧如是說：「快看啊！這裡既沒有上也沒有下！自由自在地飛舞吧！向前、向後，你這輕快者！歌唱吧！不要再說話了！

——所有的話語難道不都是爲沉重所用嗎？對於輕盈者來說，所有的言語難道不都是謊言嗎？歌唱吧！不要再說話了！」

啊！我怎麼能不對永恆以及回歸之環的結婚戒指致以最熱情的關懷呢？

我從來都沒有找到過那個能夠讓我產生讓她給我生孩子的想法的女人，除非，這個女人是我喜愛的女人：因爲我喜歡你，啊，永恆！

因爲，我喜歡你，啊，永恆！

第四部

61 蜜之祭品

歲月再一次經過查拉圖斯特拉的靈魂，但是他對此沒有絲毫的察覺，然而，他的頭髮已變白。有一天，當查拉圖斯特拉坐在洞穴前的一塊石頭上時，他內心無比平靜地向遠方凝視，他凝視著大海，越過蜿蜒曲折的深淵，然後，他那些若有所思的動物們全都圍繞在他的身邊，最終，牠們駐足在查拉圖斯特拉的面前。

「啊，查拉圖斯特拉，」牠們說道，「你向遠方凝視，難道是爲了尋找你的幸福嗎？」「我的幸福到底是什麼呢？」查拉圖斯特拉回答，「我已經很久沒有去奮力尋找那些所謂的幸福了，我在爲了自己的事業努力奮鬥。」——「啊，查拉圖斯特拉，」那些若有所思的動物們再一次說道，「也就是說，你是那個做了太多善事的人。難道你沒有在猶如藍天般蔚藍的幸福湖水中說謊嗎？」——「你們這些喋喋不休的傢伙，」查拉圖斯特拉微笑著回答，「你們是如此出色地選擇了暗喻！但你們同樣也知道我的快樂是無比沉重的，它並不像流動的水波。它壓著我，就像熾熱的溶化柏油一樣，不願意讓我離去。」

緊接著，他的動物們再一次若有所思地圍繞在查拉圖斯特拉的周圍，然後，牠們再一次駐足在查拉圖斯特拉的面前。「啊，查拉圖斯特拉，」牠們說道，「說到底，那就是讓你變得更加泛黃、更加黑暗的原因嗎？儘管，你的頭髮看起來既蒼白又淡黃。快看啊！你坐在你的柏油上面！」——「你們都說了些什麼，我的動物們？」查拉圖斯特拉大笑著說道，

「說眞的，當我開口說到柏油的時候，我咒詛起來。因爲它發生在我的身上，那麼它也一定會發生在那些熟透了的水果上面。它就是我的血管裡的蜂蜜，它讓我的血液變得更加黏稠，並且讓我的靈魂變得更加寧靜。」——「啊，查拉圖斯特拉，但願如此吧，」他的動物們回答，並且擠在他身邊壓著他，「但是，今天你難道不想去攀登一座高聳的山峰嗎？今天的空氣非常純淨，你今天所看到的世界要比你以往看到的都要多。」——「你們說得很對，我的動物們，」查拉圖斯特拉回答，「你們的建議非常好，亦迎合了我的內心的要求：今天我要攀登一座高聳的山峰！但是，我要從這裡帶些蜂蜜過去，淡黃的、白的、品質上乘的、金色之巢的蜂蜜。因爲我知道，我要去哪裡獻出蜜之祭品。」

然而，當查拉圖斯特拉站在山頂上的時候，他讓那些陪伴著他的動物們全都回家去了，他現在孤身一人。然後他笑了起來，發自內心地笑了，環顧四周，如是說道：

我之前說過了獻祭和蜜之祭品，那只不過是一種說話的策略和技巧，說眞的，那就是一件非常有用的蠢事！現在，我站在山峰之上，我能夠比在山峰之洞穴以及隱士自養的動物們面前更加自由自在地說話了。

什麼是犧牲？我將給予我的全部揮霍一空，我就是一個擁有上千隻手的揮霍者：我又怎麼能夠稱它爲犧牲呢？

當我想要蜂蜜的時候，那僅僅意味著我渴望得到誘餌、甜蜜的汁液以及有黏性的物質，甚至是咆哮的灰熊，古怪、陰沉及邪惡的鳥兒也爲之垂涎。

——這些是獵人以及漁夫們所需要的最好誘餌。儘管這個世界像是一片陰暗的動物森林，一個爲所有荒野的獵人們準備的遊樂園，然而，在我看來，我寧願這個世界看上去更像是深不見底的、富饒的海洋。

——一片充滿了五顏六色的魚類和螃蟹的海洋，在那裡甚至連諸神也會充滿渴望，他們或許會成爲漁夫，成爲撒網者，這個世界眞是充滿了大大小小的美好事物。

特別是人類的世界、人類的海洋——現在，我面朝它，伸出了我的黃金釣竿，然後說道：快快打開吧！你這人類的深淵！

快快打開吧，快點將你的魚和閃閃發光的螃蟹全都扔給我吧！今天，我用最好的誘餌，捕捉到最稀奇古怪的人類之魚！

——我會把我的快樂本身扔向所有遙遠並且寬廣、介於東方、南方以及西方的世界，來看一看人類之魚是否學會了擁抱並且用力拖曳我的幸福之餌。

直到啃咬我的尖銳、隱密的鉤子，它們已經來到了我的高度，這些來自深淵之海的魚，來到了最邪惡的漁夫面前。

正因爲如此，我開始從我的內心拉扯，從這裡拖曳、向上拖曳；一個拖曳者、一個訓練者、一個教育者，曾經有一次卓有成效地奉勸自己：「要成爲你自己！」

因此，人類現在來到了我的身邊；我在等待著屬於我向下走的時間到來；因爲我自己還沒有往下走，可我必須這樣做，來到人世當中。

因此，我在這裡等待，狡猾並且輕蔑之人站在高聳的山峰之上，沒有不耐煩，也沒有充滿耐心，不如說他是已經忘記了耐心的人，因爲他已經不再是「遭受苦難之人」了。

我的命運給了我時間，難道它已經把我遺忘了嗎？或者它坐在一塊大石頭的後面抓蒼蠅？

說眞的，我對永恆的命運抱有好感，因爲它並不會煩擾和催促我，而是給我嬉戲玩耍和惡作劇的時間；所以，我今天攀登上了這座高聳的山峰來抓魚。

難道沒有人在高聳的山峰之上抓過魚嗎？儘管我在這裡想做的事愚蠢至極，那也比我在山下變得莊嚴肅穆、變得充滿活力、變得臉色發黃要好得多。

一個裝腔作勢、怒氣衝衝的可笑之人，一陣來自山峰的神聖咆哮之風，一個在山谷裡大聲喊叫的不耐煩者說：「快聽聽吧！我會用上帝的咒詛來怒斥你！」

我並不是因爲這些緣故而對那些憤怒之人懷恨在心：我覺得他們十足地可笑！他們現在一定是迫不及待了，要找到永恆之音的警示之鼓！

但是，我自己以及我的命運——我們並不會談論現在，也不會談論永遠：我們擁有耐心、時間以及比時間更多的時間。因爲總有一天它會來到我們的身邊。

有什麼是必須在某一天來到我們身邊的呢？我們偉大的哈紮爾，也就是說，我們偉大的、遙遠的人類王國，擁有一千年歷史的偉大的查拉圖斯特拉王國。

那個所謂的「遙遠」究竟有多麼遙遠？究竟是什麼讓我如此擔憂？但是這些並不能讓我

確定，我的雙腳安穩地站在這塊大地之上：

——站在這塊永恆的大地之上，站在堅硬的原始岩石之上，站在這最高聳的、最堅硬的原始之山脊之上，面向所有的微風來到的地方，來到風暴分離的地方，大聲問道：在哪裡？在哪裡？在哪裡？

我那眞誠的、健康的邪惡在這裡微笑！你從高聳的山峰之上投射閃閃發光的輕蔑微笑！用你那閃閃發光的精緻人類之魚誘惑我！

在所有的海洋裡，凡是屬於我的東西，在萬物之中凡是屬於我的東西——魚，快將它帶給我：我會在這裡等待著，等待所有最邪惡的捕魚之人的到來。

快出來！快出來！我的魚鉤！我的幸福之誘餌忽上忽下！溢出最甜美的露珠，我的內心之蜂蜜！啃咬沉入所有黑色苦難的腹部的魚鉤！

注意點兒！注意點兒！我的眼睛！啊，究竟有多少海洋圍繞在我的身邊，泛起曙光的人類未來！鮮紅的寧靜盤旋在我的頭頂之上！這是撥弄雲霧的寂靜啊！

62 苦難的呼聲

到了第二天，查拉圖斯特拉再一次坐在他洞穴前面的大石頭上，而他的動物們則在外面四處遊蕩，以便給家裡帶來新的食物以及新鮮的蜂蜜：因爲查拉圖斯特拉已經把所有的蜂蜜都揮霍一空了。但是，當他坐下來的時候，他手裡拿著一根棍子，在地上描繪著他手指的影子，然後開始思考——說眞的！他不是在想他自己和他的陰影，突然之間，他像受到了驚嚇一樣，開始退縮起來：因爲他看到了另一個影子就在他自己的影子旁邊。當他匆忙地環顧四周，並且站起來看的時候，他發現一個預言家就站在他的身邊，這個預言家和那個被他邀請共用食物和水，並且在他的餐桌旁就餐的是同一個人，偉大之疲倦的宣告者，如是教育道：「任何事物都是彼此相像的，沒有什麼事物是有價値的，整個世界都是毫無意義的，知識讓人窒息。」但是打那以後，他的臉色發生了變化。當查拉圖斯特拉望向他的眼睛時，心臟再一次受到了驚嚇：許許多多的邪惡預告和灰色的閃電從他的臉上一閃而過。

那個預言者，感受到了發生在查拉圖斯特拉靈魂中的事情，用他的雙手擦拭著自己的臉龐，好像能夠把印記擦去；查拉圖斯特拉也同樣擦拭了一下臉。但他們全都悄悄地鎮定了下來，並且給予了自己力量，互相握手作爲一種記號，他們要再一次認出彼此。

「歡迎你來這裡，」查拉圖斯特拉說道，「你這個偉大之疲倦的預言家，你曾經是我的同餐之友和貴賓。你今天同樣可以跟我一同共進美餐，請原諒一位快樂的老男人陪伴著你坐在餐桌的旁邊！」——「一個快樂的老男人？」那個偉大、疲倦的預言家搖晃著腦袋問道，「但是，你到底是誰呢，啊，查拉圖斯特拉，你已經在這裡的山上待了許久——過不了多久，你的吼叫就沒法再停留在乾燥的大地之上了！」——「那麼，我還能停留在乾燥的大地之上嗎？」查拉圖斯特拉微笑著問道。「那些圍繞在你山峰周圍的波浪，」預言家回答，「不停地在上漲，那巨大的痛苦和憂傷之波浪：它們很快就會把你的小船舉起，與此同時它們還會將你帶走。」

然後，查拉圖斯特拉安靜下來，他開始沉思。「你仍舊什麼都沒有聽到嗎？」預言家接著說道，「難道它沒有沖刷並且咆哮著離開海底嗎？」查拉圖斯特拉再一次沉默起來，開始仔細聆聽：然後，他聽到一聲無比幽深的叫喊，山谷將這一聲叫喊拋給了另一個山谷，並且開始如此傳遞下去。沒有任何一個深淵想擁有這樣的叫喊，因爲它聽起來是如此的邪惡。

「你這個邪惡的宣告者，」最後，查拉圖斯特拉說道，「這是一種不幸的叫喊，這是一種人類的叫喊；它或許來自於一片黑色的海洋。但是人類的危難和不幸跟我又有什麼關係呢？我最後的罪惡已經爲我保存好了——你知道它的名字是什麼嗎？」

「慈悲！」預言家發自肺腑地回答道，並且把自己的雙手高舉到空中——「啊，查拉圖斯特拉，我將會引誘你，讓你去見最後的罪惡。」

那個預言家剛把這些話說完，這裡便再一次響起了叫喊，而這一次的叫喊要比以前的都要長久，並且令人感到驚恐——同樣也更靠近。「你聽到了嗎？你聽到了，啊，查拉圖斯特拉？」那個預言家大聲地呼喊道，「那個喊聲在爲你擔憂，在呼喚你：快來啊，快來啊，快來啊！是時候了，現在是最合適的時候了！」

然後，查拉圖斯特拉安靜下來，他一臉疑惑，步履也蹣跚起來。最後，他就像一個猶豫不定的人一樣問道：「究竟是誰在這裡呼喚我？」

「你心裡應該非常清楚，」那個預言家親切地回答道，「你爲什麼要將你自己隱藏起來呢？這是一個更加高尚的人在呼喚著你啊！」

「更加高尚的人？」被嚇壞了的查拉圖斯特拉大叫道：「那個更加高尚的人究竟想要什麼？他究竟想要什麼？更加高尚的人啊！他究竟想要這裡的什麼？」他全身的皮膚都已被汗水覆蓋了。

然而，那個預言家並沒有注意到查拉圖斯特拉的驚慌失措，而是朝下方的方向聆聽再聆聽。但是，當他在這裡沉默了很長一段時間以後，他回頭看去，查拉圖斯特拉渾身顫抖著站在那裡。

「啊，查拉圖斯特拉，」他用非常悲傷的聲音說道，「你並不像那些被自己的幸福弄得眼花繚亂的人一樣站在這裡：你將翩翩起舞，以免摔倒在地！

但是，儘管你應該在我的面前跳舞，並且展示你那些靈巧的步伐，不過沒有人會跟我說：『快看啊，最後一個快樂的人在這裡跳舞呢！』

那些追逐他到這裡的人，想達到這樣的高度，但是他們這樣做是徒勞無功的：他會發現洞穴，確切地說是背面的洞穴，這是給爲了將自己隱藏起來的人所準備的隱密之地；但是這裡沒有幸運的礦產，沒有保存寶藏的房間，也沒有新的、快樂的金礦。

快樂——人們怎麼能在這些被活埋之人以及孤獨的隱士之中發現快樂呢？我必須要在那些被遺忘的海域、被祝福的島嶼之上尋找最後的幸福嗎？

但是，任何事物都是彼此相像的，沒有什麼事物是有價值可言的，沒有什麼尋找具有有益的性質，在這個世界上也沒有什麼幸福的島嶼！」

因此，那個預言家歎息起來，這是他最後一聲歎息，但是，查拉圖斯特拉再一次變得安靜，並且自信起來，他就像一個從幽深的深淵裡走出來、進入光明之中一樣。「不！不！不！」他撫弄著自己的鬍子，然後用非常響亮的聲音高呼道，「我知道的更準確！在這個世界上仍然存在著幸福的島嶼！你這只知道歎氣的悲傷之人給我安靜下來吧！

不要再潑灑了，你這正午前的雨雲！我不是已經站在這裡，並且被你的悲傷所淋溼，彷彿一條溺水的狗一樣嗎？

現在，我要抖動我自己，並且逃離你的身邊，這樣的話，或許我會再一次變得乾燥起來：你不必感到驚奇！難道我在你看來是粗俗無禮的人嗎？但是，這裡就是我的宮廷。

但是考慮到更加高尚的人，好吧！我應該立刻動身前往那些森林中，去尋找他的蹤影。從那時起，他的喊叫傳來了。或許他在這裡受到了一頭邪惡的怪物攻擊。

他現在就在我的領地範圍之內：他在我的領地之內不應該受到任何的傷害！說眞的，有許許多多的邪惡怪獸圍繞在我的身邊。」

在說完了那些話之後，查拉圖斯特拉轉過身子，離開了這裡。然後，那個預言家說道：「啊，查拉圖斯特拉，你就是個流氓、無賴！

我心裡非常清楚：你想擺脫我！你寧肯跑進森林，然後給那些邪惡的怪物們放置陷阱！

但是，這樣做會給你帶來什麼好處呢？

到了夜晚，你將再一次見到我。我會坐在屬於你自己的洞穴裡面，我會像一個既耐心又沉重的障礙物一樣——等待著你！」

「所以順其自然吧！」查拉圖斯特拉走掉了，然後他轉過身大叫道，「我洞穴裡面的所有東西也同樣屬於你，我的貴賓！

但是，你應該在這裡找到蜂蜜，好吧！好好地舔舔吧！你這咆哮的灰熊，快點兒讓你的靈魂變得甜蜜！因爲到了夜晚，我們要讓它們全都處於精神飽滿的狀態。

——處於精神飽滿、非常開心快樂的狀態，因爲今天就要畫上一個句號了！你應該變成我會跳舞的灰熊，在我躺下的地方跳舞。

你難道不相信我所說的嗎？你難道沒有搖頭嗎？好吧！打起精神來，老灰熊！但是，我同樣也是一名預言家啊！」

查拉圖斯特拉如是說。

63 與國王的談話

⑴

查拉圖斯特拉已經在通往山峰和森林的路上走了一個小時了，突然之間，他在路上看到了一個非常奇怪的佇列。就在他準備要走下來的路上，他看到有兩位國王在走路，他們的頭上戴著皇冠，腰上系有紫色的腰帶，他們的裝扮過於華麗，看上去就像火烈鳥一樣：他們驅趕著走在他們前面的一頭滿載著貨物的驢。「這兩位國王在我的領地之內到底想要幹什麼呢？」查拉圖斯特拉驚奇地對自己的心說道，於是，他匆忙地藏在一處灌木叢中。然而，當這兩位國王向查拉圖斯特拉靠近的時候，他用壓低了的聲音說道，聽起來就好像是他在跟自己說話一樣：「太奇怪了！太奇怪了！我看到了兩位國王，但是我只看到了一頭驢！這樣的情況怎麼能夠如此和諧？」

這兩位國王停了下來，他們微笑著望向發出聲音的地方，然後，這兩位國王又彼此看了看對方的面孔。「我們自己同樣會思考這樣的事情，」站在右側的國王說道，「但是，我們並不會把這樣的問題表達出來。」

然而，站在左側的國王，聳了聳肩他的肩膀，回答道：「剛才說話的或許就是一個牧羊人，或者是一個在岩石和樹林裡生活了太長時間的隱士而已。因為沒有社交生活，也就失去了良好的禮貌和品行。」

「良好的禮貌和品行？」另一個國王氣憤地、怨恨地回答道，「那麼，我們瘋狂地逃離這裡是爲了什麼？難道這不是良好的禮貌和品行嗎？我們所謂的『偉大的社會』？說眞的，我們寧肯生活在隱士和牧羊人當中，也不願意生活在富有的、虛僞的、濃妝豔抹的烏合之眾當中——儘管，他們稱自己爲『偉大的社會』。

——儘管他們稱自己爲『貴族』。但是，這裡所有的事物全都是虛假的、汙穢的，尤其是因爲古老的邪惡疾病以及糟糕的治療者所導致的血腥。

從現在來看，我認爲最好的、最喜愛的仍舊是身心健康的農民，他粗俗下流、詭計多端、固執倔強，並且具有忍耐力：這就是最高貴的貴族。

目前，農民是最好的貴族，農民的模範應該成爲主人！但是，這裡是烏合之眾的王國——我不會再允許任何能夠強加於我之上的事情出現。但是，烏合之眾意味著人間的大雜燴。

烏合之眾——人間的大雜燴：在這裡，所有的事物都是彼此混合在一起的，聖人和江湖騙子、紳士和猶太人，以及所有從挪亞方舟上走下來的動物。

良好的禮貌和品行！對於我們來說，所有的事情都是虛假的、汙穢的。沒有人能知道應該如何表示尊敬：而這正是我們爲什麼要瘋狂地離開這裡的原因。他們都是令人討厭的、莽撞的狗；他們都是鍍金的、棕櫚樹的葉子。

這種厭惡感讓我感到窒息，我們這些國王開始變得虛假，披著先人們逝去的浮華和僞裝，將它們展示給那些最愚蠢、最詭計多端以及任何在當前進行權力交易的人。我們並不是第一等人——不過我們還是要支持他們：因爲這樣的欺騙和欺詐，最後我們變得疲倦和厭惡。

在烏合之眾當中迷失了方向，我們在那些大叫聲和綠頭蒼蠅當中、從商船的惡臭、由野心產生的焦躁不安、汙濁的氣息中迷失了方向：呸，生活在烏合之眾當中。

——呸，支持那些第一批生活在烏合之眾當中的人們！啊，眞是令人厭惡啊！眞是令人厭惡啊！現在，這些事對於我們這些國王來說又有什麼關係呢？」

「你的老毛病又發作了，」站在左側的國王說道，「你這令人感到厭惡的毛病又發作，我可憐的兄弟啊！但是，你知道有人聽見了我們的談話。」

於是，查拉圖斯特拉馬上豎起了耳朵，張開了眼睛，仔細聆聽並注視這兩位國王的談話。他從藏匿的地方站了起來，朝著兩位國王的方向走去，查拉圖斯特拉開始如是說：

「偷聽了你們的談話、高興地聽你們談話的人，名字就叫作查拉圖斯特拉。我就是查拉圖斯特拉，我曾經說過：『現在，這些事對於我們這些國王來說又有什麼關係呢？』請你們原諒我吧；當你們對彼此說道：『這些事對於我們這些國王來說又有什麼關係呢』的時候，我的內心眞是無比高興。

但是，這裡是我的領地，我對這片領地擁有管轄權：你們究竟在我的領地之內尋找什麼？或許，你們已經發現了我一直在尋找的，換句話說就是更加高尚的人。」

當這兩位國王聽完查拉圖斯特拉的話之後，捶胸頓足，並且異口同聲地說道：「我們被認出來了！你用你那話語之寶劍刺穿了我們內心當中最深厚的黑暗。你已經發現了我們的危難與不幸；快看吧！我們正在通往更加高尚的人的道路上前進——這個更加高尚的人比我們還要崇高，儘管我們都是國王。我們用這頭驢子將我們送達到更加高尚的人那裡，因爲最崇高的人同樣也應該是地球上地位最高的領主。

在所有人類的命運當中，沒有什麼要比地球的聖人不再是第一等人還要痛苦了。沒有什麼比所有的事物都變得虛假、扭曲和醜陋還要痛苦了。

甚至於當他們成爲最後一批人類，他們變得比人類還要具有獸性的時候，那些烏合之眾就會因爲恐慌而造反，最後，甚至於擁有烏合之眾的道德的人們也會說：『快看啊，我才是唯一擁有道德的人啊！』」

「我剛才都聽到了些什麼？」查拉圖斯特拉回答道，「在國王的頭腦裡究竟藏有什麼樣的智慧？我對此非常的感興趣，說眞的，受到激勵的我已經開始爲此創作韻律詩了。

——即使這樣的韻律詩並不是爲每一個人的耳朵量身訂做的。我在很久很久以前就已經忘記了要爲長耳朵的人著想。那麼好吧！好吧，就是現在！

（但是，湊巧的是，那頭驢也開口說話了：它帶著惡意，清楚地說道：是的。）

曾經——我在思考我們受到祝福的領主，

沒有喝酒便已如醉，因此，西比爾悲歎道：

邪惡的事物是如此前行！

墮落！墮落！不要讓這個世界墮入深淵！

現在的羅馬已經變成妓院了，羅馬的凱撒就是一頭怪獸，上帝已經變成了猶太人！

(2)

查拉圖斯特拉創作的韻律詩讓那兩個國王欣喜若狂；但是，站在右邊的國王開口說道：

「啊，查拉圖斯特拉，我們看到你，是多麼美好的事！

因爲你的敵人們在他們的鏡子裡爲我們展示出了你的形象：你的臉上露出了惡魔般的嘴臉，並且輕蔑地笑了起來：因此，我們都很懼怕你。

但是，你這樣做又有什麼好處呢？你總是一而再、再而三地戳中我們的心靈，並且用你的話語衝擊我們的耳朵。到了最後的時刻，我們會說：他長成什麼樣子又有什麼關係呢？

我們必須聆聽他的聲音，他如是說道：『你應該把和平視作一種對於新的戰爭的解決方式去愛它，愛短暫的和平要多於長久的和平！』

沒有人曾經說過這樣的話：『什麼才是好的？勇敢、無所畏懼就是好的。正義的戰爭會讓所有的原因變得神聖不可侵犯。』

啊，查拉圖斯特拉，在這樣話語的挑動下，我們祖先的血液開始在血管裡激蕩：就好像是春天古老的酒桶的聲音。

當刀劍像有紅色斑點的毒蛇一樣在人們之間穿梭的時候，我們的祖先開始變得熱愛生活。對於他們來說，所有的和平之太陽都是倦怠的、不夠溫暖的，然而，長久的和平卻又讓他們感到無比羞愧。

當我們的祖先看到牆壁上被擦得熠熠生輝的、乾燥的寶劍的時候，他們是如何歎息的啊！看上去就像是那些無比渴望戰爭的人們。因爲一把寶劍渴望痛飲鮮血，它的渴望散發著耀眼的光芒。」

就在這兩個國王熱切地談論著有關於他們祖先的幸福快樂的時候，查拉圖斯特拉卻絲毫沒有任何要嘲笑他們的那種欲望：因爲非常明顯，站在查拉圖斯特拉面前的這兩位國王都是愛好和平、性情溫順的國王，他們擁有古老且優雅的特點。但是，他在盡力地克制自己。「好吧！」他說道，「這條路通向你們要去的地方，這裡坐落著查拉圖斯特拉的洞穴。今天註定會有一個非常漫長的夜晚！但是，現在有一種悲痛的叫喊在呼喚我儘快地遠離你們。

如果國王們要想在我的洞穴裡坐一坐，等待片刻，那將會是我的莫大的榮幸。但是，你們必須要在此地等上相當長的時間，這一點兒也沒錯！

好吧！那又有什麼關係呢！現在，人們要在哪裡才可以比在宮廷裡更好地學習該如何等待呢？在他們的內心當中，仍舊擁有國王所具備的道德品質——從今天來看，這種道德品質不就是所謂的等待的能力嗎？」

64 水蛭

查拉圖斯特拉小心翼翼地走著，他朝著更遠更低的方向前行著，他穿越了森林，途經荒涼的沼澤地；但是，他不知不覺地走到了一個人的身上。這對於所有正在思考重要的事情的人來說，都是會經常發生的。快看啊，突然之間，一聲痛苦的喊叫、兩聲詛咒以及二十句惡意的髒話，噴射到了他的臉上、於是，受到了驚嚇的查拉圖斯特拉趕忙拿起了手中的棍子，用棍子擊打那個被踩到的人。但是，沒過多久，他就恢復了往日的平靜，而他的心靈則在嘲笑他剛剛所表現出來的極端愚蠢的行爲。

「請原諒我吧，」查拉圖斯特拉對那個憤怒地站起身又坐下來的人說道，「請原諒我吧，我最先聽到的是一個寓言。

一個在孤獨寂寞的大路上夢想著遙遠事物的漫遊者，在奔跑著，但是一不留神踩到了正在熟睡的狗，一隻躺在陽光下的狗。

——那個漫遊者和狗全都打起了精神，開始彼此抓住對方不放，他們看上去就像是能夠置人於死地的敵人，可這兩者的內心都非常害怕：——這樣的事情也發生在我們的身上。

但是！但是——他們顯然並不缺乏對彼此的相互愛撫，那條狗以及那個孤獨寂寞的人！他們都不是孤獨寂寞的！」

——「無論你是誰，」那個行走之人說道，很顯然他的火氣還沒有消，「你傷害我了，不僅僅是你的腳，還有你的比喻！快看呀！難道我是一條狗嗎？」

——然後，那個坐著的人站了起來，他將自己裸露的胳膊從沼澤中拽出來。起初，他四肢伸開躺在地面上，這樣非常隱蔽，別人很難察覺出來，他就像是那些躺下來準備玩沼澤遊戲的人。

「但是你到底是怎麼了？」查拉圖斯特拉驚慌地叫喊道，因爲他看到了鮮血正在從那個人赤裸的胳膊上流出來，「究竟是什麼東西傷害了你？難道有什麼邪惡的怪獸咬傷了你，你這個不幸的人？」

那個胳膊還在淌血的人笑了起來，他仍然在生氣。「我受不受傷跟你有什麼關係？」他說道。然後他接著說，「我在我的家裡面，在我的領地裡。誰想問就問我吧。但是，我是不會向傻子回答問題的。」

「你一定是搞錯了，」查拉圖斯特拉富有同情心地說道，然後他加快了語速，「你一定是搞錯了。你現在並不在你的家裡，而是在我的領地之內，任何人在我的領地之內都不會受到傷害。

但是，你可以按照你自己的意願稱呼我。我稱呼自己爲查拉圖斯特拉。

好吧！這條路能夠通往查拉圖斯特拉的洞穴：那個洞穴離這裡並不遠——難道你不想到我家裡好好處理一下傷口嗎？

你的人生已經非常糟糕了，你這不幸的人！首先，邪惡的怪獸咬了你，然後，一個人又踩踏了你！」

但是，當那個踩踏之人聽到了查拉圖斯特拉的名字之後，他的態度發生了改變。「我到底是怎麼了？」他大聲地喊叫道，「究竟是誰讓我對這個人的生活如此著迷，這個被稱爲查拉圖斯特拉的人，還有那條依靠飲血爲生的動物，水蛭？

由於水蛭的緣故，我躺在了沼澤的旁邊，就像是一個漁夫一樣，我已經準備好伸開我那已經被叮咬了十次的胳膊，查拉圖斯特拉本身仍舊被一條巨大的水蛭吸食著鮮血！

啊，快樂！啊，奇跡！這個將我引誘到沼澤的一天是值得被讚美的！在當下的生物當中，最好的水蛭是值得被讚美的；擁有良知水蛭的查拉圖斯特拉是值得被讚美的！」

那個踩踏之人如是說道。查拉圖斯特拉則對他的話語以及他優雅的風度感到非常高興。「你到底是誰？」他問道，並且他把自己的手遞給了對方，「在你和我之間有太多的事情需要被清理和闡明，但是依我看來，純淨、晴朗的日子已經到來了。」

「我是精神上非常有良知的人，」被踩踏的人說道，「而且對於任何人來說，用比我更加嚴苛、更加局限、更加嚴格的態度對待精神的問題是極其困難的，除了那個我有所了解的人，查拉圖斯特拉他自己。

寧肯對所有事情都一無所知，也不願意對許多事情一知半解！寧肯成爲一個傻子，也不願意成爲其他人普遍認可的聖人！說到底就是：

——無論是高大還是渺小，又有什麼關係呢？無論是被稱作沼澤還是天空，又有什麼關係呢？對於我來說，擁有巴掌大的根基已經足夠了，如果它確實是根基的話！——巴掌大的根基：一個人可以站在那上面。在眞正已知的知識當中，沒有什麼知識是偉大的，也沒有什麼知識是微不足道的。」

「這麼說來的話，你或許是一名研究水蛭的專家了？」查拉圖斯特拉問道，「你從最根本的基礎之上研究水蛭？」

「啊，查拉圖斯特拉，」被踩踏之人回答，「這是一種無窮無盡的事情。我怎麼能夠這麼做呢？

但是，我就是大師，我就是智者，我就是水蛭的大腦——這就是我的世界！

而且它也是一個世界！但是，請原諒我的傲慢在這裡找到了表現的方式，在這裡，我並沒有我自己的平等。因此，我說道：『這裡就是我的家。』

我調查研究這個東西究竟有多長的時間了，這個水蛭的大腦，不明確的眞相或許不會再從我的身上溜出來了！這裡是我的領地！

因爲這個的緣故，我將所有的事物全都拋到腦後；因爲這個的緣故，我對任何的事情都漠不關心。而我的知識則緊緊地跟邪惡的無知靠在一起。

我的精神良知需要我這樣做——我應該知道一件事情，但是對其他的事情一無所知：它們對於我來說就是一種令人討厭的厭惡，所有的半神半鬼，所有朦朧的、在空中盤旋的，並且充滿幻象的事物。

但凡是能夠讓我的誠實、正直停止工作的地方，都將意味著我在這裡開始變得盲目，而且我也想要變得盲目。一個我想要去了解的地方，在這裡，我同樣也想要讓自己變得坦誠、誠實——換句話說就是嚴格、嚴苛、侷限性、殘忍並且不屈不撓。

因爲你曾經說過，啊，查拉圖斯特拉：『精神就是一種殺死自己生命的生命。』正是這句話吸引了我，讓我對你的教誨充滿了好奇。說眞的，我通過自己的血液增加了自身的知識！」

「正如證據所表明的那樣，」查拉圖斯特拉打斷了他的話。因爲那個有良知的人裸露的胳膊仍舊流淌著鮮血，因爲他的胳膊上還有十隻水蛭在啃咬。

「啊，你這個奇怪的傢伙，這個證據又能教育我多少呢——換句話說，它能夠教育你自己多少呢？或許還不如我給你那嚴苛的耳朵灌輸的東西有價値呢！

那麼好吧！我們就在此分別吧！但是我寧願再一次找到你。這條路就是通向我洞穴的道路：今晚，你在這裡就是我的貴賓！

同樣地，我也非常願意爲查拉圖斯特拉用他的雙腳對你的身體所進行的踩踏做出彌補和贖罪：但是，就在現在，一陣悲痛的求救聲在呼喚著我，它讓我快點兒遠離你。」

65 魔術師

⑴

但是，當查拉圖斯特拉繞過一塊岩石的時候，他看到在同一條道路上，有一個人在離他不遠的下方，像個瘋子一樣瘋狂地揮動著他的四肢，最後，那個人摔倒了，肚子撞到了地上。「快停下啊！」查拉圖斯特拉用發自內心的聲音說道，「毋庸置疑，他在這裡是更加高尚的人，那陣令人感到膽寒的悲痛的求救聲就是從這裡傳來的——讓我來看看，我是不是能幫助他。」但是，當查拉圖斯特拉來到那個瘋子躺著的地方的時候，他發現了一個渾身打戰、目光呆滯的老人；儘管查拉圖斯特拉拼盡全力打算把那個人拉起來，讓那個人重新站起來，可是，他所做的一切都是徒勞無功的。而且，那個非常不幸的人好像也沒有注意到有人正站在他的身邊；正好相反，他繼續用移動的姿勢環顧四周，看上去就像是一個被整個世界所拋棄、所孤立的人。不過，最後在經歷了無數次的顫抖、驚厥和折磨之後，他開始如是哀歎道：

有誰在溫暖我，有誰仍舊在愛著我？

給我熱情似火的手指！

給我能夠振奮人心的木炭的溫暖！
俯臥、向外伸展、戰慄，
就像他一樣，半死不活，可他的腳是溫暖的，
並且在抖動，啊！因爲不同尋常的發熱所致，
因爲尖利的、冰冷的嚴霜之箭而顫抖，
在你的追逐下，我的幻想！
無法形容！深奧難懂！令人膽寒的疼痛！
你那捕獵之人就躲在雲團的後面！那麼現在，受到你的閃電襲擊，
你那輕蔑的眼睛在黑暗之中注視著我：
——因此，我躺了下來，
我將身體彎曲起來，蜷縮著，因爲飽受
所有永恆之苦難而痛苦地抽動，
並且被你摧毀，
殘忍的捕獵之人，
你這個與衆不同的上帝。
再打擊得更深一些吧！
再沉重地打擊一次吧！

刺穿並且撕碎我的心臟！
被鈍的、鋸齒狀的箭射中
到底意味著什麼？
爲什麼用不祥的愛意以及如電的神目
注視人類的痛苦呢？
你不會去謀殺，
但是折磨呢，折磨呢？
爲什麼我要折磨，
你這不祥的愛意，非同尋常的上帝？
哈哈！哈哈！
你會在午夜陰沉的時刻進行偷竊？
難道不是嗎？
快說話！
你把我圍堵起來，壓迫著我，
哈哈！現在，你離我有點兒太近了！
你能夠聽到我的呼吸聲，
你能夠無意中聽到我的心跳聲，

你這個永恆的忌妒之人！——哀求，永遠都忌妒？

快下來！快下來！

爲什麼要上梯子呢？

你要不要進來呢？

去聽一聽裡面的攀爬之聲？

去聽一聽裡面的攀爬聲中

屬於我自己的祕密之設想？

眞是不知羞恥的傢伙！你這個無名小卒！——小偷！

你想偷的東西，究竟是什麼？

你想聽到的東西，到底是什麼？

你要折磨的東西，又是什麼？

你這個折磨之人！

你這個——劊子手——上帝！

或者，我應該像猛犬一樣，在你的面前打滾？

然後，阿諛奉承、欣喜若狂，並且瘋狂地

搖晃我那友好的尾巴！

一切都是徒勞啊！

繼續前進吧！
無比殘忍的行路者！
沒有狗——我就是你唯一的獵物，
無比殘忍的捕獵之人！
你爲被俘獲的獵物感到驕傲自滿，
你這躲藏在雲團之後的搶劫者。
最後說說話吧！
你這閃電中的隱藏者！你這無名小卒！快說話啊！
你想從道路上伏擊我，究竟是爲了什麼？
你這個不爲人知的上帝？
什麼？
贖金？
贖金究竟有多少？多討一點兒吧，我的傲慢如是要求！
一定要簡潔明瞭——我的另一種傲慢如是要求！
哈哈！哈哈！
我需要你嗎？我？
完全需要嗎？

哈哈！哈哈！
折磨我，你還眞是愚蠢，
我的傲慢就是瘋狂的折磨？
快給予我愛——誰是那個仍舊在溫暖著我的人，
誰是那個仍舊在愛著我的人？
給我熱情似火的手指！
給我能夠振奮人心的木炭的溫暖！
冰（啊！七層的堅冰，
對於敵人來說，
對於反對者來說，會讓人感到口渴）。
快給予啊，向我屈服吧！
無比殘忍的反對者，
——你們自己！
快離開！
他堅定地逃離了這裡，
我最後的、唯一的同伴，
我最偉大的反對者，

我那與眾不同的，
我的劊子手——上帝！
——不！
你快回來吧！
帶著所有屬於你的偉大的折磨！
啊，你快回來吧！對於我來說，這最後的孤獨之人，
啊，你快回來吧！
我所有的熾熱的淚水匯成小河在流淌
向你流去！
以及我最後誠摯的熱情
爲你閃耀著光芒！
啊，你快回來吧，
我這非比尋常的上帝！我的痛苦！
我最後的祝福！

(2)

然而，查拉圖斯特拉實在無法在這裡抑制他自己了。他拿起他的棍子，並且用他最大的力氣打那個哀歎之人。「快停下來，」查拉圖斯特拉用憤怒的聲音說道，「快停下來，你這個舞臺劇演員！你這個假幣製造者！你這個徹頭徹尾的大騙子！我實在是太了解你了！

很快，我就會爲你製造溫暖的雙腳，你這邪惡的魔術師：我非常清楚應該如何讓你這樣的人感到無比熾熱！」

「快離開我，」那個老人從地上跳了起來，然後說道，「不要再打我了，啊，查拉圖斯特拉！我這麼做只是因爲好玩！

類似這樣的事物就是我的藝術。當我進行這樣的表演的時候，我想實驗一番。說眞的，你眞是很好地察覺了我！

但是你——並沒有向我證明：你是個強硬的、智慧的查拉圖斯特拉！你的『眞理』在衝擊著你，而你的棍棒卻在強行逼迫我離開這樣的眞理！」

「不要拍我的馬屁了，」查拉圖斯特拉回答道，他仍舊非常興奮，並且皺起了眉頭，「你這個徹頭徹尾的舞臺劇演員！你就是個虛假之人：你爲什麼不說出眞相呢？

你是孔雀之王，你是虛榮之海；你在我的面前到底代表著什麼，你這邪惡的魔術師；當你用這樣的聰慧苦苦哀號的時候，我到底應該相信誰呢？」

「精神的懺悔者，」那個老人說道，「我代表的就是他；你曾經創造過這樣的表達方式——

——詩人以及魔術師在最後用自己的精神反抗自己，用他邪惡的科學以及良知變成了凍死的之人。

你就承認吧：啊，查拉圖斯特拉！在你之前、很久以前，我的詭計以及謊言就已經被發現了！當你用雙手捧住我的腦袋的時候，你就應相信我的悲痛。

我聽到了你的悲歎：『我們並沒有給他足夠的愛，並沒有給他足夠的愛！』因爲我欺騙了你，我的邪惡在我的內心裡欣喜若狂。」

「你或許欺騙過比我更加狡猾的人，」查拉圖斯特拉無比嚴厲地說道，「我並沒有小心提防那些欺騙者；我不能提高警惕：我的意志要我如是。

但是，你必然會欺騙：到目前爲止，我非常了解你！你一定是品行有問題的、可疑的、靠不住的！即便是你現在公開坦白承認的，對於我來說，也不夠眞實或是不夠虛假！

你這邪惡的假幣製造者，你怎麼可以這樣呢？如果你要在醫生面前赤身裸體的話，你一定會掩飾你身上的疾病。

因此，當你說『我這麼做只是因爲好玩』的時候，你在我的面前掩飾了你的謊言！同樣嚴肅的是，你是精神的懺悔者！

我猜得出你的詭計：你成爲全世界的魔術師；但是對於你自己來說，你並沒有留下謊言或是詭計——你已經不再對自己感到著迷了！

你將得到的厭惡當作是你的一個眞理。你話語中的任何一句話，都不再眞誠，但是你的嘴巴還保持著誠摯：也就是說，厭惡將你的嘴劈開。」

「你到底是誰！」那個老魔術師用帶有挑釁的腔調大喊道，「你好大的膽子，竟然敢這樣跟我說話，竟敢跟我這個活在世上最偉大的人這樣說話？」——他的眼睛向查拉圖斯特拉投射出了一種綠色的閃光。但是，他立刻悲傷地說道：

「啊，查拉圖斯特拉，我已經感到厭倦了，我對藝術感到噁心，我一點兒也不偉大，爲什麼我要掩飾呢！但是你心裡非常清楚——我在尋找偉大！

我要以一個偉大人物的形象出現，並且說服更多的人；但是謊言已經超越了我的能力所能企及的範疇。我開始在這上面分崩離析。

啊，查拉圖斯特拉，對於我來說，任何事物都是一種謊言，但是，我的分崩離析——這個令我分崩離析的事物是眞實的！」

「它很尊重你，」查拉圖斯特拉沮喪地說道，他斜著眼睛向下看去，「它尊重你尋找偉大，但是，與此同時，它也背叛了你。你並不偉大。

你這個可惡的老魔術師，這是我所能敬重你最好、最誠實的事情，你已經對自己感到了厭倦，並且你將這種感覺表達出來：『我一點兒也不偉大。』

因此，我尊重你，把你看作是精神的懺悔者，儘管只是一眨眼的時間，但只有在那一刻，你是眞實的。

不過，請你告訴我，你究竟在我的森林和岩石裡尋找著什麼？倘若你擋住了我的去路，你有什麼可以讓我信服的證據？

——你究竟會在哪裡測驗我？」

查拉圖斯特拉如是說道，他的眼睛閃耀著光芒。但是，那個老魔術師沉默了一會兒，然後他說道：「我有測驗過你嗎？我只是在尋找。

啊，查拉圖斯特拉，我在尋找一個眞實的人、一個正義之人、一個單純之人、一個豁達之人、一個誠實之人、一個聰慧之人、一個擁有知識的聖人，一個偉大的人！

啊，查拉圖斯特拉，難道你不知道嗎？我在尋找查拉圖斯特拉。」

沉默在他們兩個人之間持續了好久：但是，查拉圖斯特拉已經深深地陷入思考當中，以至於他緊緊地閉上了眼睛。但是，他隨後恢復了正常的狀態，他牢牢地抓住了魔術師的手，然後用彬彬有禮的腔調說道：

「好吧！這裡就是通路，這裡就是查拉圖斯特拉的洞穴。在這個洞穴裡面，你能夠找到那個你特別想找的人。

詢問一下我的動物們，讓牠們給你提供建議，我的老鷹和我的毒蛇：它們可以幫助你尋找那個人。但是，我的洞穴是巨大的。

我很確定，我自己從來都沒有見過一個偉大的人。他非常偉大，無比銳利的雙眼不易被察覺。這就是烏合之眾的王國。

我發現很多人都會伸展自己，讓自己膨脹起來，然後人們就會叫喊道：『快看啊，一個偉大之人！』但是那些大聲呼喊又有什麼好處呢？最終，大風就會出現。

最後，鼓起肚子太久的青蛙就會把肚子脹破，然後，氣就跑出來了。在肚子上刺戳一個腫脹之人，我管這個叫美好的娛樂消遣。聽清楚了，你們這些小孩子們！

我們今天仍舊是深受人們歡迎的：它仍然知道什麼是偉大的，什麼是渺小的！究竟有誰能夠在這裡成功地發現偉大呢！只有一個傻子才能如是：只有用愚蠢的辦法才能成功。

你在尋找偉大之人，難道你也是奇怪的傻子嗎？到底是誰教給你這些的？難道今天就是施展你愚蠢的時候嗎？啊，你這個邪惡的尋找者，你爲什麼要誘惑我？」

查拉圖斯特拉如是說，他的內心得到了安慰，然後，他就笑著繼續上路了。

66 失業

然而，就在查拉圖斯特拉剛剛從那位老魔法師的身邊離開後不久，他看到一個人坐在他將要經過的道路旁邊。那是一個個子高高的、皮膚黝黑的男人，一臉憔悴，臉色蒼白：這個人使他很不愉快。「唉，」他在心裡說，「僞裝起來的苦難就坐在這裡。從我的角度來看，他應該是屬於牧師一類的人：他們這種人在我的領地裡究竟想要什麼？

什麼！我剛剛從那個魔術師的身邊逃走，就必須要面對另一個在道路上偶然遇到的巫師——

——某個行按手禮的巫師，憂鬱的、喜好幻想的奇人，被塗油的憤世嫉俗之人，他們都會被惡魔帶走！

但是，惡魔從來都不會待在一個對於他來說是最合適的地方：他往往會來得非常晚，這個有畸形足的矮子！」

查拉圖斯特拉迫不及待地從他的內心深處如是詛咒著，並且他在思考著應該如何從皮膚黝黑之人旁邊溜過去。但是，與此同時，那位坐在地上的人已經注意到了查拉圖斯特拉；而且他跟那些被突如其來的快樂所占據的人不一樣，他從地上跳了起來，然後，徑直朝查拉圖斯特拉的方向走去。

「你究竟是誰，你這個旅行者。」那個人說道，「快快幫助一個迷路的人、一個尋找的人、一個老人，他在這裡，很容易就會陷入悲痛之中！

這裡的世界對於我來說實在是太陌生了，也太冷淡了；與此同時，我還聽到了野外的怪獸們在咆哮；那個能夠給予我保護的人——他也不再是原先的那個自己了。

我在尋找虔誠的人，一個聖人，一個獨自生活在他的森林裡對這個世界、對於現在的事情都一無所知的隱士。」

「什麼才是現在的人對於這個世界的了解？」查拉圖斯特拉問道，「或許，古老的上帝已經不在人世了，離開了那個曾經被人們相信的世界？」

「你說吧，」那個老男人悲傷地回答道，「我一直都在服侍著這位古老的上帝，直到他生命中的最後一個小時。

但是，現在我已經是失業的人了。沒有了主人，也沒有自由自在、無拘無束；同樣地，我將無法重新快樂起來，即便是一個小時，除非是對美好過去的回憶時刻。

因此，我爬上了這些山峰，最後，我將再一次爲我自己好好慶祝一番，祝賀我成爲一個古老的教皇以及教堂之父：因爲你知道的，我就是最後的教皇！——我要舉行一次虔誠的美好回憶以及神聖的禮拜儀式。

但是現在，他的那個自己已經死了，最虔誠的人，住在森林裡面的聖人，用不間斷地歌唱和喃喃自語的方式讚美他的上帝。

當我發現他的小屋的時候，我在那裡看到了兩匹狼，很顯然它們是爲了他的死而咆哮，我了解到他不再是他自己了——因爲所有的動物們都喜愛他。因此我趕緊離開了這裡。

難道我要因此徒勞無功地進入這些森林和山峰之中嗎？然後，我的內心會做出決定，讓我去尋找其他人，所有最虔誠的、不相信有上帝的人們，我的內心已經做出決定，我應該去尋找查拉圖斯特拉！」

那個老人如是說道，然後他用敏銳的眼睛注視著那個站在他面前的人。但是，查拉圖斯特拉緊緊地抓住了那個老教皇的雙手，並且在對他致以崇敬的同時，注視了他良久。

「快看啊！你這個備受人們尊敬的人啊，」他隨後說道，「這是一雙多麼漂亮、多麼修長的雙手啊！這是准許祝福的人的雙手啊。但是，它現在牢牢地抓住了那個你要尋找的人，我，查拉圖斯特拉。

沒錯，我就是那個不敬畏神的查拉圖斯特拉，我說過：『有誰比我更加不虔誠嗎？』如有，我很高興向他求教。」

查拉圖斯特拉如是說道，並且用他的凝視穿透了那個老教皇的思想。最後，那個老教皇開始開口說話了：

「那個最熱愛他、對他最痴迷的人，現在也是失去他的人。

——看啊，我非常肯定我現在就是最信奉無神論的人吧。但是有誰能夠對這樣的想法感到高興呢？」

「你服侍著他，一直到他生命的最後時刻嗎？」在經歷了一段寂靜之後，陷入了沉思之中的查拉圖斯特拉問道，「你知道他是怎麼死去的嗎？他們所說的『憐憫讓他窒息而死』的話是不是真實的。

——他看到了人是如何被懸掛在十字架之上，並且無法忍受——他對於人類的熱愛成爲他的地獄，並且到了最後，成就了他的死亡？」

然而，那個老教皇並沒有回答查拉圖斯特拉提出的問題，而是面帶一種痛苦、憂鬱、陰沉的神色，羞怯地轉頭望向旁邊。

「讓他走吧，」查拉圖斯特拉在進行了漫長的思考之後說道，他仍舊直勾勾地看著那個老教皇。

「讓他走吧，他已經逝去了。儘管你只用讚美之詞誇耀這個死去的神，從而得到他對你的尊重，然而，你心裡跟我一樣，都十分清楚，他是什麼樣的人，他走上了古怪的道路。」

「在三隻眼睛的面前說話，」那個老教皇愉快地說道（他的一隻眼睛瞎了），「在神聖的事情方面，我要比查拉圖斯特拉本人受到更多的啓發——很可能就是這樣。

我用我的愛意服侍了他很多年，我從來都是隨著他的意願。但是，一個優秀的僕人是無所不知的，他知道許許多多的事情，甚至他還知道隱藏在他身後的主人到底是誰。

他是一個隱密的上帝，全身上下充滿了祕密。他並不是依靠他的兒子來到這裡，而是通過祕密的通道。通姦之罪就寫在他的信仰之門上。

任何讚美他是愛意之上帝的人，都不會把愛本身看得特別高尚和重要。難道上帝不也想要受到評判嗎？充滿愛心的人喜歡不相關的獎勵和回報。

當他還年輕的時候，上帝離開了東方世界，然後，嚴苛、深藏報復之心的他爲自己的偏愛之快樂建造了一個地獄。

但是，到了最後，他變得老邁、溫和並且令人同情，他看上去更像是一位祖父而不是一位父親，但是他看上去最像一位步履蹣跚的老祖母。

他渾身顫抖著坐在壁爐的角落裡，並且爲他虛弱的雙腿感到苦惱，對世界和意志感到厭倦，終於有一天，他被這種過於沉重的憐憫壓迫到喘不過氣來。」

「你這個老教皇，」查拉圖斯特拉在這裡插話道，「難道是你親眼所見嗎？它可以用這樣的方式發生，同樣也可以用其他的方式發生。當諸神死去的時候，他們往往會有許許多多的死法。

好吧！不管怎麼樣，是這種方式還是其他的什麼方式——他已經死了！他跟我的耳朵和眼睛的品位恰恰相反；這要比我不說話反駁他更加糟糕。

我喜歡任何看上去輕快、說話誠實的人。但是，他——你知道的，你這古老的牧師，在他的身上有一些你的影子，有著一種牧師的影子——他是不可靠的。

同樣地，他也是難以被看透的。他是如何對我們歇斯底里的，這個狂怒的——鼻息粗重的人，因爲我們都非常了解他！但是爲什麼他就不能把話說得更加簡單明瞭呢？

倘若錯誤就在我們的耳朵裡，那麼爲什麼他會給予我們能夠聽清楚他說話的耳朵呢？倘若我們的耳朵中有泥土的話，那麼好吧！到底是誰把這玩意放進我們耳朵裡的？

他已經失敗很多次了，可是這個陶藝工人並沒有從中吸取經驗教訓！然而，他對他的罐子以及他的創作實施了報復，因爲它們看上去非常的糟糕——這就是一種對抗好的品位的罪惡。

同樣地，在虔誠當中同樣有好的品位：最後它如是說道：『快點遠離這樣的上帝！寧願這個世界上沒有上帝，寧願依照自己的情況爲自己設計命運，寧願當一個傻子，寧願成爲一個上帝！』」

「我都聽到了什麼！」隨後，那個老教皇豎起耳朵說道：「啊，查拉圖斯特拉，你這個無宗教信仰之人，你要比你自己所想像的還要虔誠！隱藏在你內心當中的某些神已經將你轉變成了不虔誠、不信任神靈的人。

難道不是你的憐憫不再讓你相信上帝嗎？而你那過度美好的誠實將會引領著你，甚至能夠帶領你超越善與惡！

快看啊！你的內心到底都保存了些什麼？你有眼睛、有手而且有嘴巴，它們命中註定要受到來自永恆的祝福。人是不會用一隻手去祝福和保佑的。

儘管你斷言自己是最不虔誠的人，但是我在你附近能夠感受到一種受到上帝濃烈的祝福和神聖的香氣：我能從這裡感受到快樂和悲傷。

讓我成爲你的貴賓吧，啊，查拉圖斯特拉，就在今天晚上！在這個世界上的任何地方都不如現在我跟你在一起的感覺要好！」

「阿門！就這麼如是吧！」查拉圖斯特拉內心無比驚訝地說道，「這裡就是通路，這裡坐落著查拉圖斯特拉的洞穴。

我很高興能夠在這裡引導你，你這受人尊敬的人；因爲我熱愛所有虔誠的人。但是現在，一陣無比悲痛的叫喊在呼喚我快點兒從你的身邊離開。

在我的領地之內，任何人都不應該悲痛；我的洞穴就是一個安全的避難所。最好的是，我會再一次將所有悲傷的人放在牢固的大地和牢固的腿上。

但是，究竟是誰將你的憂鬱和悲傷從你的肩膀上拿掉了呢？我實在是太虛弱了。說眞的，我們應該等上相當長的一段時間，直到某些人爲你重新喚醒你的上帝。

因爲那個古老的上帝已經離開人世了：他確確實實死了。」

67 最醜陋的人

查拉圖斯特拉再一次用他的雙腳走過了山峰和森林，而他的眼睛在尋找著，尋找著，但是任何地方都沒有他要尋找的那個人——那個感到無比悲痛和絕望的苦難者和叫喊者。但是，在這一路上，他的內心當中都充滿了快樂和感激之情。他說道：「今天所給予我的萬物是多麼的美好啊！今天的不良的開始已經被清晨所修正了！看看我發現了何等古怪的談話者啊！

從現在開始我要長時間地咀嚼他們稀奇古怪的語言，就像咀嚼質地良好的穀物一樣；我的牙齒將會小心翼翼地將它們磨碎並且壓碎，直到它們能夠像牛奶一樣流淌進我的靈魂之中！」

但是，當查拉圖斯特拉途經的道路再一次繞過了一塊岩石的時候，周圍的景色突然之間發生了變化，查拉圖斯特拉進入了一個死亡的國度。這裡有高聳的黑色和紫色的懸崖峭壁，雜草不生，沒有樹木，甚至連鳥兒的嘰嘰喳喳都聽不到。因爲這是一處所有的動物都在極力避開的山谷，甚至就連捕捉獵物的怪獸也會儘量避開這裡，除了一種長相極端醜陋的、臃腫的、綠色的毒蛇，當牠們變得老邁的時候，牠們來到這裡直到死亡。因此，牧羊人們管這個山谷叫「死亡的毒蛇之山谷」。

但是，查拉圖斯特拉開始深深地陷入了黑暗的回憶之中，因爲查拉圖斯特拉感覺他以前似乎曾經站在這個山谷的前面。一種無比沉重的壓迫感降臨到了他的腦海當中，以至於他走路變得緩慢，而且越走越慢，到最後，他直接站在那裡不動了。但是，當他睜開眼睛的時候，他看到有什麼東西正坐在道路的邊上，從表面來看像是一個人，但是看上去又不像是人，總而言之是一種無法用語言來形容的東西。不過，查拉圖斯特拉立刻感受到了一種莫大的羞辱，因爲他正用眼睛死死地盯住這個東西。他那銀白色頭髮的根部都因爲惱怒而發紅了，他趕忙看向了一邊，並且抬起了雙腳，打算離開這個能夠給人帶來厄運的地方。但是，這一片死寂的蠻荒之地開始發出了聲音：一種從地下發出來的聲音、幽怨的悲鳴，就像流水在夜晚淌進被堵塞的水管一樣。最後，這種聲音變成了人的聲音、人的說話聲——人的聲音如是說道：

「查拉圖斯特拉！查拉圖斯特拉！快點解開我的謎題吧！說話啊！說話啊！究竟什麼才是對目擊者的復仇？

我引誘你轉過身來；這就是很滑的冰啊！你快看看啊！你快看看啊！你的傲慢並不會在這裡折斷雙腿啊！

你認爲你自己非常聰明，你這驕傲自大的查拉圖斯特拉！那麼，你快點幫我解開謎題啊！你這善於解開謎題的人——我就是那個謎題，快點說吧，我到底是誰？」

——然而，當查拉圖斯特拉聽到這些話語的時候——在他的內心當中究竟發生了什麼樣的變化呢？滿滿的憐憫感占據了他的內心，他立刻倒了下來，就像一棵長時間同伐木者進行對抗的橡樹一樣，無比沉重地、突然地倒下，它甚至讓那些將要推倒它的人們感到震驚。但是，查拉圖斯特拉馬上就從地上站了起來，他的面部表情開始變得嚴肅。

「我非常了解你，」他用一種肆無忌憚的口吻說道，「你就是謀殺上帝的那個人！讓我走吧！

你這個無比醜陋之人啊！誰能夠看見你，清楚地看見你，必定會讓你無法忍受，你這個對目擊者實施報復的人！」

查拉圖斯特拉如是說道，正準備離開這裡；但是，這個無法用語言來形容的「四不像」抓住了他衣服的一角，並且開始幽怨地訴說。「你不能走！」最後，他說道。

——「你不能走！你不能走開！我在猜測究竟是什麼樣的斧子能夠將你砍倒在地。啊，查拉圖斯特拉啊，祝賀你啊，恭喜你重新站了起來！

我心裡很清楚，你最理解殺死上帝的兇手是什麼心態。快站住！坐到我的身邊。這一切都不是有目的的。

除了你之外，我還能去尋找誰呢？快留下來！坐下！不要再看著我了！我懇請你尊重我的醜陋！

他們殘忍地迫害我：現在，你就是我最後的避難所。不是他們的仇恨，也不是他們的逮捕——啊，我會嘲弄這樣的迫害，我驕傲並且高興！

從古至今，所有受到最殘忍的迫害的人們不是全都獲得了成功了嗎？而且那些飽受迫害的人，更懂得順從別人，追隨別人——但是，那才是他們的慈悲——

我爲了能夠逃避他們的慈悲，所以逃到你這裡來。啊，查拉圖斯特拉，我請你保護我吧！你，就是我最後的避難所，只有你才能眞正地看透我。

——你能夠看出謀殺上帝的人是什麼心態。快留下來吧！倘若你眞的要走的話，你這毫無耐心的傢伙，就不要走我來的那條路，那不是什麼好路。

你是不是對我已經惱羞成怒，就因爲我喋喋不休說了很久的話？甚至我已經勸說了你？不過，我想要讓你明白，那就是眞正的我，這個最醜陋的人。

——我擁有最大同時也是最沉重的腳。但凡我所到之處，那裡的道路必定是壞的。我踩踏著所有的道路直到死亡和毀滅。

但是，你無比安靜地從我的身邊經過，你的臉因爲害羞而變得通紅——我看得非常清楚：因此，我知道你就是查拉圖斯特拉。

每一個人都會把他的安慰、言語和態度上的慈悲給予我。但是僅僅因爲這些還不足以讓我成爲一個乞丐：這些你心裡都很明白。

我太富足了，富足於偉大的、令人膽戰心驚的、最醜陋的，最無法言語的！啊，查拉圖斯特拉啊，你的羞恥，讓我感到無限光榮！

我十分艱難地從充滿慈悲的人群中逃離出來——我或許可以尋找到現在唯一教育著『慈悲就是唐突』的人——就是你自己，啊，查拉圖斯特拉！

——無論是一個上帝的慈悲，或是人類的慈悲，都是對謙卑的無禮攻擊，而不願意去幫助或許要比實施援助的道德更加高尚。

換句話說，慈悲被現在所有的瑣碎之人稱之爲道德，他們絲毫不會對偉大的不幸、醜陋以及失敗致以崇高的尊敬。

在所有的這一切之上我注視著，就好像一隻狗窺探著一群聚集在一起的綿羊後背。他們全都是些瑣碎的、有著柔軟的毛、心地善良的群體。

如同鷺鷥抬起頭來思考，用無比輕蔑的眼神看向淺淺的湖水，我也如是注視著灰色的小浪花，和靈魂及意志前後相擁。

長久以來，我們一直都承認那些小人物就是眞理的專制者：所以到了最後，他們也成爲擁有力量的專權者——現在他們說『只有小人物稱之爲善的才是眞正的善』。

現在，只有從那些專擅者的嘴巴裡說出來的說教者所說的話才算是眞理，他就是那些小人物的古怪聖人和擁護者。他自己證實道：『我——就是眞理。』

長久以來，那些厚顏無恥之人在很大程度上助長了小人物的驕矜——他教了不少的錯誤，當他對人們進行說教：『我——就是眞理。』

那些厚顏無恥的人們是否得到了更加有禮貌的答覆？——啊，查拉圖斯特拉啊，你從他的身邊經過，並且說道：『不！不！不！連續三個不！』

你對人們所犯下的錯誤提出了警告；你是第一個小心提防慈悲的人！不是對所有的人，不是對任何人，而是警告了你本人以及你的同類。

你以偉大的苦難者之羞辱感到可恥；說眞的，當你說道：『從慈悲之上降落下來一片沉重的雲朵；可要當心啊，你們這群人！』

當你如是教育人：『所有的創造者都是無比堅強的，所有偉大的愛意都會超越他們的慈悲。』啊，查拉圖斯特拉啊，從我的角度來看，你是如此精準地預知氣象變化的徵兆啊！

但是，你自己——同樣也警告著反對你的慈悲啊！因爲，很多人正走在尋找你的路上，他們大多是一些受過苦難的、飽受別人質疑的、無比絕望的、溺水的、受凍的人們。

我警告你，同樣也反對你。你已經解開了我最善的、最邪惡的謎題，那就是我自己以及我所做過的。我知道那把將要砍倒你的斧子。

但是他——必須死：他用無所不知的眼睛注視著——他看到了人類的深度，看到了所有隱匿的羞辱和醜陋。

他的慈悲並不知道謙卑：他悄悄地爬到了我最骯髒的角落。這個最明察秋毫、最深入、最仁慈的人必須死。

他看到了我：我願意對這樣的目擊者實施報復——否則的話，我寧肯就這樣死掉。

那個熟知萬物以及人類的上帝：這樣的上帝必須死！這樣的見證者仍舊活在這個世上，人類是無法忍受的。」

那個最醜陋的人如是說道。但是，查拉圖斯特拉站了起來，並且已經準備好離開這裡了：因爲在他的內心深處，感到無比寒冷。

「你這個無法用語言來形容的『四不像』啊！」他說道，「你警告我不要走你來的路。那麼，我就用讚美我自己的道路的方式作爲對你的答謝吧，快看啊，這裡就是查拉圖斯特拉的洞穴。

我的洞穴非常大，並且深，裡面還有很多不起眼的角落；在這裡，隱密的人發現了他最隱匿的住所。緊挨著查拉圖斯特拉的洞穴有著爬行的、撲閃著翅膀的、跳躍生物的上百個潛伏地以及暗道。

你這個被拋棄的人，你將自己拋了出去，難道不是在人類和人類的慈悲中生活的嗎？好吧，就像我一樣！因此，你從我這裡學習；只有想行動起來的人才能夠學習。

先跟我的動物們好好說說話吧！最驕傲自滿以及最聰慧的動物們——或許對於我們兩個人來說，它們都是最適合的顧問！」

查拉圖斯特拉如是說道，然後繼續向前走，比以前更加若有所思，步伐也比以前更加緩慢：因爲他問了自己許許多多的事情，但是他不知道應該如何回答。

「眞的，人類是多麼的匱乏啊，」他發自內心地感慨道，「人類是多麼的醜陋、喘息著、充滿著隱密的羞愧！

他們告訴我人類非常自戀。啊，人類的這種自我憐愛是多麼偉大啊！又有多少反對著自我憐愛的輕蔑啊！

但是這個人對自己的喜歡甚至能夠等同於他對自己的鄙視——從我的角度來看，他是一個偉大的憐愛者，一個偉大的蔑視者。

我還從來都沒有發現過有哪個人可以澈澈底底地蔑視自己：即便澈底的輕蔑甚至意味著高尚。唉，或許，我聽到的悲痛叫喊聲就是從這個更加高尚的人身上傳出來的吧？

我喜愛偉大的蔑視者。人類註定是一種必須要被超越的物種。」

68 自願的乞丐

當查拉圖斯特拉離開了那個無比醜陋的人之後，他開始瑟瑟發抖，並且感到十分孤獨。因爲寒冷和孤單從他的心底油然而生，甚至就連他的四肢都開始變得冰涼了。但是，當他不斷地行走，上山下山，既途經綠意蔥蔥的牧場，同樣也經過流淌過溪流的空曠乾涸的沙溝時，突然之間，他再一次變得溫暖以及快樂。

「我的身上到底發生了什麼？」他自言自語道，「一些溫暖並且富有活力的東西鼓舞了我。想必那種東西就在我的身邊。

我已經不再覺得孤單了；無意識的同伴們以及兄弟們全都在我的身邊遊蕩；他們那溫暖的氣息碰觸著我的靈魂。」

但是，當他在四周搜查並且尋找孤獨寂寞的安慰者時，快看啊！在一塊高地之上站著好多母牛，離牠們越近，他的內心就越能夠感受到溫暖。但是，那些母牛看起來正在專心致志地聆聽一個演說者的發言，這些母牛並沒有注意到這個正在靠近的人。但是，當查拉圖斯特拉離這些母牛非常近的時候，他清楚地聽到在這些母牛的中間有一個人類的聲音在說話，而且，很明顯，這些母牛全都將頭轉向了那位正在進行說教的演說者。

緊接著，查拉圖斯特拉飛快地跑上前去，將那些母牛們全都驅散。因爲他非常擔心有人會在這裡受到傷害，那樣的狀況可不是母牛的慈悲就能夠解決的。

但是，他的思想是錯誤的，因爲，快看啊，地上坐著一個人，看起來那個人在說服那些母牛不要懼怕查拉圖斯特拉，那是一個平和的人，一個在山上進行說教的人。「你在這裡尋找什麼？」查拉圖斯特拉無比驚訝地叫道。

「我在這裡尋找什麼？」那個人問道，「我在這裡尋找的東西和你要尋找的一樣，你這個擾亂和平的人，也就是說，我在尋找大地之上的快樂。

但是，我爲了要達成那樣的目的，我寧願從這些母牛的身上學習。因爲我告訴你，我已經跟牠們說了大半天的話了，而且牠們馬上就會給我牠們的答案。可是你爲什麼要打擾牠們呢？

除非我們能夠改變自己，將自己變成母牛，我們將沒有方法進入天國。因爲我們應該從它們的身上學習一件事情：反芻。

說眞的，儘管一個人應該擁有整個世界，但是，他並沒有學會一件事，那就是反芻，那樣還有什麼益處呢？他將不能擺脫自己的苦難——他偉大的苦難。但是現在，那被叫作厭惡。現在，有誰的心、誰的嘴巴、誰的眼睛不是充滿了厭惡呢？你也是一樣！你也是一樣！但是，快看看這些母牛吧！」

那個在山上進行說教的人如是說道，緊接著，他將自己的目光轉向了查拉圖斯特拉——因爲就在以前，他曾經用無比親切的眼神注視著那些母牛——但是就在這個時候，他又一次轉變了話題。「跟我說話的這個人到底是誰啊？」他驚訝地大聲叫喊道，並且從地上躥了起來。

「這就是內心沒有厭惡的人，這就是查拉圖斯特拉，這就是偉大之厭惡的征服者，這就是查拉圖斯特拉的眼睛，這就是查拉圖斯特拉的嘴巴，這就是查拉圖斯特拉的內心。」

他如是說道，眼裡含著淚花，親吻著查拉圖斯特拉的雙手，表現得就像是一個突然之間獲得了從天堂掉落下來的珍貴禮物和珠寶的人。但是，這些母牛凝視著這裡的一切，並且充滿了好奇。

「不要說我啊，你這奇怪的人，你這和藹友善的人！」查拉圖斯特拉抑制著自己的感情說道，「那麼，首先說說你自己吧！難道你不就是那個曾經自願拋棄一大筆財富的乞丐嗎？

——「但是，他們根本就沒有接受我的好意，」那個自願的乞丐說道，「說眞的，你是知道的，所以到了最後，我走向動物，走向那些母牛。」

「那麼，你應該知道恰當地給予要比恰當地接受困難得多，而且，這種恰當的給予是一種藝術——善意最後的、最精細的、超凡的技藝。」

「特別是在現在，」那個自願的乞丐回答道，「尤其是在現在，所有的低俗和卑賤都變得反叛，變得不易被別人接近，並且按照自己的傲慢的、殘暴的方式生活。

說眞的，你知道的，因爲偉大的、邪惡的、漫長的、緩慢的、暴徒和奴隸的暴動的時代已經到來了。這樣的暴動在不斷地擴張！

現在，所有的恩惠以及瑣碎的給予已經澈底激怒了社會等級極低的卑微者；並且，所有的大富豪們都在小心翼翼地提防著！

現在，無論是誰，如果他就像瓶頸細細的、肚子很大的瓶子，隨時隨地都有可能被人們擰斷脖子。

空虛的貪欲、暴躁的忌妒心、飽經憂患的復仇、低俗的驕傲：所有的這一切全都跳到了我的眼前。窮苦之人會受到祝福，這已經不再是眞實的事情了。但是，天國是和那些母牛們同在的。」

「爲什麼天國不跟富有之人同在呢？」查拉圖斯特拉頗感興趣地問道，與此同時，他驅散了溫順地聞著這個平和之人的母牛們。

「你爲什麼要試探我呢？」那個人問道，「你比我還要清楚。啊，查拉圖斯特拉，到底是誰驅使我到最貧窮之人那裡去的？難道那不是因爲我無比厭倦那些最富有的人嗎？

——我用非常冷漠的眼神以及憎惡的思想，厭惡著這些犯下罪行的富裕之人，他們從各種各樣的汙穢、垃圾之中謀取利益——這樣的醜惡向天堂散發出惡臭。

——厭惡這些鍍金的、虛假的賤民，他們的祖先都是些小偷或是食腐肉之烏鴉，撿拾破爛的人，這些人的妻子下流懶怠，和娼妓沒有什麼區別。

屬於上層社會的是賤民，屬於下層社會的同樣是賤民！現在所謂的『貧窮』以及『富有』到底代表著什麼樣的含義！我已經忘記了它們二者之間的區別——然後，我逃離他們，越來越遠，直到我來到了這些母牛的身邊。」

那個平和之人如是說道，他一邊說著，一邊因爲張嘴喘氣而大汗淋漓：因此，這些母牛再一次感到好奇。但是，查拉圖斯特拉麵帶笑容看著他的臉，雖然這個人每時每刻都用非常嚴肅的態度說話——查拉圖斯特拉默默地搖頭。

「你這個在山上進行說教的人啊，當你運用類似這樣激烈的言語時，你實在是過於興奮了。因爲類似這樣激烈的言語不是你的嘴巴以及你的眼睛可以適應的。

不過，依照我的觀點來看，你的胃同樣也做不到：任何所謂的狂怒、仇恨以及嗔怒，都是和你的胃格格不入的。你的胃想要一些比較柔軟的東西：因爲你並不是一個屠夫。

對於我來說，你看上去更像是一個素食主義者，一個吃草根的人。或許，你也會嚼穀粒。但是，毋庸置疑，你厭惡肉體上的快樂，並且你喜愛蜂蜜。」

「看來，你猜透了我啊，」那個自願的乞丐回答道，他的內心頓時輕快了起來。「我喜愛蜂蜜，同樣地，我也嚼穀粒。因爲我在尋求一些品嘗起來比較甘甜的東西，能夠產生出純粹氣息的東西。

——與此同時也是非常需要時間的東西，對於那些不緊不慢的虛度光陰者以及遊手好閒的懶人們來說，這將意味著一天的工作以及一個月的工作。

說眞的，這些母牛非常出色：正是它們創造了反芻並且躺在太陽的下面。牠們同樣也戒除掉了所有能夠讓心情變得沉重的想法。」

——「那麼好吧！」查拉圖斯特拉說道，「同樣地，你也應該看看我的動物們，看看我的鷹以及我的毒蛇——從現在來看，這片大地上並不存在它們的同類。

快看啊，那邊的道路能夠通向我的洞穴：那麼，你今晚就成爲我的貴賓吧，並且跟我的動物們好好地談一談有關動物們幸福快樂的話題，

——直到我回到家裡。因爲現在一陣悲痛的叫喊聲在呼喚著我，讓我快點兒從你的身邊離開。同樣地，你也應該在我的屋子裡尋找新的蜂蜜，冰涼的、黃澄澄的蜂房之蜂蜜，並且品嘗它吧！

但是，你這奇怪之人！你這和藹可親之人！現在快點離開那些母牛吧！儘管這對於你來說非常的困難。因爲它們都是你最熱心的朋友以及教師！」

——「但是有一個是例外，那頭母牛一直都是我的最愛，」那個自願的乞丐回答道，「啊，查拉圖斯特拉啊，你自己甚至要比一頭母牛更加溫順、更加可愛！」

「快離開吧，你快點兒離開這裡吧！你這個邪惡的阿諛奉承之人！」查拉圖斯特拉開玩笑大喊道，「你爲什麼要用這樣的讚美以及阿諛奉承的蜂蜜來戲弄我？」

「快離開吧，你快點兒從我的身邊離開吧！」他再一次大聲叫喊道，並且向著這位自願的乞丐抬起了他的手杖，但是，乞丐早已靈巧地跑掉了。

69 影子

然而，就在這個無比匆忙的乞丐跑掉之後，查拉圖斯特拉再一次孤身一人了，就在這個時候，他聽到一個全新的聲音從他的背後大聲叫喊道：「快停下來！查拉圖斯特拉！快點兒停下來！是我啊，啊，查拉圖斯特拉，是我啊，我是你的影子啊！」但是，查拉圖斯特拉並沒有因此停下他的腳步。由於山上聲音嘈雜的緣故，這讓查拉圖斯特拉突然之間怒火中燒。「我的孤獨到底跑到什麼地方去了啊？」他說道。

「說眞的，那實在是太多太多了。在這座山上的蜂群，我的王國早已不再存在於這個世界之中了，我需要的是全新的山峰。

我的影子在召喚我嗎？對於我來說，我的影子算得了什麼！就讓它在我的身後追趕我吧！我想要——奔跑並且甩掉它。」

查拉圖斯特拉一邊如是對他的內心說道，一邊奔跑起來。但是，在他身後的影子一直跟隨著他，因此，轉瞬之間，這裡出現了三個奔跑者，他們一個跟著一個——換句話說就是，跑在最前面的那個是自願的乞丐，而緊跟在他身後的是查拉圖斯特拉，排在第三位的，也就是排在最後一位的是查拉圖斯特拉的影子。但是，當他們還沒有跑多久，查拉圖斯特拉就開始覺得他這樣做無比愚蠢，突然之間，他擺脫了所有的憤怒和憎恨。

「什麼！」他說道，「那些最荒唐可笑的事情不總是發生在我們這些年老的隱士和聖人的身上嗎?

說眞的,我的愚蠢以前是在山峰之群當中長大的!而現在我聽到了六個老蠢貨的腿在彼此拼命追趕!

但是,查拉圖斯特拉有必要對他自己的影子感到心驚膽戰嗎?同樣地,從我的角度來看,它畢竟擁有著比我還要修長的腿。」

查拉圖斯特拉如是說道,並且心中和眼睛裡充滿了喜悅,他就這麼安靜地站在那裡,然後迅速地轉過身來——快看啊,他差一點兒就把他自己的影子以及那個跟隨者一併掀翻在地,那個影子緊緊地跟隨在他的腳跟背後,是如此虛弱啊。當查拉圖斯特拉仔仔細細地用他的雙眼凝視著這個影子的時候,他看起來像是被一種突如其來的、纖細的、黝黑的、空洞的、凋敝的跟隨者的模樣給嚇壞了。

「你到底是誰?」查拉圖斯特拉憤怒地問道,「你在這裡做什麼?而且你爲什麼要自稱是我的影子?你並沒有取悅我。」

「請原諒我吧,」查拉圖斯特拉的影子回答道,「那就是我,倘若我不能夠取悅你的話——那麼好吧,啊,查拉圖斯特拉!我會讚美你以及你那高雅的品位。

我是一個四處遊蕩的人,我曾經如影隨形地跟隨在你的身後;我時時刻刻都在行走,但是,我沒有目標,同時也沒有歸屬:所以說眞的,我雖然不是永久的,也不是猶太人,但是,我已經跟永恆暢遊的猶太人沒有什麼區別了。

什麼？難道我必須永遠都在路上行走嗎？難道我必須任憑所有的大風吹襲、居無定所，並且四處漂泊嗎？啊，大地啊，對於我來講，你變得也太圓了吧！

我曾經坐在所有的地面之上，就像疲憊不堪的塵土，我在鏡子和玻璃窗上睡著了。眾生從我的身上拿走了所有，什麼也沒有給我留下。我漸漸變得消瘦——我幾乎已經等同於一個影子了。

啊，查拉圖斯特拉啊，我已經在你的身後遊歷了很久了。儘管我藏身在你的背後，但是，我仍舊是你最好的影子。無論你坐在什麼地方，我都會坐在你的身邊。

我和你一起暢遊在最遙遠、最寒冷的世界裡，就好像一個幽靈一樣，自願地徘徊在冬天積雪的屋頂上。

我和你一起深入到所有的被禁之地中，所有最糟糕的以及最遙遠的地方，倘若在我的身上擁有任何形式的道德的話，那麼我將不會害怕任何性質的禁止。

我和你一起粉碎了我心中所敬仰的；我推翻了所有界限的石頭以及雕像；我追求了最危險的願望——說眞的，我曾經穿越過所有的罪惡。

我和你一起遺忘了信仰，比如言語、價值以及偉大的名號，當惡魔將他的皮拋出去的時候，難道他的名字不會一樣被剝離掉嗎？因爲那也是一層皮啊。或許，就連那個惡魔本身也是一層皮吧。

『任何事物都不是眞實的，所有的事物都是合法的。』我如是對自己說道。我將自己的腦袋和心靈深深地沉入到了最冰冷的水當中。唉，我經常赤身裸體地站在這裡，就像一個紅通通的螃蟹一樣！

唉，我的所有的善意都跑到哪裡去了？我所有的羞恥、所有對於善意的信仰全都跑到哪裡去了？唉，我曾經擁有過的欺詐的純眞都跑到哪裡去了？我那善意的純眞以及他們的高貴的謊言全都跑到哪裡去了？

說眞的，我經常緊緊地跟隨在眞理的腳踝背後：然後，眞理的腳踝就會踢我的面龐。有時候，我想撒謊，但是快看啊！只有在這一時刻，我會打中眞理。

有太多的事情給我帶來了啓示。而現在，我再也不會去顧慮了。我所熱愛的東西早就已經從這個世界上消失了——我是如何仍舊熱愛著我自己呢？

『依照我的所愛而生活，否則那根本就不叫生活。』這是我想要的，也是最高尙的人想要的。但是，唉！我是如何仍然擁有我的所愛的呢？

難道我仍然擁有目標嗎？難道還有我的船帆要出發的港口嗎？

難道還有恰到好處的風嗎？唉，只有那些懂得向何處揚帆的人，才知道什麼樣的風才叫好風，知道什麼是對他最爲有利的風。

究竟還給我留下了些什麼呢？一顆令人厭惡並且輕率的心臟，一個反覆無常的意志，飄忽不定的翅膀以及一個破碎的脊椎。

這是對我故鄉的尋找。啊，查拉圖斯特拉啊，你知不知道這種尋找是我的不幸，它把我一口吞了下去。

『我的故鄉究竟在什麼地方？』我一邊提問，一邊尋找著，我已經開始尋找了，但是，我並沒有找到。啊，永恆的去處啊，啊，永恆的去處啊，啊，永恆的——徒勞啊！」

查拉圖斯特拉的影子如是說道，然後，查拉圖斯特拉的面部表情因爲他的話語而變得憂愁。「你就是我的影子啊！」最終，查拉圖斯特拉非常悲傷地說道。

「你這自由的精神以及漫遊者啊！你可是個極其危險的傢伙啊！你有一個無比糟糕的白天。千萬要小心提防，不要讓更加糟糕的夜晚來拜訪你！

對於類似你這樣無家可歸的人，就好像到最後只有成爲一名罪犯才會擁有幸福感。你有沒有看到過那些被抓起來的犯人們是如何睡覺的呢？他們都是靜悄悄地睡覺，他們很享受全新的安全感。

一定要小心提防啊，以免讓一種狹隘的信仰，一種冷血的、殘酷的迷惑捕獲了你！因爲現在，所有的狹隘以及固定的思想，都在誘惑著你、引誘著你呢。

你已經失去了目標。唉，你怎麼能夠放棄並且遺忘那樣的損失呢？因此——你同樣也失去了你前進的道路！

你這個可悲的暢遊者以及漫步者，你這只疲憊不堪的蝴蝶！就在今晚，你願不願意有一個休息的住處以及一個家呢？那麼，我請你到我的洞穴裡來！

這邊的道路直接通向我的洞穴。現在，我會再一次快速地從你的身邊離開。已經有一個類似影子的東西依附在我身體之上了。

我寧肯獨自一人奔跑，因爲這樣我可以再一次讓我的四周變得光亮。因此，我必須長時間地奔跑並且保持快樂的情緒，但是，到了夜晚，就在那裡跟我一起跳舞吧！」

70 正午

就這樣，查拉圖斯特拉開始奔跑起來，但是，他在路上一個人都沒有見到，他依舊孤獨一人，他永遠都只能發現他自己。他無比享受並且痛飲了他的孤獨寂寞，並且開始思考一些好的事情——時間就這麼一分一秒地過去了。但是，時間大約到了正午時分，當太陽正好照在查拉圖斯特拉的頭頂上時，他途經一棵盤枝錯節的參天古樹。這棵樹被一條葡萄藤的愛擁抱著，將自己隱藏起來。面對著暢遊者是高高懸掛在空中的熟透了的葡萄。突然之間，查拉圖斯特拉感到非常口渴，他要摘葡萄吃。但是，正當他伸出雙手去摘葡萄的時候，他忽然又想起了其他一些事情——換句話說就是，他要在這個完美的正午時分躺在樹底下，美美地睡上一覺。

查拉圖斯特拉即刻躺了下來，還沒等他躺在安靜的大地以及五彩繽紛的花草上時，他忘記了口渴，然後進入了夢鄉。因爲正如查拉圖斯特拉的格言所說的那樣：「此事要比其他的事情更加重要。」只不過，查拉圖斯特拉的眼睛並沒有閉上——它們仍舊不知疲倦地欣賞並且仰慕著這棵參天古樹以及這條葡萄藤的愛意。但是，就在睡夢之中，查拉圖斯特拉對他的心靈如是說道：

「注意了！安靜一點！難道，現在這個世界不是變得完美了麼？我的身上究竟發生了什麼事？

睡眠在我的身上縱情地舞蹈，就好像一陣柔和的微風一樣，在不可見的情況之下，在微波蕩漾的大海之上跳舞，輕盈，猶如羽毛一樣輕盈。

它不讓我的眼睛閉上，它讓我的靈魂保持清醒的狀態。說眞的，它非常輕盈，就像羽毛一樣輕盈。

它用話語說服我，我並不知道該怎樣做，它用一雙愛撫的手親切地觸碰著我，壓迫著我。是的，它壓迫著我，以至於我的靈魂早已經感到厭倦了：

——我這奇怪的靈魂是如何變得怠慢和厭倦！難道第七日的夜晚不是在正午時分準時來到這裡嗎？現在，它不是已經在善意和成熟的事物之中遊蕩了太久了嗎？

它要更加舒展自己，更大範圍地舒展自己！它就這麼安安靜靜地躺在這裡，我這奇怪的靈魂啊！它已經品嘗了太多的美好的事情了；這種悲傷正在壓迫著它，它將自己的嘴巴咧開。

——就好比一艘船停泊在風平浪靜的海港裡——它已經對漫長的海上航行以及飄忽不定的大海感到厭倦，現在，它準備靠岸，難道陸地不是更加忠實可靠的嗎？

這艘船靠近了海岸，將自己拖曳到岸邊——然後一隻蜘蛛從那艘船上來到了陸地，開始織起了絲網。這已經綽綽有餘了，我們不再需要更加結實的繩索了。

現在，我如是相信、依託以及等待，就像這艘停泊在風平浪靜的海港裡卻感到疲憊厭倦的船一樣，開始閉目養神，緊緊地靠著大地，用最纖細的蜘蛛絲同陸地連接在一起。

啊，幸福！啊，幸福！或許，你會放聲高歌，啊，我的靈魂！你躺在草地上。但是，這是神祕的、莊重的時刻，沒有牧羊人會吹奏他的豎笛。

你要小心提防！熾熱的正午時光在田野上沉睡。不要放聲歌唱！你快安靜下來！這個世界是完美的。

不要放聲歌唱，你這只鳥，我的靈魂！甚至你不能輕聲說話！快點兒給我安靜下來啊！這個古老的正午時分在沉睡，它動了動嘴巴：難道它現在沒有飲一口快樂之水嗎？

——暢飲著金黃色的酒水，古老的幸福棕色的甘露？他的面部表情出現了一閃而過的變化，他的幸福笑了起來。就好像神在笑一樣。快安靜下來！

——『爲了幸福，微小的幸福是如何被滿足的！』我曾經如是說道，並且我認爲自己是如此聰慧。但是，這是一種褻瀆神靈的行爲：這一點，我現在已經知道了。愚蠢之人的話語往往更加明智。

不過，正是細微的事情、微小的事情，一種蜥蜴的沙沙作響，一次呼吸、一次輕彈，一雙眼睛的凝視——這些微不足道的事情造就了最好的幸福。快安靜下來！——究竟是什麼降臨到了我的身上：快聽聽吧！難道時光已經飛走了嗎？難道我沒有墜落下來嗎？快聽聽吧！難道我沒有墜入到永恆的深井之中嗎？

——我的身上到底發生了什麼？快聽聽吧！它正在叮咬著我呢！哎，叮咬我的心臟了嗎？它叮咬了我的心臟！啊，粉碎掉，粉碎掉，我的心靈，在這樣的幸福之後，在這樣的叮咬之後！

——什麼？難道，現在這個世界不是變得完美了麼？並且變得圓潤和成熟了嗎？啊，金閃閃的圓環——它到底飛到什麼地方去了？讓我去追趕它吧！要趕快！

不要發出聲音——」（查拉圖斯特拉開始在這裡拉伸自己的身體，並且他感覺到自己已經進入了夢鄉。）

「快起來啊！」查拉圖斯特拉對自己說道，「你這個貪睡之人！你這個在正午時分睡覺的人！你快點兒起來吧！你這老邁的雙腿啊！現在是時候了，現在是最合適的時候了；還有許許多多平坦的道路在你的前方等待著你呢！

現在，你躺下睡夠了。你到底沉睡了多久呢？你沉睡了半個永恆的時間！那麼好吧，你現在應該起來了，我老邁的心臟！在經歷了這樣的沉睡之後，你要到什麼時候才能從睡夢中醒來？」

（但是，接下來，查拉圖斯特拉再一次進入了夢鄉，而且，他的靈魂在用話語反對著他，並且保護著自己，不過，它再一次躺了下來）——「讓我一個人靜一靜！快點兒安靜下來！難道，現在這個世界不是變得完美了麼？啊，這個閃亮的球！」

「快點兒起來啊，」查拉圖斯特拉說道，「你這個渺小的小偷，你這個懶散的人！什麼！你願意伸著懶腰，打著哈欠，歎著氣，然後，掉進幽深的水井之中嗎？

那麼，你到底是誰啊，啊，我的靈魂啊！」（在這裡，他開始變得膽戰心驚，因為一道從天堂射下來的光線直接照射到他的臉上。）

「啊，在我頭上的天堂啊，」他歎著氣，隨後又坐起來說道，「你是在凝視著我嗎？你有沒有聽到我奇怪的靈魂呢？

什麼時候你會飲下掉落到世間萬物之上的甘露呢？——什麼時候你會飲下這個奇怪的靈魂？

——你這永恆之水井！你這愉快的、令人畏懼的、正午時分之深淵！什麼時候你會把我的靈魂吸走呢？」

查拉圖斯特拉如是說道。緊接著，他從樹旁邊那個供他休息的地方站了起來，就好像他剛剛從一個稀奇古怪的醉酒狀態中驚醒過來：快看啊！那時候的太陽剛好照射在他的頭頂上。但是，這會讓人們認為，查拉圖斯特拉並沒有睡多長時間。

71 致禮

這是在一個天色即將變暗的時分，查拉圖斯特拉在毫無用處的搜尋以及遊蕩之後，打算重新返回到他的洞穴中去。不過，就在他距離自己的洞穴只有二十步之遙的地方，一件超乎查拉圖斯特拉想像的事情發生了：他再一次，聽到了偉大的悲痛之喊叫。這眞是太神奇了！這一次，這個偉大的悲痛之喊叫是從他自己的洞穴之中傳出來的。這是一種悠長的、複雜的，並且非常奇怪的叫喊，查拉圖斯特拉非常清楚地認識到這種聲音是由很多種聲音組成的：儘管是在非常遙遠的地方聽到的，但是，聽起來這個叫喊好像是從一個人的嘴巴裡傳出來的。

然後，查拉圖斯特拉飛快地向他洞穴的方向跑去，快看啊！聽到了那種前奏曲之後，一種無與倫比的表演還在等待著他呢！因爲查拉圖斯特拉在白天看到的人，現在全部都坐在了一起：站在左右兩邊的國王以及那個老魔術師、教皇、自願的乞討者、自己的影子、聰明謹愼的人、悲痛的預言家，還有那頭驢。然而，最醜陋的人在他的頭頂之上放了一頂皇冠，並且，還在他的身上放了兩個紫色的花環——因爲他就跟所有的醜陋之人一樣，特別喜歡打扮自己，喜歡把自己打扮成英俊瀟灑的人。但是，陪伴在查拉圖斯特拉身邊的憂傷老鷹站在他們的中間，牠渾身豎起了羽毛，並且很不安分，因爲他們問了太多，牠傲慢得根本就不屑回答問題。而聰明的毒蛇仍舊纏繞在查拉圖斯特拉的脖子上。

查拉圖斯特拉用無比驚訝的表情注視著眼前所發生的一切；隨後，他用彬彬有禮的好奇，小心仔細地檢查了在場的每一位賓客，討論著他們的靈魂，然後，他再一次產生了好奇。與此同時，那些聚集在一起的人們紛紛從他們的座位上站了起來，他們都懷著無比敬畏的心情等待著查拉圖斯特拉再一次跟他們說話。但是，查拉圖斯特拉如是說道：

「你們這些感到絕望的人們啊！你們這些奇怪的人們啊！難道我剛才聽到的偉大悲痛之叫喊，是從你們這裡傳過來的？我現在終於知道可以在什麼地方找到他了，那個讓我今天苦苦尋找卻一無所獲的人，那個更加高尚的人。

——他現在就坐在我自己的洞穴之中，那個更加高尚的人！但是，我爲什麼要爲此感到好奇呢？難道我沒有用甘甜的蜂蜜以及我幸福、狡猾的呼喚來誘使他來到我這裡嗎？

但是，從我的角度來看，你們好像都是無法調和的同伴：你們讓其他人們的心靈感到焦躁不安，當你們一同坐在這裡的時候，你們開始叫喊求援？必須有一個人是第一個到達這裡的。

——那些能夠讓你們再一次放聲大笑的人們，一個善良快樂的小丑、一個舞蹈家、一陣風、一個頑皮的小女孩以及一些老邁的愚蠢之人——但是，你們對此有怎樣的想法呢？

但是，我懇請你們能夠原諒我，你們這些感到無比絕望的人，請原諒我在你們這些珍貴的賓客們面前說一些毫無價值的、瑣碎的話語！你們並不知道究竟是什麼讓我的心靈如此精神振奮：

那就是你們自己以及你們的特點，我懇請你們原諒我吧！因爲任何一個人看見了無比絕望的人之後，都會變得勇敢。去激勵一個無比絕望的人——任何一個人都會把自己想像得足夠強大。

你們已經把這樣的力量給予了我——這是一件非常好的禮物，我値得尊敬的賓客們啊！這是多麼卓越的賓客之饋贈啊！那麼好吧，當我同樣向你們獻上我的禮物時，請你們不要訓斥我啊。

這裡就是我的帝國，這裡就是我的領地：這裡所有的一切都屬於我，但是，今天的夜晚是屬於你們的。我的動物們也會爲你們服務：那麼就讓我的洞穴成爲你們的住處吧！

跟我一同居住在房屋裡的人是不會感到無比絕望的：在我的領地之內，我會保護所有人，讓他們遠離狂野的怪獸襲擊。這個就是我要送給你們的第一件禮物：安全！

不過，我要送給你們的第二件禮物則是我小小的手指頭。當你們擁有了它之後，那麼，你們就等於擁有了整個手掌，是啊，同樣你們也擁有了內心！歡迎你們來到這裡，歡迎你們，我的貴賓們！」

查拉圖斯特拉如是說道，並且用愛意以及頑皮微笑了起來。在經歷了這次的致禮之後，他的貴賓們再一次鞠躬，而且虔誠無聲；但是，站在右邊的國王以他們的名義回答他：

「啊，查拉圖斯特拉，你用這樣的方式給予了我們你的雙手以及你的致禮，我們認得出你就是查拉圖斯特拉。你在我們大家的面前刻意地貶低自己；你幾乎損害到了我們對你的尊敬。

但是，又有誰能夠像你一樣如此矜持地貶低自己呢，你這樣做抬高了我們的地位；這讓我們的雙眼以及心靈煥然一新。

只要看到了這些，我們寧可高高興興地攀爬比這還要高聳的山峰。因爲我們是更加熱忱的追求者；我們都非常想看看到底是什麼東西能夠讓我們如此陰暗的眼睛變得熠熠生輝。

快看啊！現在我們所有的悲痛之叫喊都已經過去了。現在，我們的思想以及我們的內心既開放又喜悅。我們並不缺乏能夠讓我們的精神變得放肆的勇氣。

啊，查拉圖斯特拉，在這片大地之上，沒有任何東西能夠比一個崇高的、強大的意志給人們帶來更多的歡聲笑語：它就是植物之中最完美的。就是這樣的一棵樹，能夠讓整個的景色煥然一新。

啊，查拉圖斯特拉，像你一樣生長起來的人，我們將他比作是松樹——高大、安靜、堅強、孤獨，它是最好的、最有使用價値的木頭。

——但是，在樹枝的末端，它用強健的、翠綠的樹枝，在自己的地盤內伸展，詢問嚴肅關於風、暴風雨的問題以及所有在最高處的問題；

——並且用更加嚴肅的態度回答這些問題，一個指揮官，一個勝利者！啊，有誰不願意攀爬上高聳的山峰來注視這樣的森林呢？

啊，查拉圖斯特拉，那些心情憂鬱之人，倍感絕望之人，全都因爲你的樹而煥發了生機；就連反覆無常、搖擺不定的人也因爲看到了你而變得堅定，並且治癒了他們的心靈。

說眞的，現在，無數雙眼睛全都把目光投向了你的山峰以及樹林；一種偉大的渴望就此出現了，許許多多的人學會提問：『誰是查拉圖斯特拉？』

並且，你可以隨時隨地將自己的歌聲以及自己的蜂蜜放在他們的耳朵邊。所有隱居的人們、所有獨自生活的隱居者們以及偕隱者們，全都異口同聲地在內心裡說道：

『查拉圖斯特拉現在還活著嗎？現在還活著已經沒有價值可言了，世間萬物都是無關緊要的，世間萬物都是沒有使用價值的：除非，我們必須跟查拉圖斯特拉同在！』

『爲什麼他已經宣講了那麼久，卻還沒有來到這裡呢？』因此，很多人都問道，『難道，孤獨與寂寞已經將他吞噬掉了嗎？或者，我們應當去尋找他？』

現在，我孤寂的自身已經因爲成熟而變得破碎，就好像一座墳墓一樣，它已經破碎地不能再掩埋屍體了。在任何地方都能夠看到被復活的人們。

啊，查拉圖斯特拉啊，現在，不斷噴湧的波浪持續地上升，並且已經將你的山峰包圍起來，無論你的山峰怎樣高聳，他們當中的大部分人必定會上升到跟你相同的高度：你的小船肯定不會長久地停留在乾燥的陸地上。

現在，我們這些感到無比絕望的人們來到了你的洞穴，而且，我們已經不再感到絕望了——這是一種更加高尚、更加優秀的人正行進在尋找你的道路上的一種預兆和預示。

——因爲他們已經在尋找你的道路上了，那些人類當中，上帝的最後賸餘——換句話說就是，一切擁有偉大的希望、偉大的憎惡以及偉大滿足的人們。

——所有不想再生活下去的人們，除非他們能夠再一次學習去渴望——除非他們能夠從你，啊，查拉圖斯特拉啊，學到了偉大的渴望！」

站在右邊的國王如是說道，他爲了能夠親吻查拉圖斯特拉的雙手，緊緊地抓住了他的雙手。但是，查拉圖斯特拉拒絕了他的尊敬，並且，心驚膽戰地向後退去，就好像要逃離一樣，安靜地、突然地離開了。但是，還沒過多一會兒，查拉圖斯特拉就再一次返回了家裡，來到了他賓客們的身邊，他用清澈、洞察的眼神看向了他們，然後說道：

「我的賓客們啊，你們這些高尚的人啊，我會說簡單樸實的話語，並且坦率地跟你們講話。其實，我在這些山群之中，等待著的並不是你們。」

（「說簡單樸實的話語，並且坦率地講話？啊，慈悲的上帝啊！」站在左邊的國王對自己如是說道，「很明顯，這個從東方來的聖人，並不知道善良的西方人！但是他的意思是用『遲鈍、直率的口吻說的』——那麼好吧！想來並不是這些天以來最糟糕的品位！」）

「說眞的，你們或許可以是更加高尚的人，」查拉圖斯特拉繼續說道，「但是，從我的角度來看，你們所有人並不足夠高尚，也並不足夠強大。

換句話來說，爲了我以及我心中不可抗拒的精神，現在已經默不作聲了，但是，也不是經常保持安靜。倘若你們所有人都屬於我，那也仍舊比不上我的一隻手臂。

因爲他就跟你們一樣，用虛弱的、纖細的雙腳站立，無論他自己是否意識到，他總是要在一切之上能夠受到放任、縱容地待遇。

然而，我並沒有用放任、縱容的方式來對待我的雙手以及雙腳，我並沒有對我的勇士們採取放任、縱容的方式來對待：那麼，你們又怎麼能夠適應我的戰爭呢？

和你們在一起，我會糟蹋掉我所有能夠獲得勝利的機會。如果你們能夠聽到我戰鼓發出嘹亮的擊打聲的話，那麼，你們當中的大多數人一定會因爲害怕而癱倒在地。

而且，對於我來說，你們的美貌並不充分，出身的血統和人種也不是最優秀的。我需要的是純粹的、平滑的鏡子，用它來照射出我的教條；在你們的表面上，就連我自己的模樣都會發生扭曲。

在你們的肩膀上肩負著許許多多的重擔和回憶；很多充滿惡意的小矮人隱藏在你們的洞穴的小角落裡。在你們的內心當中同樣擁有隱密的暴民。

並且，雖然你們都是非常高尚的人，你們是高尚之人的族類，但是在你們的內心當中很多的事物都是扭曲的、變形的。在這個世界上，沒有任何一個鐵匠能夠爲我將你們鍾正並且鍾直。

你們只不過是橋梁而已：或許更加高尚的人們會從你們的身上經過！你們站著就好像是梯子一樣：不要斥責那些從你們身上攀登到他高度的人！

總有一天，會從你們的子子孫孫中爲我誕生出貨眞價實的兒子以及完美的後代：但是距離這樣的時刻還非常遙遠！你們這些人並不是我的遺產以及名義上的繼承人。

我在這樣的山群之中等待的並不是你們；也並不是和你們同在，我才能夠作最後一次的下降。對於我來說，你們來到我這裡僅僅是意味著更加高尚的人正在前行於尋找我道路之上的預兆而已。

——不是你們口口聲聲說的上帝殘餘，不是什麼偉大的渴望、憎惡以及滿足的人們；

——不是！不是！第三個不是！我在這樣的山群之中等待的是其他人，除了他們，我不願意輕易挪動我的腳步；

——我期待著更加高尚的人、更加強大的人、更加優勝的人、更加快樂的人，期待著身體以及靈魂健全的人們：歡聲笑語的獅子們一定會來到這裡的！

啊，我的賓客們啊，你們這些奇怪的人們——難道你們就沒有聽到過任何關於我孩子們的消息嗎？他們是否正在前進於尋找我的道路上嗎？

跟我談一談我的花園、我的祝福島嶼以及我全新的漂亮的族類——為什麼你們就不能跟我談一談這樣的話題呢？

我向你們的愛意渴求如此的賓客贈禮，你們都來跟我說一說我的孩子們吧。我為此而變得富裕，我為此而變得貧困：我還有什麼事不能夠讓予的呢。

為了此事，我還有什麼是不能夠讓予的呢：為了這些孩子們、為了這些活生生的植物、我的意志以及我最高希望的生命之樹！」

查拉圖斯特拉如是說道，然後突然之間，他停了下來：因爲他的渴望來到了他的身邊，緊接著，由於查拉圖斯特拉內心的顫動，他閉上了眼睛和嘴巴。

與此同時，他所有的賓客們全都安靜下來，他們全都安靜地站在那裡，一臉迷惑的表情。只有那個老邁的預言家在用他的雙手和臉色做著手勢。

72 最後的晚餐

就在這個時候，那個老邁的預言家打斷了查拉圖斯特拉以及賓客們的致禮：他變成了珍惜時間的人，緊緊地抓住了查拉圖斯特拉的雙手，並且大喊道：「但是，查拉圖斯特拉！你不是曾經說過嗎，這件事要比其他所有的事情都要重要：那麼好吧，現在對於我來說，這件事情要比其他所有的事情都重要。

一句在恰當的時間說的話：難道你沒有邀請我們吃晚餐嗎？這裡有很多經歷了漫長旅行來到這裡的人。你該不會是想用你的演說來餵飽我們吧？

況且，你對於那些關於凍死、溺亡、窒息死以及其他給肉體帶來傷害的危險都想得太多了。但是，在你們當中沒有一個人會想一想我的危險，也就是說因爲饑腸轆轆而死亡的危險。」

（那個老邁的預言家如是說道。但是，當查拉圖斯特拉的動物們聽到了這些話語之後，他們紛紛因爲恐懼而跑掉了。因爲他們看到，在白天帶回家裡來的東西並不能夠滿足那個預言家的胃口。）

「同樣地，也因爲口渴而死亡，」那個預言家繼續說道，「儘管，我聽到水流在這裡噴灑，聽上去就像是智慧的語言——換句話說就是，我十分迫切並且不知疲倦地要痛飲美酒！

並不是所有的人都跟查拉圖斯特拉一樣生來就是個飲水之人。水並不適合那些疲倦並且老邁的人們。我們需要酒——只有酒才能給予我們一下子恢復的活力以及亢奮的健康！」

恰好在這個時候，那個預言家渴望喝酒，而站在左邊的國王，那個一言不發的人，同樣找到了可以暢所欲言的機會。「關於酒，」他說道，「我和我的兄弟，右邊的國王早已準備妥當：我們擁有足夠的酒——一頭驢馱的全是酒。所以我們這裡已經不缺少什麼東西了，除了麵包。」

「麵包，」查拉圖斯特拉微笑著回答道，「準確地說，隱士們沒有的正是麵包。但是人類並不只是依靠麵包爲生，他們同樣還會依靠優良的羔羊肉爲生，而我擁有兩隻羊羔。

——我們應該快速地屠宰牠們，然後謹慎地烹調。我是如此喜歡牠們。這裡面也不能夠缺少供挑剔者以及美食家享用的草根和水果——也不缺少胡桃以及能夠被敲碎的謎題。

因此，沒過多一會兒，我們就擁有了一頓豐盛的晚餐，但是，無論是誰要想跟我們一同共進晚餐，都必須跟我們一起工作，即便是國王也不能例外。因爲，在查拉圖斯特拉看來，國王也可以是個廚子。」

在場的所有人全都發自內心地同意這個提議，只有那個自願的乞討者在抗議喝酒、吃肉以及使用香料。

「大家快來聽聽這個暴飲暴食的查拉圖斯特拉講的話吧！」他滑稽地說道，「難道人們走進洞穴，攀爬高山就是爲了能夠享受這樣的晚宴嗎？

現在，我已經知道他曾經教給我們的話：節制的貧窮是能夠受到祝福的！以及爲什麼他要將所有的乞討者們全都趕走。」

「盡情地快樂吧，」查拉圖斯特拉回答道，「就像我一樣。信守你的意願，你這卓越之人：嚼你的穀粒、喝你的水、高度讚揚你做的菜——只要這樣做就能夠讓你高興！

我是一部只屬於我自己族群的法律，並不是一部適用於所有族群的法律。然而，屬於我族群的人，必須擁有堅硬的骨骼以及輕快的雙腳。

——爲了戰鬥和宴會而欣喜若狂，沒有猶豫、沒有含糊，奔赴宴會就好比是完成最艱難的任務一樣，必須要保持健康以及強健。

最優秀的事物全都屬於我以及我自己。而且如果這些優良的東西不屬於我們的話，那麼我們就去把它搶過來——最好的事物、最純淨的空氣、最強大的思想以及最漂亮的女人！」

查拉圖斯特拉如是說道，但是，站在右邊的國王回答道：「眞是奇怪！在場的所有人當中有沒有人聽到一個智慧之人的嘴裡能夠說出這樣明智的話？

說眞的，這是一個聰慧之人的內心裡最奇怪的事物，如果他足夠聰明的話，那麼他就不是一頭驢。」

站在右邊的國王如是說道，他感到非常好奇。但是，那頭驢用憎惡的口吻回答道：「呃——啊！」不過，這還只是這個漫長晚宴的開始部分，也就是在歷史上所謂的晚餐。在這裡除了高尚的人之外，再也沒有其他的話題被談到。

73 高人們

(1)

當我第一次來到人間的時候，我認爲隱士愚蠢，那是一種偉大的愚蠢：我在市場現身了。

當我在那裡對所有人說話的時候，我等於在對著虛空說話。然而，到了夜晚，在繩索上跳舞的人以及屍體們就會成爲我的夥伴；而就連我本身也幾乎是一具屍體。

但是，在嶄新的清晨來臨之際，一個全新的眞理會來到我的身邊：然後，我學會了說：「市場、暴民、暴民的雜訊和暴民的長耳朵，跟我又有什麼關係呢？」

你們這些高人們啊，快點兒從我這裡學習這些吧：在市場裡，沒有人會相信高人們。如果你們在那裡說話，至美盡善！但是，那些暴民會眨巴著眼睛說道：「我們之間都是相互平等的。」

「你們這些高人們啊，」那些暴民們眨著眼睛如是說道，「在這裡根本就沒有什麼高人，我們都是平等的。在上帝面前，人類就是人類——我們都是平等的！」

在上帝面前！但是，現在這個上帝已經死了。然而，在這些暴民的面前，我們是不平等的！你們這些高人們，快點離開市場吧！

(2)

在上帝面前！但是，現在這個上帝已經死了！你們這些高人們啊，這個上帝就是你們最大的危險。

只有當他躺在墳墓裡的時候，你們才能再一次死而復活。現在只有偉大的正午時分來到這裡，只有高人們會成爲支配者！

啊，我的兄弟們啊！你們聽明白這些話的意思了嗎？你們的心裡感到害怕：你們的內心是否開始變得暈眩？這裡的深淵是否向你們張開了嘴巴？地獄之犬是否在向你們吠叫？

那麼好吧，你們這些高人們啊！向上面出發吧！現在只有人類未來的高山能夠感受到巨大的痛苦，上帝已經死了：現在，我們由衷地希望——超人能夠存在。

(3)

現在，最熱切的人開始問道：「人類究竟是如何維持的呢？」」然而，查拉圖斯特拉是第一個，也是唯一的一個人，他問道：「人類是如何被超越的呢？」

我只會認眞留意超人，這就是我第一也是唯一需要注意的事情——不是人類，不是鄰居，不是最可憐之人，不是最痛苦之人，不是最善良之人。

啊，我的兄弟們啊，我之所以熱愛人類就是因爲他能夠上升和下降。而且，在你們的心中同樣也有能夠讓我喜愛和讓我可以期望的。

你們這些高人們啊！你們感受到了蔑視，這讓我有了希望。因爲偉大的輕蔑者都是偉大的虔敬者。

你們感受到的絕望是非常光榮的。因爲你們並沒有學會聽天由命，你們並沒有學會瑣碎的權術。

今天，那些小人物全都變成了支配者：他們都在說著服從、謙遜、權術、勤奮、顧慮以及諸如此類的瑣碎道德。

不管是什麼，只要是女人的，只要是奴隸的，尤其是暴民的混種——現在，這些都將支配人類所有的未來——啊，噁心！噁心！噁心！

這樣的問題被問了又問，永遠也不覺得疲倦：「人類到底是如何用最好的、最悠長的以及最快樂的方式維持自己的呢？」因此，他們才是今天的支配者。

啊，我的兄弟們啊，超越了今天的這些支配者們，這些小人物啊：對於超人來說，他們就是最大的危險！

你們這些高人們啊，超越這些瑣碎的道德，這些瑣碎的權術，這些沙子一樣的深思熟慮、中看不中用的螞蟻窩、可憐的舒適安逸以及數量眾多的幸福吧！

寧可感到絕望也不要聽天由命。說眞的，你們這些高人們啊，我喜歡你們，因爲你們根本就不知道今天應該如何生存，因此，你們的生活是最好的！

(4)

啊，我的兄弟們啊，你們擁有勇氣嗎？你們擁有堅定的決心嗎？難道在見證者面前的勇敢，不是連上帝都不敢注視太久的隱士和老鷹的勇氣嗎？

冷酷的人、執拗的人、看不見東西的人以及醉鬼，不是我所謂的擁有堅定決心的人。用征服的心靈面對恐懼，用驕傲的心靈看待深淵，這才是我所謂的擁有堅定的決心。

用老鷹的雙眼去注視深淵，用老鷹的利爪去牢牢抓住深淵：這才是我所謂的擁有勇氣。

(5)

「人類是邪惡的。」所有充滿智慧的人爲了安慰我，如是說道。啊，那麼在今天還是眞實的嗎？因爲邪惡是人類無上的力量。

「人類必須變得更加強大、更加邪惡。」我如是說教道。爲了能夠達到超人的至善，人類的至惡是必不可少的。

這些面向小人物的說教者來說是非常適合的：他遭受過苦難，並且肩負著人類的罪惡。但是，我卻把最偉大的邪惡作爲我最偉大的安慰而感到欣喜若狂。

但是這樣的事情並不是爲了長耳朵說的。同樣地，所有的話語並不適合於一切的嘴巴。這些都是既微妙又非常遙遠的東西：這些並不是用綿羊的蹄子就能抓得到的！

(6)

你們這些高人們啊，你們以爲我今天站在這裡是爲了糾正你們之前所犯下的過錯嗎？或者你們認爲我會給你們這些苦難者們準備了既溫暖又舒適的床榻？或者爲那些心神不寧的、迷失方向的、在登山中偏離路線的人們，指出全新的、更加簡單便捷的道路嗎？

不是！不是！第三個不是！越是在你們的族群內，優秀的、出色的人就越會過早死亡——因爲你們的生活永遠都是更加糟糕、更加艱難的。唯有——

——唯有讓人攀爬到高處，讓閃電擊打他、震顫他，讓他攀爬到足以觸碰閃電的高度！

我的靈魂以及我的渴望都在嚮往著長久並且遙遠的事物：你們這些眾多的、瑣碎的以及短促的悲哀對於我來說又算得了什麼呢？

從我的角度來說，你們遭受到的苦難還遠遠不夠！因爲你們只是因自身遭受苦難，並沒有因人類遭受苦難。倘若你們不贊同的話，就是在說謊話！你們當中的任何一個人都沒有經歷過我曾經遭受過的苦難。

(7)

對於我來說，閃電已經不再具有破壞力，還遠遠不能滿足我。我並不想將它移開，它應當學習爲了我而工作。

我的智慧全都凝聚在了一起，看起來就像一團雲彩，漸漸地，它開始變得越來越寧靜，越來越黑暗。因此，總有一天所有的智慧都會產生出火花。

對於今天的人們來說，我既不是光，也不能被人們稱爲光。我要讓他們變得目盲：我的智慧閃電！將他們的雙眼挖出來吧！

(8)

不要讓任何的事物凌駕於你們的力量之上：在那些凌駕於他們的力量之上的人們的身上都有一種惡劣的虛假。

尤其是當他們想做偉大事情的時候！因爲他們會喚醒對於偉大事物的不信任，這些巧妙的僞幣製造者以及舞臺上的表演者們：

——直到最後，他們將自己也欺騙了，斜著眼睛、流膿潰爛，用誇誇其談的道德、輝煌虛假的行爲，扭曲了事情的眞相。

你們這些高人們啊，在這裡一定要多加小心啊！因爲，對於我來說，天底下沒有什麼要比正直更加寶貴、更加稀有的東西了。

難道今天的時代不是那些暴民的時代嗎？但是，這些暴民們並不知道什麼是偉大、什麼是渺小、什麼是坦率、什麼是正直：暴民永遠都是無知的扭曲，他們從來都是愛說謊話的人。

(9)

你們這些高人們啊，你們這些內心備受鼓舞的人們啊，你們這些直率的人們啊，你們不要輕信這個時代啊！並且讓你們的理智嚴格保守祕密！因爲今天就是那些暴民們的時代。

那些暴民們曾經學會了沒有理智的信仰，有誰能夠通過有理有據的方式來反駁他們呢？在市場上，手勢能夠說服人們。但是，理智讓那些暴民們心生懷疑。

倘若眞理在那裡獲得了勝利，那麼你會非常懷疑地問自己：「究竟是什麼強大的謬論在那裡取得了勝利呢？」

但是，你們同樣也要小心提防那些博學家們！他們憎惡你們，因爲他們是不生產的！他們擁有無比冷酷並且凋敝的雙眼，那樣的目光能夠讓所有鳥類的翅膀掉落。

這樣的人大概會因爲不說謊話而誇誇其談，但是，不能說謊跟熱愛眞相仍舊相去甚遠。你們一定要小心提防啊！

脫離了熱病的自由跟眞正的知識仍舊相去甚遠！我並不相信冷卻心靈中的一切。不能夠說謊話的人，也就不會知道什麼是眞相。

(10)

如果你要向上攀爬，那麼你就用自己的兩條腿吧！不要讓別人將自己背到高處去，不要讓自己坐在其他人的後背上以及腦袋頂上！

但是，你不是已經騎在馬背上了嗎？你現在不是飛快地奔向你的目標嗎？好吧，我的朋友！但是，你那雙虛弱的雙腿同樣也在馬背上！

當你來到了你的目的地，當你從馬背上下來的時候：啊，你這高人啊，即使你在高處，仍舊會跌倒！

(11)

你們這些創造者，你們這些高人啊！一個人只能夠孕育他自己的孩子。

千萬不要讓你們自己被欺騙或是被說服！那麼，你們的鄰居究竟是誰呢？即便是你們爲了鄰居而工作，你們仍舊不是爲了他而創造！

你們這些創造者啊，我懇請你們忘記這個「爲」字：你們內心深處的道德希望你們能夠同「爲」、「以此」以及「因爲」等詞語完全脫離關係。你們已經會塞住耳朵對這些虛假且渺小的言語充耳不聞。

「爲了自己的鄰居」，這是一種只有瑣碎之人才具備的道德。他們在那裡說著「同氣相求」、「同類相親」，他們既沒有權力也沒有力量來完成你們的自我追求！

你們這些創造者，在你們的自我追求當中，擁有著孕育的預兆！這些是任何人都無法看到的，你們的果實，用這個避難所保護並且滋養了你們全部的愛意。

你們全部的愛意在哪裡呢，也就是說你們的孩子究竟在哪裡呢，換句話說就是你們的全部道德究竟在哪裡呢？千萬不要讓任何虛假的價值影響了你們：你們的工作，你們的意志就是你的「鄰居」！

(12)

你們這些創造者，這些高人們啊！生育後代的人遭受苦難；但是，生育後代的人是不乾淨的。

問問女人們吧：自己生孩子，並不是因爲生孩子能夠給她帶來快樂。能夠讓老母雞咯咯叫，讓詩人們放聲高歌的就是痛苦。

你們這些創造者啊，在你們的內心當中充滿了不乾淨。這是因爲你們迫不得已要做孩子的母親。

一個新生兒：啊，又有多少新鮮的汙穢來到了這個世界上啊！快走開吧！已經生育後代的人應該清洗她的靈魂！

(13)

不要要求超過你自身能力範圍的道德！不要要求做不可能做到的事情！

跟隨著你們祖先的道德已經踩踏過的地方留下來的足印前進吧！如果你們祖先的意志並不能跟你們一同上升，那麼你們又怎麼能夠上升呢？

然而，那個最早出生的孩子，要讓他小心提防，以免成爲末代子孫！但凡是留有你們祖先罪惡的地方，你們都無法企圖成爲聖人！

一個人的祖先痴迷於女人們，沉迷於烈酒以及野豬肉；如果他要自潔，他應該怎麼做？那眞是一種愚蠢啊！說眞的，我認爲，那眞是過於愚蠢了，倘若他是一個、兩個，或是三個女人的丈夫。

即使他修建了修道院，並且在大門上銘刻「通往神聖的道路」，我仍舊要說：「這有什麼好的？這不過就是一種新的愚蠢！」

他爲自己修建了一個可供懺悔和避難的地方：這對於他來說是再好不過了吧！但是，我並不相信這些。

在孤寂之中，生長著任何人的內心都擁有的——同樣也生長著人類殘忍的本性。因此，對於很多人來說，孤寂並不適合於他們。

難道在這個世界上還有什麼要比荒郊野外的聖人更加汙穢的嗎？圍繞在他們身上的不僅

僅有惡魔的束縛——同樣還有橫行霸道的怪獸。

(14)

你們這些高人們啊，我經常能夠看到你們猶如跳躍失敗的老虎一般，靦腆地、羞愧地、笨拙地將自己隱藏起來。你們擲骰子輸了。

但是對於你們這些投擲骰子的人來說，那又有什麼關係呢？你們並沒有學會玩耍和嘲弄，沒有學會賭徒們的玩耍和嘲弄！難道我們大家不是永遠都坐在一張巨大的嘲弄和玩耍的桌子旁邊嗎？

倘若你們在偉大的事情當中失敗了，那麼，你們自己也就因此成爲所謂的失敗者了嗎？倘若你們自己失敗了，難道人類也就因此失敗了嗎？假設人類失敗的話，那麼好吧！不要在意這些了！

(15)

越是有崇高品質的人，做事情成功的機率就會越低。這裡，你們這些高人們啊，你們不都是失敗者嗎？

盡情地歡喜吧，又有什麼關係呢？仍舊有多大的可能性呢！學會對自己微笑，就像人們應該微笑一樣！

你們這些接近支離破碎的人們啊，又有什麼可驚奇的呢？你們這些失敗或者成功了一半的人們！難道人類的未來不是在你們內心當中奮鬥著、掙扎著前行嗎？

人類最遙遠的、最深奧的、最高深莫測的精神，人類最驚人的力量——難道所有的這些不都在你的酒桶裡泛著泡沫嗎？

許許多多的酒桶都支離破碎了，這有什麼可驚奇的呢？學會對自己微笑吧，就像人們應該微笑一樣！你們這些高人們啊，啊，有可能的事還有很多呢！

說眞的，已經成功的有多少呢！在這片大地上，微小的、優良的、完美的、完善的事物是如此豐富！

你們這些高人們啊，將這些微笑的、優良的、完美的事物全都放在你們的身邊吧。它們的成熟能夠治癒人類的心靈。完美的事物能夠教會人們以希望。

(16)

自從來到這片大地上，最大的罪惡是什麼呢？難道不是他所說過的話嗎？他說道：「眞是悲哀啊，那些在這片大地上微笑的人們！」

難道他自己沒有在這片大地上尋找到能夠微笑的理由嗎？即使是那樣，那也只是因爲他並沒有好好地尋找。即便是一個小孩子也能夠找到微笑的理由。

他的愛意還遠遠不夠：要不然，他也同樣會熱愛我們，熱愛喜歡微笑的人們！但是，他憎恨我們，他大聲地怒斥我們；他承諾我們可以哀號、可以咬牙切齒。

倘若一個人不去愛的話，那麼他就必須受到詛咒嗎？這在我看來確實是一種惡劣的品位。但是，他就這麼做了，這個絕對之人。他從暴民群中跳了出來。

說眞的，他自身並沒有足夠的愛意；不然的話，他寧可不再施暴，因爲他並不會得到別人對他的愛。所有偉大的愛意，並不會渴望著愛意——它渴望得到更多。

快點兒遠離所有絕對之人所要經過的道路！他們都是貧窮的、虛弱的族類，他們都是一種流氓群體的族類：他們用一種邪惡的意志看待這種人生；他們用一種邪惡的眼光看著這片大地。

快點兒遠離所有絕對之人所要經過的道路！他們全都擁有沉重的雙腳以及熾熱的內心——他們並不知道應該如何跳舞。這片大地對於這樣的人來說又怎麼會是輕鬆的呢？

(17)

所有充滿善意的事物全都曲折地到達了它們的目的地。它們就像小貓一樣將自己的後背彎曲起來，它們因爲即將到來的幸福而開心地嗚嗚叫——所有充滿善意的事物都在發笑。

一個人的腳步能夠說明他是不是漫步於自己的道路之上：好好看看我是如何走路的！慢慢接近自己的目標，並且跳著舞步。

說眞的，我並未成爲一尊塑像，我也沒有僵硬地、愚蠢地、堅硬地猶如一根石柱一樣立在那裡，我喜歡飛快地奔跑。

儘管在這片大地之上有沼澤和凝重的苦難，但是那些腳步輕快之人甚至可以越過泥漿，在無比平滑的冰面上翩翩起舞。

我的兄弟們啊，將你們的胸膛高高地挺起來吧，高一點兒，再高一點兒！還有不要忘記你的雙腿！你們這些優秀的舞蹈者們，同樣也抬高你們的雙腿吧！倘若你們能夠倒立，那就再好不過了！

(18)

這個歡笑者的王冠，這個擁有玫瑰花環的王冠：我要親自將這頂王冠戴在我的頭頂上，我要親自將我的微笑神聖化。直到現在，我還沒有發現有人能夠擁有如此充足的魄力。

查拉圖斯特拉這個跳舞之人，查拉圖斯特拉這個輕捷之人，他震動著他的翅膀，已經準備好飛翔了，他在向所有的鳥類們示意，已經準備就緒隨時出發了，一個幸福的、擁有著敏捷靈魂的人。

查拉圖斯特拉這個預言家，這個無比眞實的歡笑的預言者，這個無法忍耐的人，這個非絕對之人，一個喜歡跳躍以及飛越的人，我要親自將這頂王冠戴在我的頭頂上！

(19)

我的兄弟們啊，請高高地挺起你們的胸膛吧！高一點兒，再高一點兒！還有不要忘記了你們的雙腿！你們這些優秀的舞蹈者們啊，同樣舉起你們的雙腿吧！如果你們能夠將自己倒立，那就再好不過了！

即便是在快樂的狀態當中，同樣笨重的動物們，那些畸足的動物們從一開始就已經存在了。他們好奇地推動著自己，就好像一頭努力倒立的大象一樣。

但是，爲了幸福而愚蠢要比爲了不幸而愚蠢好得多，用笨拙的腳步跳舞要比用笨拙的腳步走路好得多。所以，你們這些高人們啊，我懇請你們學習我的智慧：即便是最糟糕的事情也會有兩個良好的反面，

——即便是最糟糕的事情也會有優秀的舞蹈之腿：所以，你們這些高人們啊，我懇請你們跟我學習，站立在你們自己眞正的腿上！

所以，我懇請你們忘記悲哀的歎息以及所有殘暴之人的悲傷！啊，在我看來，今日的暴民之蠢材是何等悲哀啊！但是，今天的時代正是那些暴民們的時代。

(20)

就好像從山洞裡突然吹出來的風一樣：它在自己的旋律中翩翩起舞，大海在它的腳步之下顫抖並且跳躍著。

它給了驢子們能夠飛翔的翅膀，它用母乳哺育了獅子們——用語言讚美那善良並且難以駕馭的靈魂，它看起來就像是一陣龍捲風一樣，來到了所有的現在，來到了所有暴民的面前。

——它強烈反對所有荊棘之頭以及胡思亂想的人，強烈反對所有凋零的樹葉以及種子——用言語讚美這些狂野的、善良的、自由自在的暴風靈魂吧，它在沼澤和悲痛之上盡情地舞蹈，它在牧場之上盡情地舞蹈！

它憎惡那些患有肺病的賤民之狗，憎惡所有陰沉的、鬱鬱寡歡的族類——用語言讚美所有這些自由自在的精靈以及這歡笑的暴風，它將塵土吹進了所有的悲觀主義者以及憂鬱症患者的眼睛裡！

啊，你們這些高人們啊，在你們心靈當中最惡劣的事情應該是在你們所有人當中，沒有一個人學會跳舞，就如同人類必須會跳舞一樣——跳舞超越你們能夠掌控的範疇之外，你們這些優秀的舞蹈者啊，快快挺起你們的胸膛吧，高一點兒，再高一點兒！還有別忘記盡情地笑！

這頂開懷大笑之王冠啊，這頂玫瑰花環之王冠啊：我的兄弟們啊，我會把這頂王冠拋給你們！我已經將微笑神聖化了：你們這些高人們啊，我懇請你們學習——學習微笑吧！

74 憂鬱之歌

(1)

當查拉圖斯特拉說完這些話之後，他站在靠近他的洞穴入口處；但是，就在查拉圖斯特拉說完最後一句話之後，他悄悄地從他賓客們的身邊溜掉了，然後他小跑了一陣兒，進入到了空曠的地帶。

「啊，圍繞在我周圍的純粹香氣啊，」查拉圖斯特拉大叫道，「啊，圍繞在我周圍的受到祝福的寧靜啊！但是，我的動物們都在哪裡呢？在這裡，我的老鷹以及毒蛇在這裡呢！

我的動物們，快快告訴我：這些高人們，他們所有人——或許他們身上散發著令人作嘔的味道？啊，圍繞在我周圍的純粹香氣！現在，我只知道並且感受到我是多麼愛你們，我的動物們。」

——然後，查拉圖斯特拉再一次說道：「我愛你們，我的動物們！」然而，當查拉圖斯特拉說完這些話的時候，老鷹以及毒蛇開始接近他，並且抬起頭來看著他。在這樣的情形之下，他們三個全都默不作聲，然後，他們開始一個接著一個地嗅著並且呼吸著乾淨的空氣。因爲外面的空氣要比裡面那些高人們周圍的空氣好得多。

(2)

但是，就當查拉圖斯特拉剛剛離開他的洞穴時，年邁的魔法師站了起來，他用非常狡猾的眼神四處張望，然後說道：「他已經走了！

你們這些高人們啊，讓我用這種讚美的、阿諛奉承的名號來讓你們高興吧，就如同他做的那樣——我邪惡的欺騙精神以及魔法在攻擊我，我那憂鬱的惡魔向我襲來。

——打心底裡來說，這是查拉圖斯特拉的一個敵人：請原諒他這麼做！現在，它要在你的面前苦苦地哀求，它只有一個小時；我卻徒勞地同這種邪惡的精神奮力地搏鬥。

致你們所有人，給你們名號帶來榮譽的人們，稱呼自己爲『自由的精神』，或是『小心謹愼的人』、『精神的懺悔者』，或是『無拘無束的人』、『偉大的渴求之人』的人們。

致你們所有人，那些喜歡看我遭受到偉大憎惡的折磨，古老的上帝已經死了，然而，還沒有新的上帝躺在搖籃裡，身上裹著嬰兒的衣服——你們所有人就是我邪惡的精神以及魔法——惡魔的最愛。

我了解你們，你們這些高人們，我了解他，我同樣了解這個讓我墜入愛河的惡魔，這個查拉圖斯特拉。對於我來說，他永遠都像一個聖人的漂亮面具——就好像是我邪惡的精神、憂鬱的惡魔樂此不疲地觀看一種全新的、奇怪的默劇表演——由於我那邪惡的精神，所以在我看來，我喜愛查拉圖斯特拉。

但是，這種憂鬱的精神、這種夜晚曙光的惡魔在攻擊我、束縛著我：說眞的，你們這些高人們啊，它自身有著渴求。

——快快睜開你們的雙眼！——它有一種想要赤身裸體的渴求，無論是男人還是女人，我並不太清楚：但是，它來了，它在束縛著我，哎！快快啓動你們的智慧！

白天已經悄然消失，現在，所有的事物都會來到這個夜晚，同樣還有最好的事物；現在，你們這些高人們好好聽聽並且觀看吧，看看這個惡魔之男人或女人——夜晚之憂鬱的精神到底是什麼！」

那位年邁的魔法師如是說道，他用無比狡猾的目光四處張望，然後，他一把抓起了自己的豎琴。

(2)

在夜晚，清新的空氣當中，
安撫人心的露珠，
落到地面，
不可見也聽不到，
因爲它穿著柔軟的鞋，
撫慰人心的露珠，就像所有溫柔善良的事物一樣：
那麼，從我看來，熊熊燃燒的心臟，
你究竟有多麼渴望來自天堂充滿善意的淚滴以及露珠？
所有已經燒焦以及厭倦的渴望，
究竟何時，邪惡的夕陽的眼光，
穿過綠草地，穿越了黑暗的樹林來到你的周圍，
「你？你就是那個追求眞理的人？」他們如是嘲諷道。
不是的！他只是個詩人！
那個殘忍的、醜陋的、掠奪的、卑躬屈膝的你，
肯定說了謊話，

那個刻意的、肆意的你，肯定說了謊話：
對戰利品的強烈欲望，
混雜的、掩飾的，
半遮半掩的、遮蔽的，
他自己就是戰利品——
他就是追求眞理的人嗎？
不是！他只是個愚蠢之人，他只是個詩人！
只是籠統地說，
愚蠢之人的面具困惑地叫喊，
在憑空揑造的語言之橋上繞行，
在五顏六色的彩虹之拱橋上繞行，
神聖的虛假，
塵世的虛假，
在我們的周圍流轉，在我們的周圍飛升，
他只是個愚蠢之人！他只是個詩人！
他就是追求眞理的人嗎？
要想成爲一個形象，

還不夠寧靜、不夠嚴肅、不夠平滑和冷酷，
一個類似神靈的雕像，
立在寺廟的前面，
就好像是上帝自己的看守者一樣：
不！它反對所有眞誠、率眞的雕像，
在任何的沙漠裡都要比在寺廟裡更有家的感覺，
在狡猾、放縱的引領下，
穿過了所有的窗户，
快速跳進了機遇當中，
你，在野外的森林當中，
在所有野外的森林當中，嗅著，
無比貪婪地、充滿渴望地，嗅著，
在多種多樣——帶有斑點兇猛的動物當中，
漂泊、帶有罪惡感的聲音以及出眾的色彩，
跟充滿渴求的嘴唇一起津津有味地咂嘴，
祝福的嘲弄、祝福的窮兇極惡，以及祝福的嗜血如命，
搶劫著、躲藏著、躺下來——漂泊：

或是像老鷹一樣，用堅定的目光
向下看懸崖峭壁，
向下看懸崖峭壁。
啊，它們現在如何盤旋？
它們向下降，
甚至於在更加幽深的山谷之中盤旋！
緊接著，
突然之間，
在準確的瞄準，
在顫動的飛行中，
在對小羊的猛撲中，
頭朝下急速地下降，饑火中燒，
垂涎那些小羊，
痛恨所有小羊的精神，
痛恨那麼像綿羊、小羊或是擁有捲曲羊毛的羊，
——灰色的，綿羊之溫情！
即便是這樣，

猶如老鷹一般，猶如美洲豹一般，
都是詩人的渴望，
你們自己的渴望隱藏在一千種僞裝之下，
你這個愚蠢之人！你這個詩人！
你被所有人視作是
上帝，就好像綿羊一樣，
被人類撕成碎片的上帝，
就好像在人類中生存的綿羊一樣，
並且在笑聲中被撕碎，
這，這就是你自己的幸福！
這就是一頭美洲豹和老鷹的幸福！
這就是一個詩人以及一個愚蠢之人的祝福！
在夜晚，清澈的空氣當中，
月亮的綠色鐮刀究竟在何時
閃耀出紫色的光芒，
並且悄然前行；
走向白晝的敵人，

每走一步都小心謹慎，
玫瑰花環的吊床，
向下翻倒，直到它們開始墜落，
開始下降，褪去色彩，向下沉沒。
因此，終有一日我會開始沉沒，
從我自身的眞理之瘋狂，
從我自身的熱忱的渴望中沉沒，
在白晝的厭倦，日光的虛弱，
向下沉沒，永恆地沉沒，在陰影中沉沒：
在唯一的眞相當中，
所有的事物都被燒焦並且口渴難耐：
從我來看，你是寧靜的，從我來看你這熊熊燃燒的心臟，
那麼，你是怎樣渴求？
我應該被禁止接近所有的眞實！
只是個愚蠢之人！只是個詩人！

75 科學

那個魔法師如是歌唱；而在場的所有人全都像毫無意識的小鳥一樣飛進了他那狡猾的、憂鬱的欲望之鳥巢裡。只有在精神上保持著良知、正直的人才沒有被他抓住：突然之間，他從那個魔法師的手裡搶走了豎琴，並且大聲地叫喊道：「空氣！快放點兒新鮮的空氣進來！快讓查拉圖斯特拉進來！你讓這個洞穴變得悶熱，並且充滿毒性，你這個惡劣的、年邁的魔法師！」

你這個受到慫恿的虛假之人，你這個敏感之人，來到未知的渴望和沙漠中。唉，你應該說話，並且給眞相帶來忙亂和紛擾！

唉，對於那些沒有小心提防邪惡魔法師的自由自在之精神，它們已經失去了他們的自由：在你的說教聲中，並且在誘惑之下進了監獄。

——你這個年邁的、憂鬱的惡魔，從你的悲歎之中傳出了誘惑之聲：你和那些純潔的讚美被邀請到肉欲當中的人們很相像！

那個有良心的人如是說道。然而，那個年邁的魔法師看著他，盡情地享受著他的勝利，並且忍受那個有良心之人給他帶來的煩惱。「安靜下來！」他用一種謙遜的語氣說道，「悠揚的歌聲要在空中迴盪。在悠揚的歌聲迴盪過後，就會很長的一段時間之內，陷入安靜之中。

那些在座的高人們就是如此做的。但是，你或許能夠理解我的歌聲，可是你又能理解多少呢？在這裡，你就是一個小小的魔法之精神。」

「你們讚美我，」那個有良知的人回答道，「你們將我從你們的身上分離出來，非常好！但是，你們其他人，我能夠看到什麼呢？你們仍舊坐在這裡，你們所有人，睜著充滿欲望的眼睛——

你們這些自由自在的精神，你們的自由全都跑到哪裡去了？從我的角度來看，你們幾乎和那些久久注視著赤身裸體、大跳豔舞的惡劣女孩沒什麼兩樣：你們的靈魂在注視著她們跳舞！

在你們這些高人們的身上，肯定擁有很多被那個魔法師稱作是他邪惡的魔法和欺騙之精神的東西——毋庸置疑，我們必定是與眾不同的。

說眞的，我們以前在一起已經談論過以及思考過很久了。查拉圖斯特拉返回他的家，回到了他的洞穴裡。對於我來說，我們已經意識到了我們是與眾不同的。

我們都在尋找與眾不同的事情，即便我們在這樣高聳的地方，你和我。因爲我要尋找更多的安全感；所以，我來到了這裡，來找查拉圖斯特拉。因爲，他仍舊是最堅固的高塔以及意志。

——今天，當所有的事物全都搖擺不定的時候，當整個大地都在震動的時候。當我看到你們，看到你們的眼神的時候，從我的角度來看，你們幾乎是在尋找更多的安全感。

——更多的恐懼、更多的危險以及更多的地震。你們渴望著。（在我看來，你們像是在原諒我的傲慢，你們這些高人們。）

——你渴望能夠過上最糟糕、最危險的生活，這樣的生活是最讓我感到心驚膽戰的——因爲這是野外的怪獸們的生活，因爲這是森林、洞穴、陡峭的山峰以及猶如迷宮般曲折的山谷生活。

並且，那些能夠引導我們從危險之中逃脫出來的人，並不是最能夠讓你開心的人，而是那些能夠帶領你遠離所有道路的人、那些錯誤的引導者們。但是，如果類似這樣、在你們心中的渴求是眞實的，對於我來說，這些確實是完全不可能的。

因爲恐懼——這是人類最原始的、最基礎的感受之一；通過恐懼，任何事物都能夠得到合理的解釋、最初的罪惡以及最初的價值。通過恐懼，我的道德也同樣得到了成長，換句話說就是變成了科學。

對野外動物的恐懼——這種恐懼是在人類當中孕育時間最長的一種，其中包括隱藏在他們的心中以及恐懼之中的動物——查拉圖斯特拉稱這種情況爲『隱藏在內心的怪獸』。

這延續了很久的古老的恐懼，最終變成了微妙、精神以及聰慧——而在當前，依照我的觀點來看，這就是所謂的科學。」

那個有良心的人如是說道；但是，查拉圖斯特拉剛剛回到他的洞穴之中，他聽到了，並且好好思考了一下最後的談話，緊接著，他向那個有良知的人扔了一把玫瑰花瓣，並且對他剛才所說的「眞理」哈哈大笑起來。

「什麼！」他大叫道，「我剛才到底聽見了什麼？看來，要麼你是個傻子，要麼我是個傻子：我會悄悄地，快速地顚覆你所謂的『眞理』。

因爲恐懼——是我們的一種特例。但是，在不確定的、未經嘗試當中的勇氣、冒險以及快樂——對於我來說，勇氣就是人類早期所有的歷史。

他忌妒那些最狂野的、最有膽量的動物們，並且，他搶走了它們所有的道德：因爲只有這樣他才能成爲——人類。

這種勇氣，到了最後就會成爲微妙、精神以及聰慧，這種人類的勇氣，擁有老鷹的翅膀以及毒蛇的智慧：對於我來說，就是所謂的當下。」

「查拉圖斯特拉！」那些聚集在這裡的人全都大聲叫喊道，就好像是異口同聲地叫喊一樣，同時迸發出來，並且變成了哄堂大笑。然而猶如一朵沉重的雲彩一樣的東西在他們之中升了起來。甚至就連魔法師都笑了起來，然後他聰明地說道：「好吧！它已經走了，我的邪惡之精神！

當我說那就是一個欺騙者，一個愛說謊話、愛欺騙的精靈的時候，我難道沒有警告過你要反抗它嗎？

特別是當它將自己以赤身裸體的方式展現出來的時候。但是，對於這樣的小把戲，我又能做些什麼呢！難道是我創造了它以及這個世界嗎？

那麼好吧！讓我們再一次變得善良。再一次變得快樂吧！儘管查拉圖斯特拉用充滿邪惡的雙眼看向他！但是他並不喜歡我：

在夜晚到來之前，他會再一次學習如何去愛以及稱讚我；如果不能做出這樣愚蠢的事情，他就不會活得長久。

他——熱愛他的敵人們：他是我所見過的最了解這種藝術的人。但是，他卻對他們做出了報復的行爲——對他的朋友們！」

那個老邁的魔法師如是說道，然後，那些高人們開始拍手稱讚他；因此，查拉圖斯特拉開始繞起圈子，用略帶惡意卻仁慈的姿態跟他的朋友們一一握手——就好像一個要做出彌補，並且向所有人都致以歉意者一樣。但是，當查拉圖斯特拉來到他洞穴的門前時，快看啊，因爲對外面的新鮮空氣以及對他動物們的渴望，他再一次悄悄地溜了出來。

76 在荒漠女兒們中間

(1)

「不要離開！」那個自稱是查拉圖斯特拉的影子的遊蕩者開始說道，「和我們待在一起吧——要不然的話，古老的、憂鬱的苦難有可能會再一次降臨在我們的身上。

現在，那個魔法師為了我們的善意，將自己最糟糕的東西給了我們，快看啊！這裡善良的、虔誠的教皇眼角泛起了淚水，並且再一次駛向了憂鬱之海。

那些國王們會在我們面前裝得和顏悅色：因為現在他們已經很了解我們！但是，還沒有任何人見過他們，我敢打賭，有了他們，邪惡的遊戲會再一次開始。

——飄浮的雲朵、潮溼的憂鬱、裝有窗簾的天堂、被偷走的太陽以及咆哮的秋天之風的邪惡遊戲！

——我們尋求幫助的咆哮以及叫喊！和我們住在一起吧，啊，查拉圖斯特拉啊！這裡有許多隱藏起來的悲痛，它們要說話，還有很多夜晚、很多雲朵以及很多潮溼的空氣！

你用給人類供養的食物以及振奮人心的人生格言來滋養我們：不要讓虛弱的、陰柔的精神再一次在沙漠中攻擊我們了！

你讓周圍的空氣變得強大且乾淨。難道我在這片大地的其他任何地方見過比在洞穴裡、圍繞在你周圍還要好的空氣嗎？

我曾經看到過很多的陸地，我的鼻子曾經檢測並且評估過很多不同種類的空氣：但是，在你的身上，我的鼻孔能夠嗅出最偉大的快樂！

除非是，除非是——請原諒一個古老的回憶！請原諒我這一首古老的、晚宴之後的歌曲，這首我曾經在荒漠女兒們中間創作的歌曲：

因爲和她們在一起，就等於這裡擁有了美好的、純淨的、來自東方的空氣，而我從遙遠的、多雲的、潮溼的、憂鬱的古老歐洲而來！

之後，我愛上了來自東方的少女們以及其他來自藍色天國的少女們，在那裡沒有雲彩和思想。

你或許不會相信，她們坐在這裡是多麼有魅力，當她們不跳舞的時候，她們有深度，卻沒有思想，就像小祕密一樣，像繫著緞帶的悶葫蘆一樣，像是甜品和堅果一樣。

她們實在是色彩豐富，並且異常奇特！但是這裡沒有雲朵能夠被猜出來的謎題：爲了能夠取悅這樣美麗動人的少女們，我創作了一首晚宴過後的聖歌。

那個自稱是查拉圖斯特拉影子的遊蕩者如是說道，並且在任何人回應他之前，他一把拿走了年邁魔法師的豎琴，然後將自己的腿交叉，用平靜並且精明的目光注視著他——但是，他用鼻子緩慢地、充滿質疑地吸了口空氣，就像一個置身於全新的國家，聞到新鮮的、與眾不同空氣的人一樣。之後，他開始用一種近似咆哮的聲音唱歌。

(2)

沙漠在成長。悲哀啊！將他們隱藏起來的人！
哈！
莊重！
頗具效果的莊重！
一個具有價值的開端！
一隻獅子的非洲習慣與風俗！
或是一隻善良的、咆哮的猴子。
但是，牠對於你來說太淘氣了，
你這友好、可愛的少女，
在你的腳邊，
第一次，
一個歐洲人在棕櫚樹下，
現在，他被准許坐下來。瑟拉。
眞是太美妙了，眞是太眞實了！
現在，我就坐在這裡，

沙漠就在附近，然而，我仍舊
在距離沙漠很遙遠的地方，
甚至在無價值的虛無中也是荒蕪的：
也就是說，我在被吞噬掉，
被這片小的綠洲吞噬掉：
它在打哈欠的時候，張開了嘴，
它那張美麗至極的嘴巴張開了，
許許多多的甜美香氣從它的嘴裡飄了出來：
緊接著，我掉了進去，
硬生生地掉了下去，硬生生地穿過你們掉了下去，
你這友好的、可愛的少女，瑟拉。
萬歲！萬歲！致那條鯨魚，
倘若牠能夠給賓客們帶來方便的話，
那就把事情做好！（你們可否清楚，
我博學的暗示？）
讓我們向牠的肚臍致敬，
如果牠擁有猶如

這樣美麗至極的綠洲之肚臍的話，
儘管，我對此感到質疑。
由於它的緣故，我離開了古老的歐洲，
那樣的懷疑要比所有熱切的已婚婦女還要熱切。
願眞主能夠改善它吧！
阿門！

現在，我坐在這裡，
坐在這個小的綠洲裡，
看起來就像一個約會，
少女圓圓的渴望之嘴唇，
變成了褐色的、甜甜的並且金光閃閃的模樣，
但是，它仍舊更像是年輕的、跟少女很相像的、
冰冷的、雪白的大門牙：可以確定的是，
爲所有熱切的約會水果之心靈感到悲哀，瑟拉。
現在在這裡，它們被稱爲西部的水果，
很相似，實在是太相似了，
我躺在這裡，那些

小小的、飛行的昆蟲
圍繞著我抽噎，圍繞著我玩耍，
同樣圍繞在你身邊的還有
更加渺小的、更加愚蠢的、
更加容易犯錯誤的願望和幻想，
你這安靜的、有預感的，
少女之小貓，
杜杜以及蘇萊卡，
——圍繞著斯芬克斯，變成了一句話
我的內心擠滿了情感：
（請原諒我，啊，上帝啊，
請原諒所有說教的罪惡吧！）
——我坐在這裡，呼吸著最清新的空氣，
說眞的，這是天堂般的空氣，
明亮的、輕快的空氣，帶有金色斑點的，
同從月球上因危險、意外或是傲慢的緣故
而吹落下來的空氣一樣清新，

這和古老的詩人們有所關聯，
但是，我現在要用質疑的態度
稱呼他們爲懷疑者：毋庸置疑，我因爲這個原因
離開了歐洲，那樣的懷疑要比所有熱切的已婚婦女還要熱切。
願眞主能夠改善它吧！
阿門！

呼吸清新的空氣
鼻子向外膨脹的樣子猶如高腳杯一樣；
缺少未來，缺少回憶，
因此，我坐在這裡，
友好的、可愛的少女，
我望著這裡的棕櫚樹，
它酷似跳舞的小女孩，
鞠躬並且彎腰，
——當你長久注視之後，你也可以做到，
在我看來，就像一個跳舞的小女孩，
太過漫長，在危險中頑強地存在，

總是，總是，只用一條腿站立？
——因此，對於我來說，難道
她忘記了她還有另外一條腿嗎？
至少，我尋找了
遺失的珠寶，
換句話說，就是她的另一條腿，
雖然我並沒有成功，
在被神聖化的範圍之內，
可愛的、脆弱的拍打、
振翅以及閃爍的裙子在悄然接近她。
是的，如果你能夠的話，你這美麗、友好的少女，
請聽我的話：
她，唉！已經消失了！
呼！呼！呼！呼！呼！
它已經消失了！
永遠的消失了！
她的另一隻腿！

啊，眞是對另外那一條美麗至極的腿感到可惜！
它究竟會在哪裡逗留呢？所有被遺棄的哭泣？
最孤獨寂寞的腿？
或許它會心驚膽戰地站在
一個怒火中燒的、金黃色、卷毛的、
猶如獅子一般的怪獸的面前？又或是它被
咬碎、被猛烈的襲擊撕碎了，
眞是可憐至極啊，悲哀啊！悲哀啊！它被猛烈的襲擊撕碎了！瑟拉。
啊，你不要哭泣啊，
優雅的小精靈們！
我懇求你們不要哭泣啊，
約會之水果的小精靈們啊！擁有奶汁的乳房啊！
你們這些甜美的心靈啊！
我懇求你們不要再哭泣了，
毫無生氣的杜杜！
成爲一個男人，蘇萊卡！大膽一點兒！大膽一點兒！
或是這裡擁有強健的

最適合強化心靈的事物。
一些能夠振奮人心的話語，
一些莊嚴肅穆的佈道詞？
哈！快站起來吧！榮譽！
道德的榮譽！歐洲人的榮譽！
再一次吹拂吧！繼續，
道德的盒子之風箱！
哈！
你再一次咆哮了起來，
你道德的咆哮！
就如同一隻有道德的獅子一樣，
咆哮著接近了沙漠的女兒們！
——道德的怒吼！
你們這些少女們，
要比任何一個熱情洋溢的歐洲人、任何一個有熾熱渴望的歐洲人
更加惹人憐愛！
現在，我站在這裡，

就像歐洲人一樣，
我無法做到與眾不同，上帝啊！請你說明我吧！
阿門！
這個沙漠在成長：悲哀啊！將他們隱藏起來的人！

77 喚醒

(1)

在遊蕩者以及查拉圖斯特拉影子的歌聲逐漸消失之後，查拉圖斯特拉的洞穴突然有雜訊以及笑聲不斷：當聚集在這裡的貴賓們全都異口同聲地說話之後，那頭笨驢也受到了鼓舞，它不再保持沉默了。這時，一股對他賓客們的憎惡感和嘲弄湧上了查拉圖斯特拉的心頭，儘管，他爲他們的快樂感到高興。因爲這些對於他來說，就是一種逐漸開始康復的徵兆。於是，他悄悄地溜到了戶外，然後，他對動物們如是說道：

「現在，他們的悲痛都跑到哪裡去了？」他說道，而且他已經有了擺脫瑣碎的厭惡感受：「看起來，他們已經淡忘了他們的悲痛之叫喊！

唉！儘管他們還沒有叫喊。」因爲一頭驢不可思議的叫聲和那些高人們的吵鬧歡呼混合在了一起的緣故，查拉圖斯特拉塞住了他的耳朵。

「他們非常快樂，」他再一次說道，「誰知道呢？或許，這是以他們賓客們的代價換來的；倘若他們從我這裡學會了該如何微笑，但是他們所習得的仍舊不是我的微笑。

不過，是與不是對我來說又有什麼關係呢！他們都是古老的人們：他們會用自己的方式康復，他們會用自己的方式微笑；我的耳朵已經忍受過了比這還要糟糕的境遇，就算是這樣，我也並沒有爲此而變得脾氣暴躁。

今天就是一個勝利：他已經屈服了，逃跑了，重力之精靈，我古老的敵人！今天即將結束，它將會惡劣地、憂鬱地開始！

現在，就快要到結束的時候了。儘管，夜晚來臨了：騎著馬跨越海洋來到這裡，偉大的騎手！那有著一縷短髮、受到祝福的人，回歸家鄉的人如跨在紫色的馬鞍上盡情地馳騁啊！

天空用無比明亮的眼神凝視著這裡，整個世界都深深地躺在這裡。啊，你們所有來到我這裡稀奇古怪的傢伙們，能夠和我同住在一個屋簷下，已經是非常值得的了！」

查拉圖斯特拉如是說道。緊接著，來自高人們的叫喊以及笑聲再一次從查拉圖斯特拉的洞穴中傳了出來：然後，他重新說道：

「他們在啃咬我誘餌捕獲到的東西，那些重力之精靈也從他們的敵人那裡分離開來。現在，他們在學習如何對他們自己微笑：我所聽到的是正確的嗎？

我頗有男子氣概的事物產生了作用，我強而有力的、美味的語錄：說眞的，我並沒有用浮誇的蔬菜來滋養他們！而是用勇士的食物、用征服者們的食物：被我喚醒的全新的欲望。

全新的希望就在他們的胳膊、雙腿以及心靈中擴展。他們找到了新的詞語，很快，他們的精靈就會呼吸到嬉戲玩耍的味道。

毋庸置疑，這樣的事物並不適合於小孩子們，同樣也不適合年邁的人、年輕的充滿渴望的女孩們。否則就會有人說服她們的內心；我並不是她們的內科醫生，亦不是她們的老師。

憎惡離開了這些高人們；好吧！這就是我的勝利。在我的領域之內，他們開始變得自信；所有愚蠢的羞愧全都跑掉了；他們將自己掏空了。

將他們的心靈掏空了，美好的時光回到了他們的身邊，他們保持假日的傳統，並且反覆地思考——他們變得懂得感恩和感謝。

因此，我把這看作是一個最好的象徵：他們變得懂得感恩和感謝。在他們創造歡慶節日並且爲他們過去的快樂建造紀念碑之前，並不需要等待太過漫長的時間。

他們全都是大病初愈的人們！」查拉圖斯特拉開心地對他的心靈如是說道，然後開始凝視著外面；然而，他的動物們正在向他靠近，並且對他的快樂以及安靜表示敬意。

(2)

但是，突然之間，查拉圖斯特拉的耳朵開始因爲害怕而顫抖起來，因爲洞穴充滿了雜訊和笑聲，突然之間，它變得猶如死亡一般寂靜。然而，他的鼻子嗅到了一股有甜味的氣體以及熏香的香味，就像是焚燒松球產生的味道一樣。

「究竟發生了什麼事？他們怎麼了？」他問道，然後他悄悄地來到了洞穴的入口，他這樣做可以在不被人察覺的情況下注視著他的賓客們。但是，奇跡中的奇跡！那麼他不得不用自己的雙眼去觀察的究竟是什麼呢？

「他們所有人再一次變得虔誠，他們在祈禱，他們全都瘋了！」——他說道，而且他的驚訝已經無法進行估量。千眞萬確啊！所有這些高人們啊、兩個國王、不再履行職務的教皇、邪惡的魔法師、自願的乞丐、遊蕩者以及查拉圖斯特拉的影子、老邁的預言家、精神上擁有良知的人以及最醜陋的人——他們全都跪在那裡，就好像小孩子、容易受騙的老太婆一樣向驢子祈禱。就在那個時候，最醜陋的人開始咯咯地笑了起來，並且用鼻子發出了哼哼聲，就好像是一些隱藏在他體內的無法說出口的東西試圖找到表達的方式；但是，當他眞的找到了能夠表達出來的方式的時候，快看啊！那是一種虔誠的、奇怪的祈禱，對那頭香煙繚繞的蠢驢表示讚美。冗長而枯燥的陳述如是說道：

阿門！願我們的上帝充滿光輝、榮耀、智慧、感恩、讚美以及力量，從亙古到永遠！

——然而，蠢驢在這裡應聲叫了起來。

他肩負了我們的負擔，他將一個僕人的外貌和體型特徵安放在自己的身上，他非常有耐心，永遠都不會說不；他喜歡上帝懲罰並且責斷他。

——然而，蠢驢在這裡應聲叫了起來。

他什麼話也不說：除了他會對所創造的世界說出肯定的話語。因此，他讚頌他創造的世界。他選擇什麼也不說是他機智狡猾的結果：他發現這樣做並沒有什麼錯誤。

——然而，蠢驢在這裡應聲叫了起來。

他用非常不標緻的姿態穿過了他的世界。他最喜歡用灰色的色彩來包裹他的道德。他將自己的精靈藏了起來，但是，所有人都相信了他那長長的耳朵。

——然而，蠢驢在這裡應聲叫了起來。

究竟有什麼隱藏的智慧需要有長長的耳朵，而且只能說是，永遠也不能說不？難道他沒有用他自己的想像力創造這個世界，也就是說，盡可能愚笨地創造世界？

——然而，蠢驢在這裡應聲叫了起來。

你選擇了筆直和彎曲的道路，你很少會顧及什麼對於我們來說是筆直和彎曲的。超越善與惡就是你的領地。你的天真就是不會去了解什麼才是天真無邪。

——然而，蠢驢在這裡應聲叫了起來。

快看啊！你並沒有從你的身上摒棄任何東西，包括乞丐和國王。小孩子們來找你，當壞孩子們欺騙你的時候，你就會大聲地叫喊。

——然而，蠢驢在這裡應聲叫了起來。

你喜愛母驢以及新鮮的無花果，你不是一個蔑視事物的人。當你恰巧感到饑餓的時候，荊棘就會抓撓你的心臟。這就是一個上帝的智慧。

——然而，蠢驢在這裡應聲叫了起來。

78 驢子的節日

(1)

但是，在這個地方，在這個冗長而枯燥的陳述中，查拉圖斯特拉不能再控制自己了。他對自己大聲地叫喊起來，他的叫喊聲要比驢還響亮，緊接著，他跳進了他的瘋狂的賓客們的中間。「你們這些已經成人的孩子們，你們究竟是怎麼了？」他大聲地呼喊道，然後，他把在地面上做禱告的人拉了起來。「唉，除了查拉圖斯特拉，這裡還有其他人看到過你們。

所有人都會認爲你們是最糟糕的褻瀆者，或是認爲你們是擁有新的信仰的、最爲愚蠢的老女人！

你自己，你這個年邁的教皇，你是如何跟自己保持一致，用上帝的方式來崇拜一頭驢的呢？」

「啊，查拉圖斯特拉，」教皇回答道，「請原諒我吧，但是在神聖的事情方面，我要比你更加開明和進步。而且事情本該如此。

用這樣的形式來崇拜上帝，要比不用形式的方式好得多！好好地思考一下我所說的話，我崇高的朋友：你會很輕易就能猜到，在這樣的話語中擁有智慧。

那個說『上帝就是一個精靈』的人——邁著最大的步伐，並且開始滑動，在這片大地上朝無信仰的地方走去：這樣的格言很難在這片大地之上得到修正！

我年邁的心臟開始劇烈地跳動，因爲在這片大地之上仍舊有很多需要去崇拜的事物。請諒解吧，啊，查拉圖斯特拉，請諒解一顆年邁的、虔誠的教皇的心臟吧！」

——「還有你，」查拉圖斯特拉對那個遊蕩者以及自稱是查拉圖斯特拉的影子的傢伙說道，「你稱呼自己並且認爲自己是自由自在的精靈嗎？而且你要在這裡鍛鍊盲目崇拜以及聖物崇拜嗎？

說眞的，你在這裡要比你那邪惡的棕髮女孩還要糟糕透頂，你這邪惡的、新的信徒！」

「這可眞是太悲哀了，」那個遊蕩者以及自稱是查拉圖斯特拉的影子的傢伙回答道，「你是正確的，但是，我又能怎麼辦呢！那個古老的上帝再一次活了過來，啊，查拉圖斯特拉，你可以說你所想。

那個最醜陋的人應該爲此而受到責備：正是他喚醒了上帝。而且倘若他說他曾經殺死了上帝，對於神靈來說，死亡永遠都只是一種偏見。」

——「還有你，」查拉圖斯特拉說道，「你這個邪惡的、年邁的魔法師，你都做了些什麼？在這樣一個自由自在的時代，有誰還應該再相信你呢？你什麼時候開始相信這種神聖的蠢驢專制了？

你所做的事情是非常愚蠢的；像你這麼精明的人，怎麼會做出如此愚蠢的事情來呢？」

「啊，查拉圖斯特拉啊，」那個精明的魔法師回答道，「你是正確的，那確實非常愚蠢——同樣地，它還讓我感到非常反感。」

——「甚至還有你，」查拉圖斯特拉對那個在精神上有良知的人說道，「好好想一想，然後把你的手指放在鼻子上！難道這裡沒有任何事物違背你的良知嗎？難道你的精靈受得了這樣的祈禱以及那些信徒們焚香的煙，是不是它不太乾淨？」

「這裡有一些東西，」那個在精神上有良知的人說道，然後他把手指放在鼻子上，「在這樣的景象中，有一些東西對我的良知是有益處的。

或許我不敢相信上帝：但是，我很確定，在這樣的形式當中，上帝對於我來說是最值得相信的。

依照最虔誠之人的證詞，上帝被稱作是永恆的：他擁有無限多的時間。盡可能的緩慢並且愚蠢：因此，即便是這樣，它仍舊可以走得非常久。

而擁有太多精靈的人或許變得迷戀愚蠢和愚笨。你自己好好想一想吧，啊，查拉圖斯特拉！

你自己——說眞的！即便是你也可以通過豐富的智慧成爲一頭蠢驢。

難道眞正的聖人不會心甘情願地行走在最崎嶇的道路之上嗎？啊，查拉圖斯特拉，證據如是說道——你自己的證據！」

——「最後，還有你，」查拉圖斯特拉轉向那個最醜陋的人說道，他仍舊躺在地面上，朝著那頭蠢驢伸展著他的胳膊（因爲他給牠酒喝），「說吧，你這個難以形容的人，你都做了些什麼？

從我的角度來看，你好像改變了，你的眼睛散發著光芒，莊嚴的斗篷掩蓋了你的醜陋：你到底都做了些什麼？

那麼，他們所說的關於你再一次把他喚醒了的話是眞實的嗎？如果是的話，爲什麼？難道他不是因爲合理的理由而被殺，並且匆匆離開嗎？

從我的角度來看，你自己已經被喚醒了：你究竟都做了些什麼？爲什麼你要轉過身來？爲什麼你要改變信仰？說吧，你這個難以形容的人！」

「啊，查拉圖斯特拉啊，」那個最醜陋的人回答道，「你就是個流氓！

無論是他仍舊活著，或是再一次復活，又或是澈底死了——我問你，我們當中誰對此了解得最清楚？

但是，有一件事情我是知道的——我曾經從你那裡學習到的，啊，查拉圖斯特拉：想要殺戮的人，多半會瘋癲地笑。

『刺激人去殺戮的不是憤怒，而是笑聲』——你曾經如是說道，啊，查拉圖斯特拉，你這個隱匿者、這個沒有怒火的破壞者、你這個危險的聖人——你就是個流氓！」

(2)

然而，查拉圖斯特拉對如此淘氣的回答感到無比驚訝，他跳回到他洞穴的門口，並且轉過身來，面向他所有的賓客們，然後，用一種強有力的聲音大聲叫喊道：

「啊，你們所有人，你們這些愚蠢之人！爲什麼要在我的面前掩飾並且僞裝自己呢？你們所有人的心是怎樣因爲快樂和邪惡而亂跳，因爲最終，你們會再一次變得像小孩子一樣——也就是說變得虔誠，因爲，你最後再一次做了小孩子們做的事情——換句話說就是祈禱，你們將自己的雙手折疊在一起，然後說『偉大的上帝』！

但是，現在我懇請你們離開吧，離開這個溫床、離開我的洞穴以及今天所有產生天眞幼稚的地方。在這裡、在外面，請把你們這熾熱的、放縱的孩子氣和胡鬧的童心冷靜下來！

不可否認，除非你成爲小孩子一樣的人，否則你是不能夠進入天國的。」然後，查拉圖斯特拉將自己的雙手高高地舉向了天空。

「但是，並不是我們所有人都要進入天國。我們成了大人——所以，我們要地球的王國。」

(3)

然後，查拉圖斯特拉再一次如是說道。「啊，我的新朋友們，」他說道，「你們這些奇怪的人們、你們這些高人們，現在，你覺得能夠取悅我——說眞的，自從你們再一次變得開心快樂！你們都樂開了花，對於我來說，你就像那全新的節日所必備的鮮花。

——這是一種堅定的、荒謬的廢話，一些神聖的服事以及蠢驢的節日、一些古老且快樂的查拉圖斯特拉之愚蠢，一些咆哮之人會將你們的靈魂吹拂得熠熠生輝。讓我們不要忘記今夜以及這場蠢驢的節日宴會，你們這些高人們！這就是你們跟我在一起所創造出來的東西，我會把它看作一個美好的徵兆——這樣的事物只有正處於疾病恢復期的人才能夠創造出來！

爲了紀念我，你們應該再慶祝一次，用你們對自己的眞心實意來舉辦這場蠢驢的節日宴會，用你們對我的眞心實意來舉辦這場蠢驢的節日宴會！」

79 醉漢之歌

(1)

與此同時，這些賓客們一個接著一個地走出洞穴來到了開闊的地方，來到了清涼的、沉思的夜色中；但是，查拉圖斯特拉用自己的雙手引領著最醜陋的人，查拉圖斯特拉或許會向他展示夜晚的世界，壯觀的、圓圓的月亮以及靠近他洞穴那銀光閃閃的瀑布。最終，他們站在這裡，彼此緊緊地挨著；他們全都是老人，但是，他們擁有安逸並且勇敢的心靈，這樣的心靈如此和諧地生活在這片大地之上，這讓他們自己也感到非常震驚；然而，夜晚的謎題距離他們的心靈越來越近。查拉圖斯特拉再一次開始自己盤算道：「啊，現在，他們覺得能夠取悅我，這些高人們！」但是，他並沒有大聲地說出來，因爲他尊重他們的快樂幸福以及他們的安靜無聲。

但是，在這令人無比震驚的漫長一天當中，發生了最令人驚訝的事情：那個最醜陋的人開始再一次，也是最後一次發出咯咯的笑聲，並且開始用鼻子發生哼哼的聲音，最後，當他發現了可以表達出來的方式的時候，快看啊！一個飽滿、清楚的問題從他的嘴巴裡蹦了起來，這是一個良好的、深沉的、清晰的問題，它牽動了所有傾聽者的心靈。

「我的朋友們，你們所有人，」那個最醜陋的人說道，「你們的意見如何？爲了這一天——我頭一次用滿足的心態去度過我整個人生。

而且，儘管我證明了這麼多次，可這對於我還是遠遠不夠的。在這片大地生活是非常值得的：這一天、查拉圖斯特拉以及一個節日宴會，教會了我熱愛這片大地。

「這就是生活嗎？我對死亡如是說道，好吧！再來一次吧！

我的朋友們，你們的意見如何呢？難道你們不會像我一樣對死亡如是說道：『難道這就是生活嗎？爲了查拉圖斯特拉，好吧！再來一次吧！』」

那個最醜陋的人如是說道，此刻距離午夜並不遙遠。到底都發生了些什麼呢，你們的意見是如何的呢？就在那些高人們聽到他提出的問題之後，他們立刻意識到了他們的改變、他們病後逐漸恢復的狀態以及造就了事態的人：緊接著，他們全都匆匆地跑向了查拉圖斯特拉，他們每一個人都會用自己獨特的方式感謝他、尊敬他、用愛意撫摸他，並且親吻他的雙手；他們有些人喜笑顏開，而有些人則悲傷落淚。然而，那個年邁的預言家興高采烈地跳起了舞。儘管他像某些演說者所猜測的那樣，灌滿了美酒，但是可以肯定的是，他的確擁有更加充實的甜蜜生活，而且丟棄了所有的疲倦。甚至就連那些敘述愚蠢驢的人們也開始跳起舞：看起來，那個最醜陋的人在之前給予它的酒水並不是無功而返的。情況或許就是這樣，或是其他的樣子。而且，倘若事情的眞相是那頭驢並沒有在晚上跳舞的話，那麼在這裡就會發生比一頭蠢驢翩翩起舞還要古怪、罕見的事。總而言之，正如查拉圖斯特拉的格言所說：「這跟我又有什麼關係呢？」

(2)

但是，當這樣的情況在那個最醜陋的人身上發生之後，查拉圖斯特拉就像一個喝醉了酒的人一樣站在這裡：他的目光變得呆滯，他的舌頭變得不靈敏了，而他步履蹣跚。那麼，究竟有誰能夠猜測出到底是什麼穿過了查拉圖斯特拉的靈魂？很明顯的是，他的精靈撤退了，並且提前逃跑了，它在非常遙遠的地方，就像「在高聳的山脊之上漫步遊蕩」，就像被人們所描寫的那樣，「在兩片海洋之間——就像一朵沉重的雲彩一樣遊蕩在過去和未來之間。」但是，逐漸地，當那些高人們用雙手把他托起來的時候，他開始漸漸地恢復了意識，然後，用自己的手反抗著那些尊敬的、關愛的那群人。不過，他什麼話也沒有說。突然之間，他快速地轉過了頭，因爲，他好像聽到了什麼。緊接著，他把他的手指放在他的嘴巴上，然後說道：「快過來！」

幾乎是在一瞬間，圍繞在他周圍的氛圍開始變得寧靜，並且神祕；但是就在這個時候，一種來自鐘錶的聲音開始緩慢地從深谷中傳了出來。因此，查拉圖斯特拉仔細地聆聽著，就像那些高人們一樣；但是，緊接著他第二次把手指頭放在嘴巴上面，然後再一次說道：「快過來啊！快過來啊！就快到午夜了！」——接著，他改變了語調。但是，他仍舊沒有從位置上離開。周圍的氛圍開始變得更加安靜、更加神祕，世間萬物都在仔細聆聽著，甚至包括那頭蠢驢以及查拉圖斯特拉的高貴動物們——老鷹和毒蛇——同樣還有查拉圖斯特拉的洞穴、巨大且冰冷的月亮以及夜晚本身。但是，查拉圖斯特拉卻第三次把手指頭放在嘴巴上，然後如是說道：

「快過來啊！快過來啊！快過來啊！現在讓我們開始遊蕩吧！現在就是最合適的時候，讓我們遊蕩到夜晚吧！」

(3)

你們這些高人們，現在就要到午夜了：然後，我會向你們的耳朵說一些話語，就如同那古老的鐘錶之聲音在我的耳邊訴說一樣——猶如午夜的鐘錶之聲對我說話一樣神祕、可怕並且誠摯，它比一個人經歷得更多——它已經數出了你們祖先的心臟伴有劇烈疼痛的悸動——啊！啊！它是如何歎息？它是如何在夢境之中微笑？這個古老的、幽深的午夜！

安靜一點兒！安靜一點兒！我們在這裡聽到了許許多多平時在白晝所聽不到的聲音。但是現在，在冰冷的空氣當中，甚至就連你們心臟的騷動都開始變得寧靜——現在它開口說話了，現在它開始聆聽了，現在它開始悄悄潛入到過度清醒的、夜間的靈魂：啊！啊！午夜是在怎樣歎息啊，它是如何在夢境之中微笑啊？難道你現在沒有聽到那個神祕的、可怕的，並且非常誠懇地在跟你說話嗎？那個古老的、幽深的午夜嗎？

啊，人類啊，請你們多加提防吧！

(4)

我有災禍了啊！時間都跑到哪裡去了呢？難道我沒有沉入到幽深的源泉之中嗎？這個世界在沉睡！

啊！啊！野狗在咆哮，月亮在閃耀著光芒。我寧願選擇死亡，寧願選擇死亡，也不會把我這午夜內心的眞實想法告訴你。

我已經死了，一切都結束了。蜘蛛啊，你爲什麼要在我的四周結網呢？你擁有鮮血嗎？啊！啊！露珠掉落下來了，時刻已經來到了——那個讓我結冰、讓我感到寒冷的時刻，它在問、它在問、它在問：

「究竟有誰對此擁有十足的勇氣和膽量？

——究竟是誰能夠成爲這個世界的統治者？他將會說：你會因此而流動，你這偉大的、渺小的溪流！」

這個時刻正在逐步逼近：啊，人類啊，你們這些高人們啊！我懇請你們要小心提防啊！這樣的話語是專門說給聽得進耳朵裡的人聽的，是專門說給你們的耳朵聽的——那個深沉的、午夜之聲音到底都說了些什麼？

(5)

它讓我失去控制，我的靈魂之舞蹈。一天的工作啊！一天的工作啊！究竟有誰能夠成爲這個世界的統治者呢？

月亮是涼爽的，風是平靜的。啊！啊！難道你們已經飛得足夠高了嗎？你們已經在翩翩起舞了，然而，一條腿終究不能算是一雙翅膀。

你們是優秀的舞蹈者，現在，所有的高興與快樂全都已經過去了：美酒成爲渣滓，所有的杯子全都變成了碎片。墳墓在喃喃自語。

你們並沒有飛到足夠高的高度。現在，墳墓喃喃自語道：「快讓死去的人獲得自由！爲什麼這夜晚是如此漫長？難道月亮沒有讓我們進入醉酒的狀態嗎？」

你們這些高人們啊，快點讓墳墓獲得自由，現在，這個時刻正在逐漸向這裡逼近，快點喚醒那些死人們吧！啊，爲什麼這些蟲子仍然在挖洞？現在，這個時刻正在逐漸向這裡逼近，這個時刻正在逐漸向這裡逼近——時鐘在這裡發出轟隆隆的聲音，心臟仍然在這裡震動，樹蟲仍然在這裡挖洞，那個心靈之樹蟲。啊！啊！這個世界是深沉的！

(6)

悅耳的七弦琴！悅耳的七弦琴！我喜歡你的音調，你這醉醺醺的音調！——你的音調是從漫長的、遙遠的地方、從愛情的池塘傳到我這裡的！

你這古老的鐘錶！你這悅耳的七弦琴！所有的疼痛都在撕扯你的心靈，你這猶如父親般的疼痛，猶如父親般的疼痛、祖先的疼痛。你的說教已經變得成熟了——就像是金色的秋天和下午，就像是我隱士的心靈一樣成熟——現在，你說道：這個世界本身已經變得成熟，葡萄的顏色變成了紫色——現在，它要死亡，它要高興快樂地死亡。你們這些高人們啊，難道你們就感覺不到嗎？這些水井神祕地散發出了一種香氣？

——一種香水的氣味、永恆的香氣，受到美好祝福的、褐色的、古老快樂的金色之酒的香氣。

——醉醺醺的、午夜死亡之幸福，它歌唱道：這個世界是幽深的，它要比白晝能夠識別的還要幽深！

(7)

快讓我一個人靜一靜！快讓我一個人靜一靜！我對於你來說，過於純潔了。不要觸碰我！難道，現在我的世界並沒有變得完美嗎？

我的肌膚對於你的雙手來說實在是太純潔了。快讓我一個人靜一靜吧，你這遲鈍的、愚蠢、愚笨的一天！難道午夜不是更加明亮嗎？

最純潔的人會成爲這個世界的統治者，最不爲人所知的就是最強壯的，午夜之靈魂要比任何的白晝都要明亮和幽深。

啊，白晝，你在尋找我嗎？你能夠感受到我的幸福快樂嗎？對於你來說，我是不是富有的、孤獨的，是不是寶藏之深坑、金色的密室？

啊，這個世界，你想要我嗎？難道我對於你來說太世俗了嗎？難道我對於你來說太高尙了嗎？難道我對於你來說太神聖了嗎？

但是，白晝和世界太粗俗了——你們擁有更加靈巧的手臂，能抓住更加幽深的快樂，抓住更加幽深的不幸，抓住一些神靈。不要抓住我。

——我的不幸、我的幸福快樂是幽深的，你這奇怪的白晝，但是我並不是神靈，我並不是上帝的地獄：幽深就是它的悲痛。

(8)

上帝的悲痛更加的幽深，你這奇怪的世界！抓住上帝的悲痛，而不是抓住我！我到底是什麼！一把醉醺醺的、悅耳的七弦琴——一把午夜的七弦琴，一口發出青蛙叫聲的鐘，沒有人能夠理解我，但是，我必然會在聾人的面前侃侃而談，你們這些高人們！因爲你們根本就不了解我！

快點兒離開吧！快點兒離開吧！啊，青春，啊，正午時分！啊，午後！現在，傍晚、夜晚以及午夜就要到了——狗在咆哮，微風在——那個哀鳴、咆哮、狂吠的，應該是微風，而不是狗吧？啊！啊！她是如此在歎息啊！她是如此在笑，她是如此在喘息，午夜！

現在，她是如此冷靜地說道，這個醉醺醺的女詩人！或許她飲酒過度？或許是她清醒過度？難道她開始反覆思考了嗎？

——她開始反覆思考她的悲痛，在一個夢境當中，在一個古老的、幽深的午夜當中——她更加快樂。因爲快樂，儘管悲痛是幽深的，但是，快樂要比悲痛更加幽深。

(9)

你這葡萄藤！你爲什麼要讚美我？我還沒有把你剪斷呢！我是非常粗魯的，你在流血：你讚美我醉醺醺的殘忍意義何在？

「無論是什麼變得完美，任何成熟的事物——都想要死亡！」你如是說道，受到了祝福，釀造葡萄酒者的剪刀受到了祝福！但是，任何不成熟的事物都想活下去，唉！

悲痛如是說道：「所以，你們走吧！快點兒離開吧，你這悲痛！」但是，任何遭受過苦難的事物都想要活下來，它們或許會變得成熟、生氣勃勃，並且充滿了渴望——充滿了對更遠、更高、更明亮的渴望。「我想要成爲繼承人，」任何遭受到苦難的事物如是說道，「我想要孩子，我不想要我自己。」

但是，快樂並不想要繼承人，它也並不想要孩子——快樂想要的是它自己，想要的是永恆，要的是事情的反覆發生，它要的是任何類似於永恆的事物。

悲痛說道：「破碎吧，流淌著鮮血吧，你的心臟！漫步吧，你的雙腿！翅膀，飛翔吧！向外面飛翔！向上飛翔！你的疼痛！好吧！」讓我們振作起來！啊，我的古老的心臟！悲痛說：「所以，快點兒走吧！」

(10)

你們這些高人們，你們對此有什麼想法？難道我是一個預言家嗎？是一名夢想家嗎？是一個醉鬼嗎？是一個能夠讀懂夢境的人嗎？是一口午夜的鐘嗎？

難道我是一滴露珠嗎？是一種香氣，散發著永恆的氣味？你們聽到了嗎？你們聞到了嗎？就是現在，我的世界變得完美，午夜也成了正午，疼痛也是一種快樂，詛咒也是一種祝福，夜晚也是一種太陽——快點兒走開吧！否則，你肯定會明白一個聖人也是一個愚蠢之人。

你曾經說過肯定快樂的話語嗎？我的朋友們啊，那麼，你們同樣也對所有的悲痛說過肯定的話語吧。所有的事物之間都是緊密聯繫在一起的、纏繞在一起的，並且讓人迷戀——你曾經要再到這裡來。你曾經說道：「你讚美我，快樂啊！一瞬間！一剎那！」因此，你們全都要再一次來到這裡！

——所有永恆的、緊密聯繫在一起的、纏繞在一起的、讓人迷戀的事物，啊，你們因此熱愛這個世界——你們這些永恆的人們，你們永恆地、每時每刻地都在熱愛著它：同樣地，你們對悲痛如是說道：因此！快點兒走吧！快回去吧！因爲，快樂唯一要的就是——永恆！

(11)

所有的快樂要的是永恆的事物，是蜂蜜，是避風港，是迷醉的午夜，是死亡，是死亡之淚水的安慰，是鍍金的晚霞——還有什麼是快樂不想要的？它要比所有的悲痛更加充滿渴望、更加沉重、饑餓、可怕和神祕。它要它自己，它在叮咬自己，壞的意志植根於它體內——它想要愛意，它要仇恨，它非常富有，它給予，它拋棄，它懇求其他人來這裡索取，它感謝來這裡索取的人，它寧願被痛恨——快樂非常富有，它渴求悲痛，渴求邪惡、仇恨、羞愧、殘疾和世界——啊，毋庸置疑，你了解這個世界！

你們這些高人們啊，你們爲了你們的悲痛、爲了你們的失敗創造了這漫長的快樂，創造了這難以抑制的、受到祝福的快樂！因爲失敗，渴望所有永恆的快樂。

因爲所有的快樂都要它們自己，因此，它們同樣還要悲痛！啊，幸福快樂，啊，痛苦！啊，破碎吧，心臟！你們這些高人們啊，你們都知道快樂想要永恆。

——快樂想要所有永恆的事物，要的是幽深的、深厚的永恆！

(12)

現在，你們學會我的歌曲了嗎？你們有沒有猜測到歌詞是什麼？好吧！大家興奮起來吧！你們這些高人們啊，現在，唱我的歌吧！

現在，你們開始唱我的歌，這首歌的名字是《再一次》，這首歌曲的含義是「向所有的永恆致敬」！——歌唱吧，你們這些高人們，歌唱查拉圖斯特拉的迴旋歌吧！

啊，人類啊！你們要小心提防啊！
那個幽深的午夜之聲音到底都說了些什麼？
我睡著了，
我從最幽深的夢境之中驚醒了，然後我開始懇求：
這個世界是幽深的，
它要比白晝所能夠理解的還要幽深，
它的悲痛是幽深的，
快樂仍舊要比悲痛更加幽深：
悲痛如是說道：所以！快走吧！
但是，快樂想要的就是永恆，
它要幽深的、深刻的永恆！

80 徵兆

在經歷了這個夜晚之後的清晨，查拉圖斯特拉從他的沙發上跳了起來，然後繫上腰帶，強大並且散發著亮光的他，走出洞穴，就像一個從陰沉的群山之中升起來的清晨太陽一樣。

「你這偉大的行星，」他說道，就像他之前說的那樣，「你這幽深的快樂之眼，如果你們並不能照亮你們想要照亮的人，那麼，你們的快樂會成爲什麼呢？

如果你們已經被喚醒，並且來到這裡給予和分發的時候，他們仍舊待在他們的房間裡，那麼，你們的驕傲的謙遜將會如何訓斥他們呢！

好吧！這些高人們，當我已經被喚醒之後，他們仍舊在睡覺：他們對於我來說，並不是合適的同伴！我並不會在這裡，在我的群山之中等候他們。

我要在我的工作當中，在我的白晝當中：但是他們並不能理解我清晨的徵兆是什麼，我的腳步——對於他們來說並不是喚醒的聲音。

他們仍舊在我的洞穴之中睡覺；他們的夢境仍舊在我醉醺醺的歌聲之中暢飲。對於我來說，在他們的四肢當中，仍舊缺乏傾聽者的耳朵——順從的耳朵。」

——當太陽升起的時候，查拉圖斯特拉對他的心靈如是說了這樣的話。然後，他充滿好奇地抬起頭看著空中，因爲他聽到老鷹在頭頂發出了刺耳的叫聲。「好吧！」他朝著空中叫道，「因爲牠讓我感到愉快，牠和我很投緣。我的動物們已經被喚醒了，因爲我已經被喚醒了。

我的老鷹已經被喚醒了，如同我一樣尊敬太陽。在鷹爪的幫助下，牠抓住了新的光芒。對於我來說，你就是合適的動物；我熱愛你。

但是，我仍舊缺乏適合我的人類！」

查拉圖斯特拉如是說道，但是，突然之間，他開始意識到，他好像被不計其數的鳥兒包圍了起來。牠們聚集在他的身邊，撲扇著翅膀——然而，許許多多的翅膀撲扇聲以及圍繞在他腦袋周圍的擁擠感過於強烈，因此，他閉上了雙眼。說眞的，它們就像一朵雲彩一樣來到了他的身邊，就像一朵弓箭之雲向新的敵人傾瀉弓箭一樣。但是，請看啊，這是一朵愛意之雲，它會將愛意傾灑在新的朋友身上。

「我的身上到底發生了什麼事？」內心受到了驚嚇的查拉圖斯特拉心想，然後，他緩慢地坐在了一塊距離他洞穴出口非常近的石頭上。

但是，當他用自己的雙手抓住圍繞在他身邊、盤旋在他的頭頂、在他下面以及抵抗他的脆弱的小鳥時，快看啊，一些非常奇怪的事情發生在了他的身上：因爲他無意識地抓住了一大團厚厚的、溫暖的、蓬鬆散亂的毛髮。與此同時，從他的前方傳來了一種咆哮——一種悠長的、溫和的獅子的咆哮。

「那個徵兆就要來了，」查拉圖斯特拉如是說道，而且他的內心也發生了變化。事情的眞相是，當這種咆哮在他的前方變得清晰的時候，一隻黃色的、強而有力的動物躺在他的腳下，牠將自己的頭枕在他的膝蓋上休息——看起來牠並不想讓他脫離愛意，牠會像一條狗一樣重新找到原來的主人。但是，鴿子們對於愛意的渴望絲毫不亞於獅子；而且無論何時，一隻鴿子撲閃著翅膀飛過鼻子，獅子都會搖晃起腦袋，然後充滿驚奇，並且哈哈大笑。

當所有這些事情都發生在查拉圖斯特拉的身上，他只說了一句話：「我的孩子們，就在附近，我的孩子們。」緊接著，他開始變得默不作聲。

然而，他的心臟是自由的、不受束縛的，眼淚從他的眼睛裡面滑落了出來，並且掉落在了他的手上。他並沒有進一步地留意任何的事物，而是一動不動地坐在這裡，他並沒有把這些動物們驅散到遠處。緊接著，鴿子在空中來回地飛翔，並且駐足在他的肩膀之上，撫摸著他那頭銀色的頭髮，並沒有對牠們的親切和快樂感到厭倦。但是，那頭強壯的獅子總是舔著掉落在查拉圖斯特拉手臂上的眼淚，並且開始咆哮，膽怯地咆哮。這些動物們如是做著。

這樣的情況一直持續了很長的時間，或是很短的時間：確切地說，在這個地球上，我們沒有時間做這樣的事情——但是，與此同時，那些在查拉圖斯特拉洞穴裡的高人們已經被喚醒了，他們形成一個佇列大踏步地朝著查拉圖斯特拉的方向行進，並且給了他來自清晨的問候。因爲他們發現，當他們被喚醒的時候，查拉圖斯特拉已經不再跟他們待在一起了。但是，當他們來到洞穴的門前時，他們走路發出的聲響傳到了他們的前方，那頭獅子開始變得狂躁；突然之間，牠轉向了查拉圖斯特拉，並且開始狂暴地咆哮，跳到洞穴的門口。然而，那些高人們，當他們聽到獅子的咆哮時，他們全都大聲地叫喊了起來，落荒而逃，並且在一瞬間消失了。

但是，查拉圖斯特拉本身受到了驚嚇，並且開始侷促不安，他從座位上站了起來，環顧四周，無比驚訝地站在這裡，詢問他的內心，他開始仔細思考，保持著孤伶伶的狀態。「我都聽到了什麼？」最後他緩慢地說道，「就在剛才，我的身上到底發生了什麼事情？」

但是很快，他就想起了之前的一切，然後用目光掃視所有發生在昨天和今天的事情。「不錯，這裡有一塊石頭，」他撫摸著自己的鬍子說道，「昨天的清晨，我就坐在這塊石頭上。然後，那個預言家來到了我的身邊，並且我第一次聽到了剛才聽到過的叫喊，那種偉大的悲痛之叫喊。

啊，你們這些高人們啊，有關於你們的悲痛，那個年邁的預言家在昨天的清晨就已經跟我預言了——爲了你們的悲痛，他要引誘和誘惑我：『啊，查拉圖斯特拉，』他對我說道，『我來到這裡誘惑你，將你帶入你最後的罪惡。』」

「將我帶入我最後的罪惡？」查拉圖斯特拉大叫道，並且，他氣急敗壞地笑著說道：「那個爲我保留的，所謂的我的最後的罪惡到底是什麼呢？」

——查拉圖斯特拉再一次全神貫注於他自己，然後，又一次坐在那塊大石頭上，沉思起來。突然之間，他從石頭上跳了起來，「同胞們遭受到了苦難！同胞們連同那些高人們一起遭受到了苦難！」他大聲地叫道，然後，他的臉變成了黃銅色。「好吧！它已經獲得了時間！

我遭受的苦難以及我的同胞們所遭受的苦難，這跟他們又有什麼關係呢！那麼，我還要苦苦追尋幸福與快樂嗎？我努力工作，辛勤奮鬥！

好吧！那頭獅子已經來了，我的孩子們就在附近，查拉圖斯特拉變得非常成熟了，我的時刻已經到來了！

這就是我的清晨，我的白晝開始了。現在，升起來吧！升起來吧，你這偉大的正午時光！」

查拉圖斯特拉如是說道，然後離開了他的洞穴，強壯無比的他散發著光芒，就像一個從陰沉的群山之中升起來的清晨太陽一樣。

弗里德里希・尼采年表

年代	生平記事
一八四四年	出生於靠近萊比錫的小鎮
一八四九年	父親過世
一八五〇年	搬遷到薩勒河畔，與祖母和兩位姑媽共同生活，直到一八五六年，祖母過世
一八五八年	進入普夫達中學，課程以古典教育為主，接受希臘和羅馬古文學的訓練
一八六四年	進入波昂大學，研究神學和古典語文學，並做有關荷馬與古典語文的演講
一八六五年	研讀叔本華以及《唯物主義之歷史》一書，促使研究領域擴展至文字學以外
一八六五－一八六七年	在萊比錫大學學習古典語言學
一八六九－一八七九年	在瑞士巴塞爾大學任教
一八七二年	正式出版《悲劇的誕生》（*Die Geburt der Tragödie*）一書
一八七三年至一八七六年	發表四篇論文：《大衛．史特勞斯：自白者和作家》、《歷史對生命的利與弊》、《教育家叔本華》、和《理察．華格納在拜魯特》（後來被收錄以《不合時宜的考察》（*Unzeitgemäße Betrachtungen*）為名出版）

一八七八年	出版《人性，太人性的》（*Menschliches, Allzu-menschliches*）一書，以格言方式討論從形上學、宗教及性別等各種議題，（明確拋棄華格納和叔本華的哲學）
一八七九年	辭去巴塞爾的教授職位
一八七九－一八八九年	在義大利、法國、瑞士等地旅遊。
一八八〇－一八八一年	出版《朝霞》
一八八二年	出版《歡愉的科學》（*Die fröhliche Wissenschaft*）的第一部分，認識女作家露·莎樂美
一八八三－一八八五年	出版《查拉圖斯特拉如是說》（*Also sprach Zarathustra*）
一八八五－一八八六年	出版《善惡的彼岸》（*Jenseits von Gut und Böse*）
一八八七年	出版《道德的譜系》（*Zur Genealogie der Moral*）

一八八八年	出版《華格納事件》、《偶像的黃昏》（*Götzen-Dämmerung*）、《反基督徒》（*Der Antichrist*）、《尼采反對華格納》、《瞧！這個人》（*Ecce homo*）
一八八九年	精神病發作
一八九〇—一八九七年	住在瑙姆堡，由母親照顧
一八九七—一九〇〇年	遷至威瑪，由妹妹照顧
一九〇〇年	死於威瑪
一九〇一年	出版《強力意志》

經典名著文庫 013

查拉圖斯特拉如是說

Also Sprach Zarathustra

作　　者 —— 尼采（Friedrich Wilhelm Nietzsche）
譯　　者 —— 徐楓
導　　讀 —— 孫雲平
發 行 人 —— 楊榮川
總 經 理 —— 楊士清
總 編 輯 —— 楊秀麗
文庫策劃 —— 楊榮川
本書主編 —— 蔡宗沂
封面設計 —— 姚孝慈
著者繪像 —— 莊河源
出 版 者 —— **五南圖書出版股份有限公司**
地　　址：台北市大安區 106 和平東路二段 339 號 4 樓
電　　話：02-27055066（代表號）
傳　　眞：02-27066100
劃撥帳號：01068953
戶　　名：五南圖書出版股份有限公司
網　　址：https://www.wunan.com.tw
電子郵件：wunan@wunan.com.tw
法律顧問 —— 林勝安律師
出版日期 —— 2019 年 4 月初版一刷
2023 年 8 月初版三刷
定　　價 —— 620 元

本書保留所有權利，欲利用本書全部或部分內容者，須徵求著作財產權人同意或書面授權。

繁體中文版譯文編譯來源爲同人閣文化傳媒（北京）有限公司

國家圖書館出版品預行編目資料

查拉圖斯特拉如是說 / 尼采著；徐楓譯． -- 一版 -- 臺北市：五南，2019.04
面；公分
譯自：Also sprach zarathustra
ISBN 978-957-763-295-1（平裝）
1. 尼采（Nietzsche, Friedrich Wilhelm, 1844-1900）
2. 學術思想 3. 哲學
147.66　　108001991